发展性心理教育丛书

中外故事
在心理课程中的应用

主　编◎　黄喜珊
副主编◎　张　霞

ZHONGWAI GUSHI
ZAI XINLI KECHENG ZHONG DE YINGYONG

暨南大學出版社
JINAN UNIVERSITY PRESS
中国·广州

图书在版编目（CIP）数据

中外故事在心理课程中的应用/黄喜珊主编；张霞副主编．—广州：暨南大学出版社，2012.7（2013.7 重印）
（发展性心理教育丛书）
ISBN 978－7－5668－0018－3

Ⅰ.①中… Ⅱ.①黄…②张… Ⅲ.①心理健康—健康教育—课程设计—研究—高等学校 Ⅳ.①B844.2－41

中国版本图书馆 CIP 数据核字(2011)第 218449 号

出版发行：暨南大学出版社

地　址：中国广州暨南大学
电　话：总编室（8620）85221601
营销部（8620）85225284　85228291　85228292（邮购）
传　真：（8620）85221583（办公室）　85223774（营销部）
邮　编：510630
网　址：http：//www.jnupress.com　http：//press.jnu.edu.cn

排　版：广州市天河星辰文化发展部照排中心
印　刷：湛江日报社印刷厂

开　本：787mm×960mm　1/16
印　张：17.625
字　数：330 千
版　次：2012 年 7 月第 1 版
印　次：2013 年 7 月第 5 次

定　价：36.00 元

（暨大版图书如有印装质量问题，请与出版社总编室联系调换）

目录 contents

第一部分 生命教育

一、主题介绍

1968 年，美国学者杰·唐纳·华特士首次明确提出生命教育思想，并在美国加州创建阿南达村、阿南达学校，大力倡导和践行生命教育。截至 1976 年，美国已有 1 500 所中小学开设了生命教育课程。至 20 世纪 90 年代，美国的中小学基本普及了生命教育课程。在日本，“余裕教育”是生命教育的重要内容之一。“余裕教育”倡导“热爱生命、选择坚强”，目的是让青少年通过“余裕教育”认识到生命的美好，尤其是在面对挫折时能够更加热爱生命、珍惜生命。2004 年，党中央和国务院针对加强青少年思想道德建设作出了全面性战略部署，号召要把生命教育作为思想道德建设的重要载体，科学有效地实施生命教育活动，并将生命教育纳入全民素质教育的内容之中。《国家中长期教育改革和发展规划纲要》明确指出，要坚持文化知识学习与思想品德修养的统一，重视安全教育、生命教育，促进德育、智育、体育、美育的有机融合。

（一）什么是生命教育

人的生命可以分为生物性生命、精神性生命和价值性生命三种主要的形态。生物性的生命形态是指人首先作为自然生理性的肉体生命而存在。这与自然界的众多生物一样。精神性生命形态主要是指人不但要思考如何活下来，还要思考如何生活得更有质量。精神性生命形态说明人有高于动物的意识活动，有超越生物性生命的精神世界。最后是人的价值性生命，即每个人在一生中都要思考诸如“为何活着”的问题，对于生命意义发自内心的追问。

生命教育可分为狭义的生命教育和广义的生命教育。狭义的生命教育是对生命本身的关注，以教育为手段，倡导对生命的认识、珍惜、尊重、爱护、享受和超越，是一种旨在提升生命质量、获得生命价值的教育活动。广义的生命教育是一种全人教育，包括关注生命、培养生存能力和提升生命价值，目的在于促进个体生理、心理、社会性等方面全面均衡的发展。面向中小学生的生命教育，主要是指通过传授给学生认识生命孕育和发展的知识，引导他们认识生命的价值，使他们对自己和他人的生命抱有珍惜和尊重态度，培养他们对社会及他人的爱心。

（二）生命教育的内容

黎建球（2001）认为，生命的意义可以从“知人”、“知物”、“知天”三方面进行概括。因此，生命教育也是一个多维度、多层次的体系。结合学校教育的特点和学生身心发展状况，可以从以下三个维度开展生命教育①：

1. 人与自己

即“知己”。人活着要“做自己”，首先要触碰自己、发现自己、找回自己、接受自己、欣赏自己、挖掘自己，进而转化自己。其主要包含四大主题：认识自我、调适自我、发展自我和超越自我。

2. 人与他人

即“知人”。包括与他人和睦相处，关心弱势群体。其主要分为三个主题：我与同伴、我与师长、关心弱势群体。

3. 人与社会

即“知物”、“知天”。这部分内容也包含人与环境、人与宇宙，旨在教会学生关注自然和人文环境的可持续发展，寻求永恒价值和生命归宿等。其包括珍爱生命、保护环境和关爱人类等三大主题。

（三）开展生命教育的必要性

开展生命教育，既是青少年自身成长的要求，也是教育进步、社会发展以及国家强盛的体现和保证。

1. 开展生命教育有助于整体提升国民素质

青少年学生的生命质量关系着国家和民族的前途与命运。在中小学开展生命教育，不但能够提高中小学生的生存技能和生命质量，而且还有利于培养他们勇敢、坚强的品格，增强他们的应对能力。

---

① 黎建球．生命教育的哲学基础［J］．教育资料集刊，2001（26）．

2. 社会发展呼唤生命教育

现代科技和信息技术飞速发展，为青少年学生获取信息和培养技能提供了宽广平台，但随之而来的消极因素也在一定程度上影响了青少年学生的道德观念和行为习惯，导致部分学生道德观念模糊与道德自律能力下降。校园伤害、意外事故等威胁青少年学生人身安全的事件不断上演，对青少年学生的身心健康造成了恶劣影响，必须引起广大教育工作者的重视。社会发展迫切需要培养青少年学生科学的生命观，为他们树立正确世界观、人生观和价值观奠定基础。

3. 开展生命教育是促进青少年学生身心健康成长的必要条件

在现代社会物质生活条件的催化下，青少年学生的生理成熟期明显提前，加上社会环境的复杂化，他们极易产生生理、心理和道德发展的不平衡现象。据北京心理危机研究与干预中心的调查分析，我国青少年学生自杀率近年来呈上升趋势，且有低龄化倾向。自杀已成为 15～34 岁人群的首位死因①。近年来，北京、天津、武汉等地高校相继发生多起大学生自杀的惨烈事件。专家认为，青少年学生自杀的原因主要在于他们所面对的社会压力比较大，而他们在学校和家庭都缺乏必要的挫折教育和心理素质教育，这就造成了他们的心理素质不高，面对压力缺乏相应的应对能力。这与生命教育的缺失不无关系。要促进青少年学生的健康成长，生命教育必不可少。

4. 开展生命教育是现代学校教育发展的要求

长期以来，教育一直被“功利”所包围，生命教育已成当前教育的盲点。青少年学生对死亡缺乏最起码的了解和思考，不清楚死的真正含义，也不知道生的宝贵，因此自然不懂得珍爱自己的生命，更不知道尊重他人的生命。同时，学校现有课程教材中的生命教育内容比较单一，对学生生存能力的培养缺乏有效的操作性指导，对校内外丰富的生命教育资源缺乏系统有机的整合。因此，必须加快学校教育的改革，从生理、心理和伦理等方面对学生进行全面、系统、科学的生命教育，引导学生善待生命，帮助学生完善人格、健康成长②。

---

① 摘编自：汪文，刘尧飞．自杀已成为我国青少年人群首位死因．中国教育和科研计算机网［EB/OL］，http：//www. eol. cn/article/20030908/3090522. shtml.

② 摘编自：黄文．从理念到行动：少先队实施生命教育的研究实践．中国青少年研究网［EB/OL］，http：//www. cycs. org/Article. asp.

二、故事赏析

故事赏析1：让爱飞行[1]

【故事介绍】

图1－1 黄莉（1973—）（左二），将关爱传递下去的身残志坚者。

2008年5月12日，一场震惊世界的汶川大地震把黄莉埋在废墟下整整四天四夜。当救护车把她载到都江堰市人民医院后，由于伤情太重而被转到四川省人民医院，但她不得不接受一个残酷的现实——要保命就得截肢！她苦苦地哀求医生："请你们救救我的腿，保住我的手，我还有一个10岁的儿子要供养，求求你们帮帮我……"可是医生和护士们除了默默流泪，什么也没说……手术过后黄莉一直在发高烧，但是她清楚地记得谁去看过她，朋友一直在她耳边说"活着就好"。由于伤情特别严重，5月21日她被转到广州市第一人民医院又做了四次大的手术，经过全力抢救病情终于稳定下来。

在之后漫长的治疗过程中，她渐渐地知道了这次地震的破坏力有多大。得知那么多人在这次地震中失去了生命，失去了家园，"活着就好"这句话让她有了更深的感触。正因为还活着，她可以看见她最爱的宝贝——儿子。也

① 摘编自："心启程"残疾人爱心服务站［EB/OL］，http：//blog.sina.com.cn/s/blog_59bf76220100fq4v.html

正因为活着，她可以和家人团聚，共享天伦之乐。

有一次，她看见自己的残肢，忍不住悲观地说："唉！我可怜的腿啊！老公，你不觉得我很可怜吗？"她老公安慰她说："这算什么！有比你更短的人。""是吗！什么人比我更短？"她追问道。"难道那些装在骨灰盒里的人不比你更短吗？"她老公答道。的确，在很多人看来，黄莉很可怜，但和那些在灾难中失去生命的人相比，她这些伤又算得了什么呢。在之后的康复期间，社会不同阶层的人都去看望她，并传达了一致的信息——关爱。主治医生对她的关心，护士对她的帮助，所有的一切让她从手术后的痛苦里很快地摆脱出来，高兴地迎接每一天。

在"5·12"汶川地震后的一年多的时间里，她接受了来自四面八方的精神和物质上的援助。之后的一次志愿者活动又让她感受到自己的价值：在广州治疗期间开通了生命热线，帮一些身体健康但心结打不开的人做心理辅导，取得了一些成效，这件事让她明白了应该怎样走今后的路。在广州志愿者协会成长服务队的帮助下，她有了自己的博客，开通了生命热线。当她回到四川后在还医院里创办了一个地震伤员互助的团队——"心启程"。她现在最大的心愿是通过"心启程"去帮助更多的残疾人摆脱残疾的阴影，实现人生的价值。

【知识点评】

知识点1：生命的本质

生命是幸福生活的载体，失去了生命也就没有幸福可言；生命也是世界上最宝贵的财富，因为所有的财富都可以失而复得，而唯有生命只有一次，对于个体而言，生命就是他在宇宙中存在的时间流。保尔·柯察金说："人最宝贵的东西是生命，生命对于我们只有一次。个人的生命应当这样度过：当他回首往事的时候，既不因虚度年华而悔恨，也不因碌碌无为而羞愧。""活着就好"这句话对于黄莉来说是多么宝贵。生命只有一次，活着是前提。

在现实生活中，有些人过分地看重目标的实现和过程的艰辛，而忽视了过程中的快乐和美好。这样的人在实现目标的过程中，一旦遇到重大挫折，往往认为死亡可以带来彻底的解脱，思维的僵化使他们把一时的挫折、困苦放大，把快乐、幸福缩小。而一旦死亡，曾有的快乐、梦想、温暖、关爱、亲情都将不复存在。生命对于每个人来说都是珍贵的，人的生命只有一次，把生命当做儿戏，就会死得轻于鸿毛，所以一定要珍惜生命，善待自己。

知识点 2：生命的意义

生命的意义是什么？这个古老的问题难倒了历史上不少伟大的思想家。至今也无人能够全面诠释，但在我们每个人的心中都有一把尺子，对生命质与量进行衡量。人的生命的意义在于能够“使人和人类社会的存在状态更趋完美”，在这个大目标之下，人的生命之意义包括三个层面：一是个人对自身生命的意义；二是个人对他人的意义；三是个人对社会的意义①。

个人对自身生命的意义是生命意义内涵的重要组成部分。它指的是一个人对自身生命的存在和发展所具有的价值，体现在个人能够通过自己的活动满足自身生命存在和发展的需要。同时也包括个体能够作为受体接纳来自他人与社会物质和精神的施授，从而感受和体验到生命存在的快乐与意义。个体能够通过合理的途径和方式满足自身生存发展的需要，能够使自身生命存在的状态更趋完美，本身便是对社会进步所作出的贡献。

个人对他人和社会的意义，亦即个人对他人和社会的存在与发展具有的价值。个人的需要除了通过自身的活动来满足以外，还需要通过他人和社会的给予来满足；社会本身的需要也要通过所有社会成员的活动来满足。人与人、人与社会之间就是通过相互满足需要来体现自身存在与发展的价值的。集体主义作为社会主义价值观之一，充分体现了个人与他人、个人与社会之间必须通过相互满足来实现人生价值的理念。

一个社会，公民的社会责任感越强，社会就越进步，越文明，就越符合其成员的生存发展需要。个人在促进社会发展的同时，其自身的价值也在这个过程中得以实现。同时，社会的发展进步也会反过来更充分地满足个人的需要。另外，社会的责任和义务就是不断提供条件来满足个体的需要。满足个体的需要是社会发展的终极目的，离开人的需要来谈社会发展，就会陷入为发展而发展的怪圈，这种发展是没有意义的。因此，社会的发展必须体现以人为本的理念。

知识点 3：爱让生命发光

人活在世上就意味着人要拥有生命去生活。我们应该为自己拥有实体性生命而自豪，同时也要善于发现、挖掘生命各方面的潜力。爱是无私的给予，

① 摘编自：董喜才．关于生命意义的内涵与人生价值实现途径的理论思考［J］．教育革新，2010（10）．

包括物质、感情、行动等形式。爱不是索取，爱的承诺使人纯净。有爱的人有朋友，博爱的人朋友多。

生命的可贵不在于我们失去了什么，而在于我们拥有了什么。故事中的黄莉看上去失去了很多，但她仍然能如此坚强地生活下去，并且鼓励他人更加充满希望地生活下去，就是因为她心中有爱，才会对这个世界如此眷恋，才会活得更有价值。

因为有爱，生命才会发光。平时我们在校园里经常看到募捐活动，希望同学们都伸出援手，拯救生命垂危的同学。在那一刹那，我们都会突然感觉到死亡离自己是多么近！虽然病魔并没有降临在自己身上，但也同样地令我们感到震惊和难过。一个原本风华正茂的少年，原本应该走在校园里，自由地享受校园生活，却在一夜之间承受如此之痛，怎能不令人感到惋惜！那么，健康的我们是不是也应该懂得了生命的可贵呢？生命是极其脆弱的，所以对于目前还能无忧无虑的我们来说，更要学会珍惜自己已经拥有的一切美好。

对于上天赐予我们的，我们要懂得感恩。而对于正遭受不幸的人，我们更应该要给予更多的爱和鼓励。虽然我们所做的一切可能很渺小，只尽了一点绵薄之力，但请相信，只要每人付出一点爱，就会汇成大爱。

【教学建议】

该故事可在生命教育中讲授珍惜生命、热爱生命和生命的价值方面引用，特别是在讲授面对挫折该如何转换心情时可以加以采用。

故事赏析2：听不见声音的巨人

【故事介绍】

贝多芬是德国最伟大的音乐家之一。自幼喜爱音乐。26岁时因遗传性中耳炎出现耳聋症状，50岁已完全失聪。当感觉到自己的耳朵越来越聋时，贝多芬几乎绝望了。对一个热爱听音乐并依靠音乐生活的人来说，失聪对贝多芬的打击之大可想而知！但经过一番挣扎，贝多芬从灰暗中走了出来，并且发出了“我要扼住命运的咽喉，决不能倒下”的呐喊。在听不到声音的情况下，贝多芬相继写出了明朗乐观的《第二交响曲》、《第三交响曲》（英雄）、《第五交响曲》（命运）、《第六交响曲》（田园）等，还有洋溢着欢乐的小提琴协奏曲、绚丽多彩的钢琴协奏曲和奏鸣曲。

1824年5月7日晚上，在音乐名城维也纳，贝多芬创作的《第九交响曲》

第一次出现在欧洲乐坛上。这是一个足以铭刻在音乐艺术辉煌史册上的历史性时刻。在这座讲究礼仪的艺术之城，就是皇族驾临，人们也不过行三次鼓掌礼，但在那个晚上，如果不是由于警察的出面干涉，也许掌声会有十次、二十次……但贝多芬彼时却背向狂热的观众毫无所闻，因为他听不见。当女低音歌唱家翁格尔拉着他的手转过身时，他才感受到了听众爆发强烈的热情。《第九交响曲》是贝多芬生平完成的最后一部巨作，这部作品创造出了他理想中的世界。

图 1－2　贝多芬（Ludwig van Beethoven，1770—1827），被尊称为“乐圣”，德国音乐家。

贝多芬虽只在人世间停留了 57 年，却给世人留下了一百多部优秀的音乐作品。他的作品受 18 世纪启蒙运动和德国狂飙突进运动的影响，个性鲜明。在音乐表现上，他几乎涉及当时所有的音乐体裁，大大提高了钢琴的表现力，使音乐获得交响性的戏剧效果。由于贝多芬的革新，交响曲成为直接反映社会变革的重要音乐形式。贝多芬集古典音乐的大成，同时开辟了浪漫主义音乐的道路，对世界音乐的发展有着举足轻重的作用，被尊称为“乐圣”。他曲折奋进的一生，尤其是“我要扼住命运的咽喉”这一壮语，激励了很多人从逆境中奋起。

【知识点评】

知识点 1：准备、信念与成功

成功和失败的差异在哪？成功者到底具备哪些失败者所欠缺的特质？其中很重要的一点心理准备就是信念。世界三级跳远冠军米兰·提夫在 8 岁之前患了小儿麻痹症，但经过自己学走、学跑，终于研究出合乎自然法则的姿势，结果跳出了世界上最远的纪录。当被问到“什么原因使你成为奥运金牌得主和世界纪录保持者”时，他回答道：“当我参加比赛时，一般人都在看我跳远当时的表现。其实任何事业的成功，不单决定于他表现的那个时刻，重要的是他表现之前所做的准备。”的确，能不能表现良好，不在于这个人能不能，而在于那个时刻，这个人是否已经做好心理准备。如果贝多芬现在还在世，想必当我们问他什么原因使他成功的，答案应该也是“准备”和“信念”。

知识点 2：成功的信念①

成功信念之一：过去不等于未来

电影巨星席维斯·史泰龙曾经落魄到身上只剩 100 美金，连房子都租不起。他立志当演员，但每次到电影公司应征，都因外貌平平及吐字不清而遭到拒绝。当纽约所有的电影公司都拒绝他之后，他仍然坚持“过去不等于未来”的信念，从第一家电影公司开始再度尝试，在被拒绝了 1 500 次之后，他写了《洛奇》这个剧本，并拿着剧本四处推荐，也继续被嘲笑奚落。在一共被拒绝了 1 855 次之后，史泰龙终于遇到一个肯拍该剧本的电影公司老板，但又遭到对方不准他在电影中演出的要求。但这些都未能挫伤史泰龙的斗志。就像我们所今天熟知的那样，坚持到底的史泰龙最后成为闻名国际的超级巨星。试问下自己：我能在面对 1 855 次的拒绝后仍不放弃吗？史泰龙能，他做到了别人做不到的事，所以他成功了。

成功信念之二：上帝的延迟并不是上帝的拒绝

有一个人，命运似乎一直在跟他开玩笑：21 岁时做生意失败；22 岁时角逐州议员落选；24 岁时做生意再度失败；26 岁时爱侣去世；27 岁时一度精神崩溃；34 岁时角逐联邦众议员落选；36 岁时角逐联邦众议员再度落选；45 岁时角逐联邦参议员落选；47 岁时提名副总统落选；49 岁时角逐联邦参议员再度落选；52 岁时当选为美国第 16 任总统。这个人就是林肯，因为他坚信上帝的延迟并不是上帝的拒绝，因此能屡败屡战，最终成就不凡。“你若能保持一颗勇气之心，那是会给你带来奇迹的”，这是林肯告诉我们的话。

成功信念之三：任何事情的发生都将有助于我

有一名活泼的女士，她非常幽默，热于贯穿会场，脱口而出的笑话让每个人都感染了她的快乐，但谁都想不到她有过坎坷的成长经历。她的名字叫凯西，从小被认为智能不足，被送到智障学校，后来发现她的问题原来不是智障，而是失去了听力，于是转往特殊学校。当十几岁她借着助听器过上较为正常生活时，一次意外车祸又使她在医院躺了两年。之后，她交了男友，正当人生再度有起色时，又因乳癌而先后割掉两个乳房。面对这样的不幸遭遇，凯西像一般人一样发出怨诉：“为什么我的人生有这么多的不如意？为什

① 摘编自：百度文库［EB/OL］，http：//wenku. baidu. com/view/af68f8c30c22590102029d6d. html.

么命运对自己这样不公?”但她经过内心的挣扎，终于调整出了一个积极向上的心态：任何事情的发生必有其目的，并且有助于我。当她母亲歉意地对她说“凯西，真的很对不起，把你生成这样”时，她回答：“妈，你把我生得太好了。因为这样，我今天才有这份热忱把自己的体验和经历与他人分享，化恐惧为力量，化压力为动力，让自己在每一个困难中找出值得收藏的礼物。”

成功信念之四：是自己变得更好使事情变得更好

一位推销员在推销汽车遭遇失败后，向公司经理抱怨汽车的色彩太少、种类单一、奖金不够优厚等，公司经理不顾他的喋喋不休，而是问他：“×××能赚5 000美金，难道他卖的产品和你不同，奖金制度比你优厚吗?而你却只能赚1 000美金，两者的差异在哪里?”“是我自己。”这位推销员不得不低下头来。要让事情改变，首先要改变自己。要让事情变得更好的话，自己必须变得更好。一般人在遇到困难时，总是抱怨别人，但是抱怨对于解决问题有多大的帮助呢?如果帮助不是很大的话，那么何不尝试先改变自己，也许效果会更好。

成功信念之五：一定要的话就一定能够

在美国一些激发潜能的课程中有一项活动是走火大会，即要求学员赤足走过华氏2 000度的烧红木炭。走火大会一般是在子夜十二点进行，炭火纷飞的景象让很多初走者心生害怕。但最后所有最初抱着恐惧和不可思议想法的人都平安地走过去了。经过这一课程训练的人可以深切地体会到：走火竟然这么简单！的确，有很多事情看起来都很困难或不可能，但是只要你下定决心一定要做的时候，它们都变得非常简单。走火，就是要我们化恐惧为行动，在面对困难时做最有效的决定，在面对挑战时坚信：假如我不能，我一定要，假如我一定要，我就一定能。贝多芬也正是相信他一定能，所以他才会发出“我要扼住命运的咽喉，决不能倒下”的豪言，最终实践证明了他能做到。

成功信念之六：马上行动，绝不放弃

有一位成功者，许多人问他：“你取得了这么多的成功，是否曾经也遇到困难?”“当然!”“当你遇到困难时是怎样如何处理的?”“马上行动!”“当你遇到经济上或其他方面的重大压力时呢?”“马上行动!”“在婚姻、感情上遇到挫折或沟通不良呢?”“马上行动!”他还是这样说。“你在人生过程中遇到困难都这么处理吗?”“马上行动!”是的，答案只有一个：马上行动！当我们困惑彷徨时，不妨也试试“马上行动”这一诀窍，也许眼前的现状就可得到改变。

知识点3：乐观的生活态度让我们享受生命

在生活中，有人只乐一会儿，有人乐一小时，有人乐一天之后惆怅半个月。如果把一生的快乐加起来计算人生的话，有人只活了十年，有人活了二三十年，而有人却只活了两三年。人的生命质量是不一样的，起因在于各人生活态度的不同。生活态度是人们对待生活所持有的观念，每个人都有自己的生活态度。生活态度积极的人，生命大多是快乐的旅行。不但如此，快乐的人还能让周围的人也感到快乐。让我们多种一些快乐的种子吧，不管种在哪里，自己的心田或是他人的家园，它们都会长成参天大树，都会开花结果，我们可以分享到它甘美的果实。

保持乐观生活态度的方法有：①认识到每个人的心态都是自己选择的；②热爱生活，善于从身边寻找快乐；③正确看待生活中的不如意；④借助运动保持健康；⑤学会爱别人，宽容别人；⑥既要看到生活、工作和学习中积极、顺利的因素，又要看到消极、不利的因素；既要看到问题和困难，又要看到前途和希望。

知识点4：保持乐观心情的小贴士

（1）与好朋友保持交往；
（2）不管有什么过失，原谅自己；
（3）欣然接受孤独；
（4）不把成绩归功于运气或机遇；
（5）不忘记在躯体里面拥有一个精神世界；
（6）学会在适当的时候说“不”；
（7）记住各种情绪体验都是正常的；
（8）永远不要用任何语言或行为伤害儿童；
（9）保持自己的天性；
（10）着眼于此时此刻；
（11）听听他人对你的赞誉之词；
（12）不为无法控制的事感到沮丧；
（13）清纯干净的重要性仅次于心灵的虔诚；
（14）结交并珍惜生活中甘愿为你两肋插刀的朋友；
（15）当别人问你需要什么时，告诉他们；
（16）床头放本好书；
（17）不错过告诉别人你爱他们的机会；
（18）相信自己内在的感觉；
（19）真心热爱生活；

（20）做热爱大自然的人。

【教学建议】

该故事可以在讲授“信念与成功”或“生活态度”中用到，也可用于讲授生活的意义和快乐的含义时，还可以用在引导学生如何改变自己的心态，充实生活上。

故事赏析3：感恩之心

【故事介绍】

在欧美每年11月份的最后一个星期四是感恩节。这是美国人独创的一个古老节日。关于感恩节的由来，可以追溯到美国历史的发端。17世纪初，由于英王詹姆士一世独尊英国国教，一批清教徒为了躲避宗教迫害，搭乘“五月花号”货船横渡北大西洋。他们在惊涛骇浪中颠簸折腾了整整66天后，终于在酷寒的11月来到遥远陌生的新世界——鳕鱼角。由于船员由鳕鱼角上岸后找不到水源，船继而转向马萨诸塞州的普利茅斯港登陆。在没有栖身之所、饥寒交迫的情况下，有半数以上的人都丧命了。幸运活下来的新移民凭借着信仰与勇气，艰辛地熬过了第一个冬天。

这些幸存下来的艰难的移民者，在披荆斩棘、种植作物、饲养家畜，胼手胝足地建立新家园的同时，还要担心印第安原住民来攻击他们，他们每一天都在无助与窘困中度过。而这一切都被隐蔽在树林间的印第安人看在眼里。印第安人决定帮助这些素昧相识的落难者。1621年3月16日，印第安人斯科特和山姆士首先向移民者伸出援助之手，一句真诚的“欢迎”开始了一段不同种族间感人肺腑的友谊。在这些带头者的影响下，当地的印第安人不但热情地接纳了移民者，且帮助他们在这块陌生的土地上安顿下来。例如，教他们如何战胜险恶的环境，如何造房、耕种、捕鱼、狩猎……印第安人无私地将自己祖先几千年来累积下来的生活经验，与这群新移民一同分享。在印第安人的帮助下，这些新移民的生活有了明显的改善，丰盛的秋收足以供应一季的寒冬。欢喜丰收之余，为了表达心中对上帝的眷顾与感恩，并且也为了回报印第安人的帮助与关怀，智慧英勇的新移民领袖特邀斯科特和山姆士及其家人，共同庆祝丰收的成果，举行了长达三天的感恩庆典。

这就是后来所称的第一个感恩节，而当时的一些食物，如烤火鸡、南瓜派、玉米面包等食品，也逐渐成为这个节日的传统菜肴。19世纪，感恩节已在北美洲的新英格兰区成为一项重要的风俗。1863 年，林肯总统正式宣布，将每年 11 月的最后一个星期四定为感恩节。

我国古代也有不少关于感恩的文献。列举如下：飨赐之日，可人人别进，问其燥湿，加以密意，诱谕使言，察其志趣，令皆感恩戴义，怀欲报之心（《三国志·吴志·骆统传》）；丈夫不感恩，感恩宁有泪。心头感恩血，一滴染天地（唐朝陈润《阙题》诗）；飞得免诛戮，感恩无地，岂肯走乎（《三国演义》第三十九回）；谁知盘中餐，粒粒皆辛苦（唐朝诗人李绅《悯农》）。

【知识点评】

知识点 1：感恩的社会意义

感恩节的气氛已经渐渐由西方传入我国。感恩是对自然、他人和社会的恩惠心存感激。“感恩”源于拉丁语的 gratia，意为优雅、高尚和感激，后引申为“好心”、“慷慨”、“礼物”、“获得与赠予之美”、“从无到有”等意。在中国古代，感恩被认为是一种能使生活美好的美德。感恩不仅仅是为了报恩，有些恩泽是我们无法回报的，有些恩情更不是等量回报就能一笔还清的，唯有用纯真的心灵去感动、去铭刻、去忘记，并将感恩化作一种充满爱意的行动，在我们力所能及的范围内伸出援助之手，乐于奉献和付出，这才是感恩的真义。

亚当·斯密在《道德情操论》一书中认为，感恩与怨恨、喜爱一样是一种基本的社会情感。感恩是激发个体对施惠者做出善意行为的重要因素之一，“是促使我们做出报答行为的最迅速、最直接的情绪”。斯密认为，社会的运作尽管可以完全依赖于功利主义或者感恩主义，但他确信崇尚感恩美德的社会将更富有吸引力，因为这样的社会可以为人们提供源源不断的情感资源，进而维护社会的稳定和促进社会的繁荣。社会学家 Georg Simmel 认为，诸如法律、社会契约等正式的社会规范不足以调控和确保人际交往中的互惠原则，而感恩可以提醒人们的互惠需要，以维持个体之间的互惠义务，感恩具有维持社会凝聚力的功能。

知识点 2：感恩的个体意义

感恩之心，是我们生活中不可或缺的阳光雨露。只有时时用感恩的心来看这个世界，才会觉得这个世界很可爱、很富有。学会感恩，我们才会在寒冬里感受到暖意，在风雨中体会到幸福，于是人间便是天堂。我们只有怀着一颗感恩的心，才能发现生活的美好、世界的美丽，才能快乐地生活在真情的阳光里。

感恩使人拥有积极的心态。许多研究表明，处于感恩心境的人有较高的幸福感，也有较多的利他行为，更懂得对他人的帮助感恩和获得社会支持。Bartlett 和 De Steno 认为，感恩常常导致直接的互惠行为，引导个体对施惠者做出利他反应，感恩可以建立并维持个体的社会支持资源。另外，心怀感恩的个体拥有更高的生活活力、宗教虔诚、精神性、幸福感和交往质量。

人生在世，不可能一帆风顺，种种不如意都需要我们勇敢地面对、豁达地处理。感恩之心还可以稀释我们心中的狭隘和蛮横，消解内心的积怨，对他人和环境少一分挑剔，多一分欣赏和感激，增强对生活和美好未来的信念。

知识点 3：如何提高感恩意识

Emmons 和 Mc Cullough 发现，感恩练习能增进积极情感。实验要求干预组的被试每周记录 5 件他们觉得值得感恩的事，连续 10 周；两个对照组则分别记录每天的麻烦事或是中性的生活事件。所有被试都必须每周对生活整体感受、对下一周的预期以及人际关系进行评估。与对照组相比，干预组的被试对生活普遍感觉更良好，对未来一周的预期更乐观，与他人的关系感觉更密切，表现出更多的积极情感和较少的消极情感。这就给我们一个启示，作为教师，我们可以要求学生每周写一份小周记，记录几件他们觉得值得感恩的事。

Seligman 认为，感恩探访是获得快乐的最有效的方法。给老师、父母或者任何我们应该感激的人写一封感谢信，然后去探访他们，将感谢信读给他们听。经研究发现，在事后的一个月，这些人都会感到更加快乐，更少压抑；Sheldon 等的实验发现，“数数自己的幸福”及“看到最好的自己”这样的练习对提升和维持正向情绪有很大的助益。这就给了我们另一个启示，想要提高青少年对父母的感恩，可以定期开一个以“说出心声”为主题的家长与学生的座谈会，事先让每个学生准备好想对自己父母说的话，提供一个机会让学生与家长进行互动。另外，也可以在班里准备一个小黑板，黑板上每天都可以写上同学们想要感恩的事情。

【教学建议】

该故事可以在讲授人际关系中要懂得感恩的时候用到，也可以在讲授“给予”的课题时用到。

故事赏析4：带着好学和自信来到人间的天使①

【故事介绍】

图1－3 海伦·凯勒（Helen Keller，1880—1968），世界十大杰出女性之一。

海伦·凯勒是19世纪美国盲聋女作家、教育家、慈善家、社会活动家。她的成长伴随着常人难以想象的生命逆境。上帝让她来到人间，似乎就是要向常人昭示着残疾人的尊严和伟大：一岁半时突患急性脑充血病，连日的高烧使她昏迷不醒，苏醒过来时，眼睛烧瞎了，耳朵烧聋了，嘴巴也不会说话了。

在一个无声、无光的世界里，要想与他人进行有声语言的交流几乎不可能，因为每一个出口都已紧紧关闭。但是，海伦是个奇迹，她一步步从地狱走上了天堂。不过，这段历程的艰难程度超出任何人的想象。人们说海伦是带着好学和自信的气质来到人间的，尽管命运对幼小的海伦是如此的不公，但在她的启蒙教师安妮·莎利文的帮助下，顽强的海伦不但学会了写，还学会了说。她学发声，用触觉来领会发音时喉咙的颤动和嘴的运动，而这往往是不准确的。为此，海伦不得不反复练习发音，有时为发一个音一练就是几个小时。失败和疲劳使她心力交瘁，也曾为此流下过绝望的泪水。可是她始终没有退缩，夜以继日地刻苦努力，终于可以流利地说出“爸爸”、“妈妈”、

① 摘编自：百度知道［EB/OL］，http：//zhidao. baidu. com/question/47928163. html.

"妹妹"等词语了，全家人惊喜地拥抱了她。

1894年夏天，海伦出席了美国聋人语言教学促进会，并被安排到纽约赫马森聋人学校上学，学习数学、自然、法语、德语。在纽约期间，海伦结识了文学界的许多朋友，其中包括著名作家马克·吐温。亲友们的关心和实实在在的帮助，人世间美好的思想情操，隽永深沉的爱心以及踏踏实实的追求，都像春天的种子一样深深植入了海伦的心田。海伦从小便自信地说："有朝一日，我要上大学读书！我要去哈佛大学！"这一天终于来了。哈佛大学拉德克利夫女子学院以特殊方式安排她进行入学考试。只见她用手在凸起的盲文上熟练地摸来摸去，然后用打字机回答问题。前后9个小时，各科全部通过，英文和德文还得了优等成绩，海伦怀着热切的心情开始了大学生活。

1904年6月，海伦以优异的成绩从拉德克利夫学院毕业。两年后，她被任命为马萨诸塞州盲人委员会主席，开始了为盲人服务的社会工作。她每天都接待来访的盲人，还要回复雪片一样飞来的信件。后来，她又在全美巡回演讲，为促进实施聋盲人教育计划和治疗计划而奔波。到了1921年，终于成立了美国盲人基金会民间组织。海伦是这个组织的领导人之一，她一直为加强基金会的工作而努力。在繁忙的工作中，她始终没有放下手中的笔，先后完成了14部著作。例如，《我生活的故事》、《石墙之歌》、《走出黑暗》、《乐观》等在世界上产生了巨大的反响。

海伦热爱生活、自强自立，同时关心他人福祉。她一生致力于盲聋人的福利事业和教育事业，赢得了全世界人民的尊敬，联合国曾发起以她的名字命名的世界运动。著名作家马克·吐温说："19世纪出现了两个了不起的人物，一个是拿破仑，一个就是海伦·凯勒。"海伦·凯勒还于1964年被授予美国公民最高荣誉——总统自由勋章，次年又被推选为世界十大杰出女性之一。

【故事拓展】

海伦·凯勒的名言

海伦·凯勒，一个降落到凡间的天使，带着好学和自信的气质而来。命运给了她残疾之躯，她却不断地给世人创造神奇、衍生快乐。这样的一个生命，不仅坚强，而且充满灵性。让我们来听听这位天使的心声：

黑暗将使人更加珍惜光明，寂静将使人更加喜爱声音。

世界上最美丽的东西，看不见也摸不着，要靠心灵去感受。

爱是摸不着的，但你却能感受到她带来的甜蜜。

人生最大的灾难，不在于过去的创伤，而在于把未来放弃。

不怀希望，不论什么事情都做不出来。

死亡只是从这个房间搬迁到那个房间，可是我可能跟别的人不太一样，因为我在那个新的房间就可以用眼睛看到东西了。

我们分明是不一样，能看得见的人和看不见的人互相不一样。不是感觉不一样，而是使用感觉的方法不一样。只是为了找到超越感觉的智慧而展开的想象力和勇气不一样而已。

无论处于什么环境，都要不断努力。

我努力求取知识，目的在于希望日后能使用，为社会贡献一点力量。

我的任务是练习，练习，不断地练习。失败和疲劳常常将我绊倒，但一想到再坚持一会儿就能让我所爱的人看到我的进步，我就有了勇气。

对于凌驾命运之上的人来说，信心就好似生命的主宰。

我用整个身心来感受世界万物，一刻也闲不住。我的生命充满了活力，就像那些朝生夕死的小昆虫，把一生挤到一天之内，生命或是一种大胆的冒险，或是一无是处。

忘却自我中有着快乐。因而，我要努力把别人眼中的光明当作我的太阳，把别人耳中的音乐当作我的乐曲，把别人唇上的微笑当作我的幸福。

把活着的每一天看作生命的最后一天。

残忍的命运挡住了入口，我会不甘愿地质问命运为何作这样专横的宣判，因为我的心尚未驯服，仍是狂热的；但刻薄无情的话到口里，我的舌头却没有说出来，像还未落下的泪，又流回我的心中。

只要朝着阳光，便不会看见阴影。

信心是命运的主宰。

【知识点评】

知识点1：积极情绪与积极情感

情绪包括主观感受、生理唤醒和外部表现三种成分，emotion（情绪）来源于同根词 motion（运动），说明情绪能够在我们体内运行，甚至可以成为我们的动力。情绪情感可以分为消极情绪情感和积极情绪情感两种。有一个心理学的实验可以说明这两种不同情绪情感对人的影响。

首先，在实验的开始，先告诉大学生被试，他们要参加一个演讲比赛，其演讲会被录像并接受同学们的打分，在演讲开始之前他们有一分钟的准备时间。在进入正式的实验程序之前，先让三组大学生分别观看能够诱导出不同情绪的电影，一组观看能够使人产生积极情绪的电影，一组观看可以导致悲伤情绪的电影，还有一组观看使人情绪中立的中性电影。然后准备演讲。在整个实验的过程，被试的心跳、周围血管的收缩程度以及血压——这些焦虑和交感神经兴奋的指标都被记录。结果发现，在准备演讲的过程中，那些看电影之后产生积极情绪的大学生，比那些产生消极情绪或者观看中性电影的学生，心血管状态的恢复要相对快得多，也就是说，积极的情绪体验能够减轻实验中所产生的焦虑情绪。这个实验给我们一个很大的启示：当处于压力的困难情况下，体验积极情绪可以使人获益。

心理学家将能够体验积极情绪的能力称之为享乐能力，这种能力是与生俱来的且比较稳定的，具有个体差异性。享乐能力与人格中的外倾性密切相关。外倾性是指性格比较外向，能很快地适应别人。后来的研究结果支持了享乐能力就是积极情感的观点。研究还表明，积极情感与消极情感能够在数周、数月、数年甚至几十年保持高度的稳定性，如一个性情乖戾的老年男子以前可能是一个暴躁的青年、任性的青年、爱哭的幼童以及让父母头疼的婴儿。

知识点 2：积极情感使人更容易成功

积极情感水平高的人，婚姻生活比较幸福，也非常热爱自己的工作。就像海伦·凯勒一样，虽然身体有缺陷，但这并不影响她后来对生活的情感。正因为我们的情绪可以长时间地影响我们个人，所以当我们一直保持积极的情感后，对生活的态度也会随着改变。海伦·凯勒曾说：“我要把别人看到的当成我的太阳，别人听到的当成我的乐曲，别人嘴角的微笑看作我的快乐。”很难想象，双目失明的她是如何摸着荆棘爬过来的；无法想象，两耳失聪的她是怎样感受着大地的钟声闯过来的。相信那一定是她心中的阳光召唤她，为她指路。从她的精神，她的品质，她的信念不难看出，在她眼里，每天都是希望，永远为希望而活，希望是她的成功之本。

知识点 3：积极心理使人更幸福

积极心理让我们拥有良好的心态，进而拥有成功和幸福。良好的心态对于个人犹如阳光之于万物。良好的心态便是心中的阳光，这种心灵中的阳光构筑了生命中的美丽，促成了一切事物的发展。我们的心理能力在这种心灵阳光的照射下茁壮成长，正如花草树木在太阳光的照射下茁壮成长一样。而不良的心态则是破坏和束缚个人发展的黑暗地牢。告别不良心态，培养良好心态，我们就会发现另一个晴朗的天空，不管面对何种困境，我们都能够乐观地看待一切事情。久而久之形成的这种习惯必将改变自己，使自己自由、快乐地生活，卓有成效地开展工作，会让我们获得成功和幸福，从而拥有他人羡慕的人生。

心态决定命运，心态改变命运！心态是我们人生的真正主人，它既能使我们成功，也能使我们失败。同一件事由具有两种不同心态的人去做，其结果会截然相反。因此我们要养成良好的心态，而不能让不良心态来影响我们而导致我们成为一个失败者。要知道，成功和幸福永远只属于那些抱有良好心态并付诸行动的人。为什么拿破仑能够顶住巨大压力而叱咤风云？为什么海伦·凯勒在双目失明的情况下，心中依然怀有光明之梦？这都是良好心态起作用的结果。

我们也经常可以在《快乐大本营》节目的“神马都给力”的环节里看到很多年过半百的组合带着他们的才艺和激情表演赢得了在场观众的大力支持，他们从来都不认为自己的年龄阻碍自己才华发挥或享受生活，也是因为他们对生活抱有积极心态。

【教学建议】

本故事可用于心理课程中的潜能开发课题，也可用于个体心理辅导中。当学生遇到挫折觉得迷茫，寻求外界帮助时，此故事可激起个体内心的动力潜能。另外，对教师来说，每个学生都有自己的潜能，但很多时候需要教师来辅助其发挥，所以此故事也可在心理教育教师培训课程上讲解，让教师明白他们对学生的态度在某方面来说很重要。

故事赏析5：我选择我未来

【故事介绍】

图1-4 贝利（Pele，1940—），“世界球王”。

世界球王贝利自幼酷爱足球运动，很早就显示出超人的足球才华。关于他戒烟的事情，有这样一段史话。

有一次，小贝利参加了一场激烈的足球赛。中途休息时，小贝利向小伙伴要了一支烟。烟雾使小贝利有点陶醉，运动的疲劳似乎随之烟消云散。小贝利的父亲看着儿子的神情，皱起了眉头，但什么也没说。

到了晚上，等到该做的事情都完成了，贝利的父亲语气平静地问小贝利：“你今天抽烟了?”“抽了。”小贝利红着脸低下了头，准备接受父亲的训斥。但父亲并没有发火，而是在屋子里来来回回走了几圈后，用有些痛心的语气对贝利说：“你踢球有几分天分，以后也许会成为一名好手。要是你抽烟喝酒，就踢不好球了，到时候就没有足够的体力在90分钟内始终踢出理想的水平。这事你自己决定吧。”说着，父亲从口袋里取出那只破旧而且薄得可怜的皮夹子，取出里面仅有的几张钞票交给贝利说：“你如果还想抽烟，最好还是抽你自己的烟，老是讨人家的烟抽很丢人。你抽烟需要钱。”看到小贝利羞愧的样子，父亲又语重心长地接着说：“作为父亲，我有责任教育你向好的方向努力，也有责任制止你的不良行为。但是，是向好的方向努力，还是向坏的方向滑去，做决定的是你自己。我只想问问你，你是愿意抽烟呢，还是愿意做个有出息的运动员呢？孩子，你该懂事了，自己选择吧！”

望着父亲走回房间的身影，小贝利又悔愧又感激。虽然自己做了错事，但父亲没有当场跟自己“算账”，就是在私下批评时也没有严厉斥责，而是循循善诱，就像朋友一样，让自己选择今后的做法。尤其是父亲递给他的钞票，貌似鼓励他抽烟，却让贝利为自己的放纵感到羞愧难当。从此以后，贝利真的再也没有抽过烟。他把钞票还给了父亲，并坚决地说：“我一定要当个有出息的运动员！”贝利说到做到，从此之后杜绝抽烟，刻苦训练，球艺飞速提高。

贝利用自己的努力在世界足球史上构筑了一座难以跨越的大山：足球生涯共出场1 363次，打进1 281球；四次代表国家队出战世界杯，三次捧得世界杯；20世纪最杰出的运动员之一；被国际足联授予金质勋章；被国际奥委会选为举“世纪运动员”。

在戒掉烟瘾的同时，贝利也收获了坚强的意志，他明白了一件事情：路怎么走，关键是靠自己。

【知识点评】

知识点1：自我与自然

自我是由弗洛伊德于1923年在《自我与本我》一书中提出的心理学名词。它与本我、超我共同组成人格。弗洛伊德认为，本我是人格中最早、也是最原始的部分，是生物性冲动和欲望的贮存库。本我是按“快乐原则”活动的，它不顾一切地要寻求满足和快感，这种快乐特指性、生理和情感方面的快乐。本我由各种生物本能的能量所构成，完全处于无意识状态之中。它是人一出生时就固着于体内的心理积淀物，是被压抑的非理性的、无意识的生命力、内驱力、本能、冲动、欲望等心理能力。自我介于本我与外部世界之间，是人格的心理面。自我一方面使个体意识到其认识能力，另一方面使个体为了适应现实而对本我加以约束和压抑，遵循的是“现实原则”。在现实中，我们要明白什么是我们所需要的，我们的目标是什么，这样才能够引导我们作出正确的选择。超我是人格的社会面，是“道德化的自我”，由“良心”和“自我理想”组成，超我的力量能指导自我、限制本我，遵循的是“理想原则”。

“认识你自己”是古希腊哲学家苏格拉底的名言。从苏格拉底开始，自我与自然明显地区别开来，人不再仅仅是自然的一部分，而是另一种独特的实体。自然的“自”指非他因而自有；“然”指这样的状态；“自然”指相对于人主观意识的客观存在。苏格拉底围绕人的精神修养提出哲学命题，其中贯穿着一个主题是说服人们不要专注于对身外之物的追求，而应去改造自己的灵魂，成为有智慧的、道德完善的真正的人。

知识点2：认识自己的十个途径

人是可以被自己认识的，而且也应该认识自己。认识可以指导实践，但最困难的事也是认识自己。认识自己可以从以下十个方面来进行：

1. 从现实和历史的状况中认识自己

现实中，你最近事业、工作等各方面的基本情况如何？要从多个角度进行分析，要尽可能地准确。你以前事业、工作情况如何？要尽可能地客观。

2. 从个人和大家的评价中认识自己

个人的评价，是指有一定代表性的个人，如你最好的朋友、最密切的同事等对自己的评价，一般来说，他们比别人更了解你。大家的评价，可以是单位的看法，也可以是综合大家的看法。

3. 从工作和学习中认识自己

你的工作的各种情况，比如，是否喜欢你的工作，成绩如何？你对学习怎么看，是否感兴趣？对业务学习、政治学习、专业学习是什么态度，效果如何？

4. 从事业和生活中认识自己

你的事业心怎么样？从事的是什么事业？你对自己从事的事业是心甘情愿为之奋斗还是勉强应付？你从事的事业现在成就如何？你的家庭生活和个人生活怎么样？是否幸福？原因何在？

5. 从自己的强项的和弱项中认识自己

在工作、学习或爱好中，你的强项是什么？你最强的是什么？成就如何？别人怎么看？你的弱项是什么？

6. 从以往的成功和挫折中认识自我

成功和挫折最能反映个人性格或能力上的特点，因此可以通过自己成功或失败的经验教训来发现个人的特点，在自我反思和自我检查中重新认识自我，认识自己的长处和短处。

7. 从感兴趣和讨厌的事情中认识自己

你对什么事情感兴趣，哪一种你最感兴趣？这种兴趣发展到了什么程度，这种兴趣是否高雅、正当？这种兴趣是否能发展为爱好？在这方面做一个具体的分析。你讨厌什么？你讨厌的人和物是一个什么具体情况？

8. 从单位和家庭中认识自己

单位的，你在单位的表现如何？单位的地位怎么样？同事怎么看你？家庭的，你在家里的情况怎么样？对家庭是否有责任心？全家人怎么看你？你的父母亲和配偶怎么看你？孩子怎么看你？

9. 从生理和心理上认识自己

生理主要是指身体是否健康。心理包括的内容要比生理的多，如心理是否健康、心理品质如何，意志、毅力、心胸、情绪的基本情况等。分析自己的生理和心理，是为了科学、全面、准确地认识自己。

10. 用传统的和科学的方法认识自己

在人类历史上有许多如何识人识己的方法，可以进行借鉴。现在也有不少科学测验如心理测验，可以借鉴。

知识点3：我选择我未来

人人事事都在选择之中，如选择取舍、选择得失、选择进退、选择好坏、选择对错、选择美丑等。是选择堕落、贪图一时的享乐，还是选择坚持自己的理想和追求，艰苦奋斗，都是一念之间的事。人的一生都会遇到很多的诱惑，人也有许多的欲望，但如何拨开诱惑和欲望，看清人生的追求和未来的道路，如何让自己的人生过得更有意义，比满足一时的快乐更有价值。每个人都有自我意识，但在生活中，有时我们瞬间的选择并不是我们起初的想法，这是因为当我们处于消极情绪的时候，我们通过会说出或做出一些违背我们意愿的事，所以当我们的情绪不稳定、不理智的时候，最好少说话，少做决定，首先要做的是让自己冷静下来，问一下自己什么才是自己真正需要的。

我们的人生中也未必会有一个像“贝利爸爸”这样能及时制止我们不良习惯的人，所以我们更需要学会反思，对那些诱惑和欲望充满警惕，才能保证我们的人生有质量，实现更大的个人价值。

【教学建议】

本故事可用于与青少年进行交流时，使其明白我们生命的过程是由我们自己决定的。就算身边有不同意见，最终的决定权还是掌握在自己的手中。也可用于就业指导方面，也可用于心理辅导中，当当事人处于迷茫阶段时举到的例子。

三、教案设计范例

【教案设计范例1】

当挫折与我们相遇

一、教学内容

（一）教学内容所属主题：生命教育

（二）适合年级：初一或初二

（三）所使用的故事：让爱飞行

（四）学时：40分钟

二、教学设计

（一）教学目标

现在的中学生大都在父母的呵护下成长，没遇过什么挫折。当遇到一点点的困难、波折，就开始对自己的生命进行怀疑，漠视自己的生命，学生对生命漠视的原因之一是对生命的不了解，把生命视如草芥。通过本课程，使学生明白生命处处有挫折，再大的代价也不及我们生命的宝贵，生命对于每个人都只有一次。

（二）内容分析

重点：让学生了解到生活中时时都存在挫折；掌握一些应对挫折的办法。

难点：如何在挫折中，用正确的方法来应对挫折，用积极的心态来面对挫折。

（三）学情分析

11～14岁年龄阶段的孩子逐渐有了自我意识，但心智还未发育成熟。面对批评等挫折，不会调整心态。加上现代社会的人越来越忙碌，人与人之间的距离逐渐拉大，中学生和同学一起游戏玩耍、交流的时间也越来越少，很多烦恼和苦闷都得不到有效倾诉，再加上缺乏家长和老师的关心和疏导，学生的性格很容易变得内向而阴郁，很容易发生意外。通过活动，调整心态，学会应付挫折的技巧，并推动自我意识的觉醒和发展，了解生命，使自己顺利走过这个花季。

（四）设计思路

首先，通过一个热身活动引入生活中的挫折，然后再通过每个小组交流各自曾经遇到挫折的情形，再引入故事“让爱飞行”，介绍黄莉如何面对挫折，再通过故事的介绍引导学生掌握处理挫折的一些方法，最后宣泄自己的烦恼。

三、教学过程描述

（一）热身活动：大力水手秀

1. 教师活动：

说清楚规则：同桌为一组（先询问班上有没有同学的手是受伤了或疼，不可以进行这项活动），三盘两胜。

2. 学生活动：

同桌为一组，进行扳手比赛，比完后，请赢了的同学做一个面部表情表达此刻的心情，请输了的同学做一个面部表情表达一下此刻的心情。

3. 对学生学习过程的观察和考查，以及设计意图：

让学生感受挫折，使其明白就算是在游戏的过程中也会遇到挫折。

（二）大家一起来说说

1. 每组选一组长及记录员，记录员记录大家所说的，然后组长说出本组的情况。

2. 教师活动：

请输了的同学说一下有什么办法可以赢对方。

3. 学生活动：

每位学生都要说出自己遇到挫折的情况：

（1）什么时间。

（2）遇到什么挫折。

（3）当时的情绪怎样。

（4）怎样处理。

（5）效果怎样。

4. 对学生学习过程的观察和考查，以及设计意图：

教师要观察每组的记录情况，适当地引导学生参加组内讨论。

5. 教师活动：

当各组完成讨论后，教师请一些小组代表起来说说他们组的情况，对学生的一些应对效果不好的挫折，请另一些学生发表他们的意见。

6. 学生活动：

讨论如何解决同学的一些挫折。

7. 对学生学习过程的观察和考查，以及设计意图：

让学生重新感受自己是如何处理问题的；同时让大家再次认识到生活中会遇到很多的挫折，并掌握一些同学应对挫折的办法。

（三）故事会：让爱飞行

1. 教师活动：

讲黄莉的故事。

2. 学生活动：

谈谈感想，并说说还有哪些名人在遇到挫折的时候非但从不低头，反而更加珍惜生命。

3. 对学生学习过程的观察和考查，以及设计意图：

让学生感受生命的宝贵，并体会到生命对于每个人只有一次。

（四）放飞烦恼

1. 教师活动：

准备好垃圾箱，指挥学生有秩序地把烦恼纸丢进垃圾箱里。

2. 学生活动：

（1）每个学生将自己最烦恼的一件事写在一张纸上，然后把这张纸揉成团，并丢进垃圾箱里面，想象烦恼也连同纸团丢进了垃圾桶箱，再作深呼吸。

（2）放声大喊几声，感受一下。

3. 对学生学习过程的观察和考查，以及设计意图：

让学生感受把烦恼丢出去的心情，同时也让学生明白：这也是一种发泄烦恼的好办法。

四、课程教学建议

1. 在本设计中，教师引导学生进行讨论是比较重要的。如果通过热身活动，大部分学生已经进入状态，教师可以直接让学生进行“大家一起来说说”这个环节。如果学生的暴露水平不够，在这一环节里可以不需要大家说出自己遇到挫折的情形，而用故事代替。要每一组讨论本组抽中的故事中：主人公遇到什么挫折，当时他的情绪是怎样的，如何应对挫折，结果如何。

2. 对于学生列出的挫折和好的解决办法可以写在黑板，这样能够让学生有个感受、理解的时间。

3. 如果时间有剩余，可以播放“蓝猫的烦恼”视频，一起感受视频中菲菲的智慧。

附：教学资源

（一）小组交流各自曾经遇到挫折的情况表

时间	遇到的挫折	当时的情绪	处理	效果

（二）如果改用讨论案例，备用的案例有：

1. 2003 年 6 月 21 日，辽宁大连一名 16 岁的女孩，非常崇拜张国荣。因为妈妈不给自己买张国荣的 CD，在家中自杀。

2. 2007 年 3 月 2 日，广东肇庆市广宁县七年级男生潘某，为了拒绝老师、家长要求其剪短发的要求，将一瓶剧毒农药一饮而尽。

3. 2007 年 5 月 25 日，广东增城市 14 岁的七年级男生何某，因为不堪学习压力和老师的批评，留下一封遗书后投河自尽。

【教学设计范例 2】

超越自我

一、教学内容

（一）教学内容所属主题：生命教育

（二）适合年级：初一或初二

（三）所使用的故事：听不见声音的巨人

（四）学时：40 分钟

二、教学设计

（一）教学目标

在优越环境中长大的学生，很少有吃苦的机会，导致其对生命的价值和意义很不理解。缺乏生活的动力和目标，这也是导致青少年学生产生“活着没意思，那就死吧，死了就解脱了”念头的原因。通过活动，帮助学生认识生命的意义，尊重与珍惜生命的价值，热爱生命并将自己的生命与环境、他人之间建立起和谐的关系。

（二）内容分析

重点：让学生了解到生活中时时都存在挫折，最三要的是准备好去迎接挫折；掌握一些应对挫折的办法。

难点：在困难面前能够保持积极的心态。

（三）学情分析

11～14 岁年龄阶段的学生自我意识不断增强，但心智还未发育成熟。在生活中遇到小小的困难就可能会垂头丧气，甚至视生命如草芥。通过活动，让学生学会调整心态，了解生命，明白从什么时候开始奋斗都不算晚，最主要的是超越自我，使自己顺利走过这个花季。

（四）设计思路

首先，通过一个视频引入生命的诞生过程，然后再通过每个小组交流引出生命来之不易，然后分组解释座右铭，再引入故事“听不见声音的巨人”，介绍贝多芬如何超越自己，再通过故事的介绍引导学生掌握应对挫折的一些方法，最后发泄自己的烦恼。

三、教学过程描述

（一）热身活动：生命的灵动

1. 教师活动：

播放视频。

2. 学生活动：

看完视频后，联系自身回答问题。

3. 对学生学习过程的观察和考查，以及设计意图：

通过视频让学生感受生命的诞生及成长过程，并感受自己的生命来之不易。

（二）人生激励

1. 教师活动：

（1）每组选一组长；

（2）在黑板上写出各组收集到的名言情况。

2. 学生活动：

每组派一个代表说出自己的座右铭并说说其意义或背后的故事。

3. 对学生学习过程的观察和考查，以及设计意图：

如果时间充裕，可以让多一点的学生说出自己的座右铭，这对学生是一种激励。

（三）故事会：听不见声音的巨人

1. 教师活动：

讲贝多芬的故事。

2. 学生活动：

以小组为单位，让学生谈谈感想，并说说还有哪些名人像贝多芬一样，遇到困难永不放弃，继续让生命绽放光彩。

3. 对学生学习过程的观察和考查，以及设计意图：

让学生明白正因为人生中有困难，有挫折，生命才会绽放出更加美丽的光彩。

（四）小结

1. 教师进行总结；

2. 总结完后集体合唱歌曲《真心英雄》，强化学生的信念。

四、课程教学建议

1. 课前要分小组去收集名人名言，看谁收集得多，并且选择自己最喜欢的名言作为座右铭，并说说其内涵或故事。

2. 对于学生收集到的适合本课题的名人名言可以写在黑板上，这样能够让学生有感受、理解的时间。

【教案设计范例3】

珍爱最宝贵的财富

一、教学内容

（一）教学内容所属主题：生命的宝贵

（二）适合年级：小学高年级团体辅导

（三）所使用的故事：带着好学和自信来到人间的天使

（四）学时：60 分钟

二、教学设计

（一）教学目标

现在的新闻频繁报导青少年不珍惜自己生命的事件，如果在青少年要放弃生命的时候才进行“亡羊补牢”，这已为时已晚了，所以在学生小学的时候就应该让他们学会珍惜自己的生命，在小学高年级的时候更加要强化这种观念。

（二）内容分析

重点：让学生明白生命是最宝贵的；掌握一些自救的基本能力。

难点：在生活中遇到不如意的事件时，如何用积极的心态来解决，做到决不轻易放弃生命。

（三）学情分析

10～12 岁年龄阶段的学生对生命的观念已逐渐有了自己的看法，在这个阶段一定要引导好其生命的价值观，为其步入青少年阶段做好心理铺垫。

（四）设计思路

首先，通过一则新闻引入主题即生命的宝贵，再引入故事“带着好学和自信来到人间的天使”，介绍海伦·凯勒如何对待自己的生命，接着与学生一起讨论自救的基本方法，最后进行总结。

三、教学过程描述

（一）课堂引入：一则新闻

1. 教师活动：

（1）说出一则因泪水而放弃自己生命的新闻；

（2）学生发言完后教师进行总结。

2. 学生活动：

（1）9～10位同学为一讨论小组，每一小组为本组取一个名字，以加强团队精神；

（2）听完新闻后分组讨论：“是什么让他们如此轻生?”请各组代表回答。

3. 对学生学习过程的观察和考查，以及设计意图：

引出主题：生命只有一次，珍爱自己最宝贵的财富——生命。

（二）故事会：带着好学和自信来到人间的天使

1. 教师活动：

讲海伦·凯勒的故事。

2. 学生活动：

让学生谈谈感想，并说说在日常生活中有什么可以向海伦·凯勒学习。

3. 对学生学习过程的观察和考查，以及设计意图：

让学生明白要用积极的心态去对待生命。

（三）我们必须具备自救的基本能力

1. 教师活动：

（1）教师列出一些自救的基本能力；

（2）问学生还有哪些自救方法。

2. 学生活动：

每位学生举手说出自己所知道的方法。

3. 对学生学习过程的观察和考查，以及设计意图：

通过大学的参与让大部分的学生都懂得一些自救的基本能力。

（四）小结

教师进行总结。

四、课程教学建议

1. 在本设计中，教师引导学生进行讨论这一部分是比较重要的。但在小学高年级里，有很多学生的讨论能力还是比较表面的，这需要教师的正确引导，使其进入更深层次的领悟。如果学生的讨论水平相对较差，讨论的部分可以相对减少，而采取教师与学生一起讨论的形式。

2. 对于学生列出的说出的其他自救的办法可以写在黑板上，这样能够让学生有个感受、理解的时间，同时也可以让其他学生针对同一个问题提出不同的自救方法。

3. 在讲海伦·凯勒的故事时，不一定要按照本故事提供的内容进行，也可以就海伦生活中的一件小事进行引导，这样也能引起学生的兴趣。

【教案设计范例4】

感恩父母，学会沟通①

一、设计理念

初中学生生理、心理急剧发展，进入人生的新阶段。他们往往有强烈的成人感，并且有强烈的独立自主的愿望。但由于心理和生理的不成熟，做事往往又带有幼稚性和盲目性。他们开始对父母无微不至的照顾、过细的嘱咐和种种限制表现出强烈的不满、甚至反抗。而有些父母又未意识到孩子的成长变化，仍然以大人的身份教育孩子，所以学生与父母之间存在着许多矛盾。经历过灾害的学生，可能会意识到父母对自己的爱，但却不知道怎么沟通表达。教师可以通过一系列活动，使学生理解和感受父母的爱，并学会与父母沟通。同时，教会学生以一颗感恩的心对待父母，表达自己对父母的爱。

二、设计目标

（一）使学生理解、感受父母对自己的爱。

（二）使学生学会与父母沟通交流。

（三）使学生以一颗感恩的心对待父母，表达对父母的爱。

三、活动准备

（一）故事《感恩之心》。

（二）歌曲《感恩的心》。

---

① 黄喜珊，王瑞明．灾后中小学生心理援助与活动课程设计［M］．广州：暨南大学出版社，2009．编入本书时有改动。

四、活动时间

80 分钟。

五、活动年级

初中年级。

六、活动过程

（一）故事导入

教师：同学们，在开始我们的课程之前，我们先来听一个故事《感恩之心》。

【评析：通过听故事，使学生了解感恩节的由来，知道感恩的心理是跨文化的人类普遍存在的心理。】

（二）引入课程主题

教师：听完故事，大家想到了什么呢？如果让大家来说，那你们最想感恩的人是谁？再想想最近没有跟父母发生冲突？有没有对父母感到不满？

（让学生写下来）

教师：大家想过吗？为什么感恩的心有时很难得到顺利表达？为什么对爱我们的父母我们有时还会心存芥蒂？

【评析：切入主题，先让学生思考与父母的冲突矛盾。】

（三）我与父母

教师：刚才我看到很多同学都在纸上写下了对父母的一些不满，那么现在你们回想一下，小时候对父母有这么多不满吗？好，让我们来做一个游戏，也许你们能从中得到什么启发。

活动步骤：

教师要观察每组的记录情况，适当地引导学生参加组内讨论。

通过日常生活中容易遇见的事情来加强珍惜生命教育。两人一组，一人站着，一人蹲着。

（蹲着的学生拿着一本书）

站着的同学试图拿到书，蹲着的同学不得反抗。

蹲着的同学站起来，保护书，站着的同学试图拿到书。

教师：刚才同学由蹲着到站着，像不像我们的成长历程？我们从中得到什么启发呢？

（鼓励学生说出他们的想法）

教师：是的，小的时候，父母都是高高在上的，他们要求我们做什么我们就做什么。可是现在我们长大了，希望以平等的身份与父母交流。也许，父母还没意识到这点，所以我们与父母之间的矛盾就多起来。

【评析：通过活动，使学生明白与父母存在矛盾的原因。】

（四）换位思考

教师：有时候与父母的一些矛盾只是因为我们没有跟父母好好地进行沟通，下面我们来体验一下良好沟通的神奇力量。

情境：妈妈很晚回来，看到你在家看电视，到处乱糟糟的。妈妈很生气，责备你。你的回应：

1. “你嚷嚷什么？自己在外面受了气，就朝我发火。真是的！”说完摔门而去。

2. 想到妈妈也许今天太累了，我不该生她的气，我应好好照顾她。先给妈妈倒杯水，并开始收拾房间。

让学生表演，看妈妈的两种反应。

教师：我们可以看出第一种情况只能使妈妈更生气，而第二种情况则会化解矛盾。这就是良好沟通的神奇力量。同学们，以后我们要多多利用良好沟通。

【评析：通过活动，使学生意识到良好沟通的作用，学会换位思考。】

（五）感恩的心

教师：让我们一起表达对父母的爱。

（集体演唱歌曲《感恩的心》）

（六）教师总结

教师：今天我们深深地感受到了父母对我们的爱，同时也学会了如何理解和体谅父母。爱，需要沟通。只要我们学会换位思考，与父母进行有效沟通，那么我们的生活才会更加快乐。

（七）课后延伸

1. 鼓励学生把想跟父母说的话写在卡片上，带回去贴到父母的卧室里。

2. 鼓励学生为父母做一件事。

3. 开展以父母为主题的作文比赛。

四、本主题拓展资料

（一）斯蒂芬·威廉·霍金的故事[①]

斯蒂芬·威廉·霍金，21 岁时患上卢伽雷氏症，肌肉不断地萎缩，最后被禁锢在轮椅上，只有两根手指可以活动。后来又因肺炎做了穿气管手术，彻底不能说话，只能通过语音合成器来完成与他人的交流。其残疾的严重程度让所有首次见到他的人都会感到吃惊：每次他首先要用很大的努力才能举起头来；只能发出很微弱的变形的语言，这种语言只有在陪他工作、生活几个月后熟悉他的人才能通晓；不能写字，看书必须依赖于一种翻书页的机器，读文献时旁边要有人将每一页摊平在一张大办公桌上。每天他必须驱动轮椅从他的家里经过剑河、国王学院来到他的应用数学和理论物理系办公室。

很难想象，就是这样一个无助地坐在轮椅上、不能写字和正常说话的人，其思想却可以出色地遨游在广袤的时空，解开了宇宙之谜。在彻底不能说话的三年里，1988 年霍金出版了《时间简史》，该书出售逾 2 500 万册，是全球最畅销的关于量子物理学与相对论科普著作之一。他是最年轻的英国皇家学会会员，所担任的职务是剑桥大学有史以来最为崇高的教授职务，被誉为是继爱因斯坦之后最杰出的理论物理学家之一。他提出宇宙大爆炸自奇点开始，时间由此刻开始，黑洞最终会蒸发，在统一 20 世纪物理学的两大基础理论（爱因斯坦的相对论和普朗克的量子论）方面迈出了重要一步。

霍金的魅力不仅在于他是一个充满传奇色彩的物理天才，还因为他是一个令人折服的生活强者。他不断求索的科学精神和勇敢顽强的人格力量深深地吸引了每一个知道他的人。他被世人誉为“在世的最伟大的科学家”、“另一个爱因斯坦”、“不折不扣的生活强者”、“敢于向命运挑战的人”和“宇宙之王”。

为什么霍金可以做到这么坚强？我们可以通过他的名言探知支撑着这个软弱之躯的坚定信念：

活着就有希望。

当你面临着夭折的可能性，你就会意识到，生命是宝贵的，你有大量的事情要做。

---

① 参编自：百度百科［EB/OL］，http：//baike. baidu. com/view/305291. htm.

一个人如果身体有了残疾，绝不能让心灵也有残疾。

生活是不公平的，不管你的境遇如何，你只能全力以赴。

我的手指还能活动，我的大脑还能思维；我有终身追求的理想，我有爱着的和爱我的亲人朋友；我还有一颗感恩的心……

（二）积极心理学

积极心理学是心理学中正在兴起的一个较新的研究领域，其历史源头最早可追溯到 20 世纪 60 年代。2000 年 1 月，美国心理学家 Seligman 和 Csikzentmihalyi 联名在《美国心理学家》杂志发表“积极心理学导论”一文，标志着积极心理学的正式创立。《美国心理学家》和《人本主义心理学》等杂志分别在 2000 年和 2001 年发表了积极心理学专辑。积极心理学在短短几年内，已从美国扩展到加拿大、日本、欧洲和澳大利亚等地，成为一种世界性潮流，并且越来越多的心理学家开始涉足此领域的研究。传统心理学的许多理论似乎只把人当作动物或机器，而忽略了人内在的潜力和主动性，相对于近一个世纪中占主导地位的消极心理学模式，积极心理学就像是吹进沉闷心理学界的一场清新之风。

从含义来看，积极心理学是指利用心理学目前已比较完善和有效的实验方法与测量手段，来研究人类的力量和美德等积极方面的一个心理学思潮。它同时可视为一种思想、一种理念、一种技术或者是一种行动。其研究主题涉及主观幸福感、心理幸福感、自我实现、快乐、满意、士气、正性情感、负性情感、情绪平衡、主观福利等。研究对象为普通人，它要求心理学家用一种更加开放的、欣赏性的眼光去看待人类的潜能、动机和能力等。

了解积极心理学，可以让我们更加珍惜生命，关注自身美好的心理品质。以下书籍可为我们进一步了解积极心理学打开一扇窗口：

塞里格曼：《真实的快乐》、《活出最乐观的自己》、《教出乐观的孩子》

克里斯托弗·彼得森：《打开积极心理学之门》

卡尔：《积极心理学——关于人类幸福和力量的科学》

芭芭拉·弗里德里克森：《积极情绪的力量》

乔纳森·海特：《象与骑象人》

泰勒·本·沙哈尔：《幸福的方法》

（三）关于生命的名言警句

人生的光荣，不在永远不失败，而在于能够屡仆屡起。（拿破仑）

谁要游戏人生，他就一事无成；谁不能主宰自己，谁就永远是一个奴隶。（歌德）

苦难是人生的老师。（巴尔扎克）

为了解人生有多么短暂，一个人必须走过漫长的生活道路。（叔本华）

生命的用途并不在长短而在我们怎样利用它。许多人活的日子并不多，却活得很长久。（蒙田）

生命是一切宝物中最高的东西。（费尔巴哈）

应该笑着面对生活，不管一切如何。（伏契克）

一个伟大的灵魂，会强化思想和生命。（爱默生）

世界上只有一种英雄主义，那就是了解生命而且热爱生命的人。（罗曼·罗兰）

生命如流水，只有在他的急流与奔向前去的时候，才美丽，才有意义。（张闻天）

尊重生命、尊重他人也尊重自己的生命，是生命进程中的伴随物，也是心理健康的一个条件。（弗洛姆）

懂得生命真谛的人，可以使短促的生命延长。（西塞罗）

不要以感伤的眼光去看过去，因为过去再也不会回来了，最聪明的办法，就是好好对付你的现在——现在正握在你的手里，你要以堂堂正正的大丈夫气概去迎接如梦如幻的未来。（郎费罗）

使一个人有限的生命更加有效，也即等于延长了人的生命。（鲁迅）

盛年不重来，一日难再晨。（陶潜）

生命，只要你充分利用，它便是长久的。（塞内加）

人生不售来回票，一旦动身，绝不能复返。（罗曼·罗兰）

（四）教师如何培养学生的积极情感①

积极情感对人的行动有正向的推动力。苏霍姆林斯基指出：“孩子的心不应是真理的冷库，防止的最大恶习就是冷漠，缺乏热情。儿时内心冷若冰霜，来日必成凡夫俗子。”一个拥有积极向上健康情感的孩子，长大后不会出现太多的心理障碍，出现犯罪的可能性也会低很多。这些都说明了教育必须着力培养具有丰富积极情感的学生。

---

① 摘编自：马勇．小学教学中如何培养学生的积极情感［J］．学周刊，2011（8）．

1. 让学生在实践中体验情感

让学生面对问题，切身体会、感受和思考，提高感性认识，从而形成较稳固的道德观念和信念，完善道德行为。生活中蕴含着许多可以利用的教育资源。教师要随时留意生活教育的因素，为学生提供情感体验的机会。可以通过开展班级活动和社会实践活动让学生在实践中体验情感，如为激发学生对大自然的热爱，组织野外爬山、踏青郊游、择菜比赛、享受成果等活动。

2. 让学生在情境中体验情感

情境教育是指教师通过创设一定的道德情境，让学生在想象性的情感体验中，经历动机的冲突、情感的激荡、认识的升华。

音像效果逼真的影片，具有很强的感染力，如让学生观看电影《妈妈，再爱我一次》，然后让学生说一段感言，这样就更升华了母爱，同时也对学生进行了一次很好的情感体验。还可通过创设问题、展开讨论的方式。由教师或学生确定某种情境，通过讨论，获得情感体验。例如，为了让学生体会到家务劳动的重要性，创设以下情境：明明的妈妈下班回家，就忙着到厨房做菜烧饭。明明看见了，心想：妈妈每天早出晚归，回到家还要忙这忙那的，我应该帮妈妈做些家务，于是，他就跑去帮妈妈拣菜。妈妈却说："小孩子，读书要紧，别在这儿碍手碍脚的。"然后，让学生对这个情景展开辩论，发表自己的观点。接着，引导学生思考：如果一个人不重视家务劳动，长大后他的生活会遇到什么麻烦呢？对他的工作又会带来哪些不良影响呢？通过讨论，激起学生想象中的情感体验，使学生明辨是非。

（五）生命的意义[①]

每个生命犹如蓝色的鸢尾，绽放在落拓的湖面，蕴孕生机，等待消失。当在生命的最后一刻，你是否会勇敢地叩问自己的灵魂：我的生命意义是什么？

有的人会欣慰，有的人会迷惘，也有的人会麻木，但是我却想说，实现生命的意义，就在当下。在弥留之际，那份坦然的心境笼罩整个灵魂……

右手流露出诗一样的灵魂，左手思考25岁是否过于永久，日落之后醉倒，大地扶你不起，掌心时时一片寂静……那个躺在天堂里的身影好熟悉，却好陌生，是你吗，海子？你的身子很冷，你的思想很热，夕阳西下静默的肉体只是躯壳，因为你的灵魂将永生。我不认为死亡是一种结束，因为你曾

① 郭春红．生命的意义［J］．优秀作文选评（高中版），2011（11）．

真正地活过，因为你用一生去追求自己的梦想。你不愿做只不死鸟，你的执著，你的梦想，你的生命意义将自由飞翔！我看着你倒下的躯体，很明快，像你的诗一般“面朝大海，春暖花开”的荒凉，萧瑟的北风吹乱了你的发丝，你静静地在那里，一动也不动，安息吧！因为你的生命的意义已将你推向顶峰。

我常思考，生命的意义究竟是什么。我从你的身上看到了有一种结束叫做永生，有一种生命叫做意义，原来当我们拥有自己的梦想，在生活中实现自己的生命意义，真正地生活，才不会虚度此生。

“每个人都会死去，但并不是每个人都曾经真正地活过。”如果你问秦桧生命的意义是什么，“是名，是权”；如果你问岳飞生命的意义是什么，“是国，是民”；如果你问自己生命的意义是什么，那又是什么？《死亡诗社》中有言：“不要等我死去后才发现，我没有真正地活过。”一语道出了生命的真谛。是啊，秦桧的一生是可耻可悲的，没有了生命的意义，在苟且偷生的功名利禄中，尽是悲哀。

那么，有意义地生活下去，就从此时此刻。

要问生命的意义，就是索尔仁尼琴“我的一生苦于说真话，我的一生是在冲破阻拦而向公众说出真话”的良知；要问生命的意义，就是孙水林、孙东林“言忠信，行笃敬”的诚信；要问生命的意义，就是钱伟长“把祖国作为自己的专业”的爱国情愫。

不要给心灵埋下虚浮的花冢，让那么滂沱凄美的失落随风散开，给自己一颗意义种子，把生命染绿，就在此时此刻，给自己一个向上的理由，冲破黑暗阴霾，拥抱阳光，吐纳气息，这就是生命的价值。

第[illegible]部分　情绪调节

一、主题介绍

（一）情绪情感的概述

情绪情感是我们日常生活中的重要组成部分。情绪是指个体适应生活环境中重要机遇、事件、挑战的生物反应倾向，其反应包括认知层面上的主观体验、表达层面的表情行为、生理层面的生理唤醒三个成分。情绪的正面或负面以个体的愿望和需要为中介，当客观事物或情境符合个体的愿望时，就能引起正面、积极的情绪；当客观事物不符合个体的需要与愿望时，则产生负面、消极的情绪。正面情绪可以提高大脑皮层的张力，保持人体内外环境的平衡与协调，从而提高人机体的免疫力，增强人们的活动能力；负面情绪则会干扰心理活动的稳定性，导致认识机能障碍与行为失调。情绪的产生有其内在原因和外在原因，前者主要包括人的主观需要、人的认知以及潜意识，而外在原因主要是指个体所在的环境和外部事件，如自然条件、生活中的事件等。情感在本质上与情绪是一样的，只不过其产生更多地受到个体的社会需要是否得到满足的影响，而且相对于情绪的短暂性、外显性而言，情感体验则更为持久，更为含蓄。

（二）情绪调节的含义及类型

情绪健康是心理健康最本质的特征之一，也是中学生心理素质结构中个性特征的重要组成部分。情绪调节作为心理学的一个研究课题最早出现于发展心理学。一般认为情绪调节是指个体根据内外环境的要求，在对情绪进行监控和评估的基础上，采用生理、认知和行为等策略对情绪进行修正的心理过程，是个体为保持内外适应的机能反应①。情绪调节可以进行以下不同的分类。

1. 内部调节与外部调节

内部调节来源于个体内部，主要指个体生理、心理以及行为上的调节，而外部调节主要指环境的调节，如人际的、文化的，等等。

2. 修正调节、维持调节与增强调节

这是根据情绪调节不同的特点来划分的。修正调节指的是对负性情绪进行调整与修正；维持调节指个体主动维持对自身有益的正性情绪，如保持快乐、幸福等；增强调节主要指的是对情绪进行积极的干预，对不良的情绪进行增强调节，以实现其积极化。

3. 原因调节与反应调节

心理学家 Gross（1998）提出将情绪调节分为原因调节和反应调节。所谓原因调节就是对引起情绪的原因进行加工和调整。例如，有的教师感到教学竞争的压力太大而跳槽、辞职，以回避教学竞争的情境，从而避免产生紧张、焦虑等消极情绪。反应调节是指个体对已经发生的情绪在生理反应、主观体验和表情行为等方面进行调节。例如，不良情绪已经发生的时候，可以通过参加文体活动、听听音乐、散散步、打打球、做做肌肉放松训练、找朋友倾诉、观看演出及展览等方面进行调节。

4. 良好调节与不良调节

这主要是根据情绪调节的结果来划分的一组。良好调节是指使情绪与认知、行为达到协调状态，使情绪在生理唤醒、主观体验和行为表现等达到良好、灵活的状态，提高人的作业成绩，使人的功能达到最佳状态。相反，不良的情绪调节使组织功能和心理系统受损，使人的作业成绩下降，使人产生不良的适应状态。

（三）情绪调节的特点

第一，情绪调节不仅包括负性情绪，也包括正性情绪。被调节的情绪首先应是那些让人难受的负性情绪，如愤怒、悲伤、抑郁等；而在一些情况下正性情绪也需要调节，如过分的满意、骄傲等，这些情绪可能会引起他人的

---

① 摘编自：刘启刚，周立秋．情绪调节的理论模型［J］．辽宁师范大学学报（社会科学版），2011（34）．

嫉妒。

第二，情绪调节也体现在唤醒水平的调节。既包括强烈感受和过高生理唤醒的情绪，这时情绪调节是一个抑制、削弱的过程；也包括较低强度、需要增强的情绪，这时情绪调节则作为维持和增强的过程在起作用。

第三，情绪调节是在一定机制和策略的作用下，管理和调整情绪的过程。机制是不需要个体意识控制的自动化的过程，而策略是个体为调节情绪有意识的努力。所以情绪调节是一个从意识到无意识的连续体，既包括无意识、自动的调节，也包括意识、控制的调节。

（四）中学生情绪的特点

情绪调节能力不是先天具有的，而是在长期的实践活动中逐渐形成与发展起来的。中学生的情绪调节能力随着成长呈上升的趋势。从生理和心理的发展特点上看，处于青春期的中学生，身体的各个方面都在快速地发育并逐渐走向成熟，主要表现在身体外形的改变、内脏机能的成熟以及性的成熟。但其心理发展的速度相对比较缓慢，心理水平尚处于从幼稚向成熟发展的过渡时期，因此青春期中学生的身心处于一种不平衡的状态。这种不平衡状态会引起种种心理发展上的矛盾，这些矛盾在情绪上体现得尤为明显，如他们的情绪波动比较大，情绪反应的强度也相对较大。他们常常对活动充满热情，易振奋、易波动，也会感情用事，有时会出现盲目的狂热和急躁；遇到挫折会有种种消极情绪。中学生情绪的另一特点是由于其思维的独立性和自我意识的进一步发展，其感情具有文饰性，即内心世界活跃，而且情感的外部表现常与内心体验不一致。可以说，如果中学生能够调节好情绪，就可以为其日后的心理健康打下良好基础。

人不可能永远处在好情绪之中，生活中既然有挫折，有烦恼，就会有消极的情绪。一个心理成熟的人，不是没有消极情绪，而是善于控制和调节自己的情绪。在中学心理健康教育中，教会中学生控制和调节自己的情绪，是一个重要的课题。

二、故事赏析

故事赏析1：想办法永远比发怒要好

【故事介绍】

图2-1　梁晓声（1949—），中国当代作家。

梁晓声是我国当代著名作家，至1994年初已发表文学作品六百余万字。其作品大多在香港、台湾地区出版，并译为英、日、法、俄、意等国文字。他的名字被英、美、澳三国收入进“世界名人录”。他创作的作品为我国文学界作出了很大的贡献。其作品《这是一片神奇的土地》获得全国最佳短篇小说奖，《今夜有暴风雪》获得了全国最佳中篇小说奖，该小说被视为“知青小说”里程碑式的作品。

梁晓声不仅文章写得好，而且在自身情绪调节方面也很有值得大家学习的地方。

有一次，英国一家电视台的记者采访他，并且是现场拍摄电视采访节目。在提出了一系列的问题并得到回答之后，采访梁晓声的英国记者忽然让摄像机停下来，然后对梁晓声说：“下一个问题，希望您能毫不迟疑地用‘是’或‘否’来回答，好吗？”一向耿直的梁晓声没有注意看那个记者诡异的眼神，不知是计，因而欣然答应。

谁知那位英国记者一扬手，遮镜板“啪”的一声响，记者把话筒放到自己嘴边，说道：“没有文化大革命，就不会产生你们这一代青年作家，那么文化大革命在您看来究竟是好是坏?”说完那位记者马上把话筒伸到梁晓声嘴边。心里得意洋洋，因为他知道这个问题对梁晓声来说是很难回答的。

摄像机对准了梁晓声的脸。梁晓声的形象和声音将会由摄像机转告给广大观众。在场的人都替梁晓声捏了一把汗。此时，无论梁晓声回答“是”，还是回答“否”，都是笨拙的。

但梁晓声刚才是答应用最“简洁”的一两个字回答问题的呀。因此，不按照应诺的条件回答也不是个办法。看来对方是蓄意要出他的洋相。

在这进退维谷之际，梁晓声却不动声色地说：“在我回答您这个问题之前，我也问您一个问题：没有第二次世界大战，也就没有以反映第二次世界大战而著名的作家，那么您认为第二次世界大战是好是坏?”梁晓声把话筒转向英国记者……①

那位以为会占到便宜的英国记者这下可不知道如何回答了，梁晓声很好地应用了以治其人之道还治其人之身的智慧来化解尴尬。

【知识点评】

知识点 1：Gross 情绪调节同感过程模型理论

心理学家 Gross 认为情绪调节是在情绪发生过程中展开的，在情绪发生的不同阶段，会产生相应不同的情绪调节，由此他提出了情绪调节同感过程模型理论。

在 Gross 的情绪调节同感过程模型中，Gross 把情绪发生过程分为五个阶段，即情景选择、情景修正、注意分配、认知改变、反应调整。情景选择是指个体趋近或避开情绪事件以调节情绪，如有电梯恐惧症的人会尽量避开乘坐电梯以减少恐惧体验的发生。情景修正是指对情绪事件进行控制，努力改变情景，如当个体与异性间关系紧张时，努力去改善与异性朋友之间紧张的关系。注意分配是关注情绪事件许多方面的某一种或某些方面，如当涉及难堪的话题时，通过转移话题将注意转向别的事情。认知改变是改变对情绪事件意义的看法或态度，从而达到调节情绪的目的，如当在路上与朋友打招呼而对方没有回应时，理解为对方没有听见而不是有意不想理睬。反应调整是

① 摘编自：http：//www. zhibeidy. com/2011/0402/2658. php.

指情绪已经被激发以后，对情绪体验、生理反应、行为反应施加影响，主要表现为情绪反应的行为表达的降低。Gross 把情景选择、情景修正、注意分配、认知改变称为先行关注情绪调节，因为这些情绪调节发生在情绪反应激活之前，主要是指对情绪产生的原因进行加工或调整；而反应调整发生在情绪已经形成、情绪反应激活之后，Gross 将其称为反应关注情绪调节，主要指的是对情绪的反应倾向的调节。Gross 的情绪调节同感过程模型理论如图 2－2 所示。

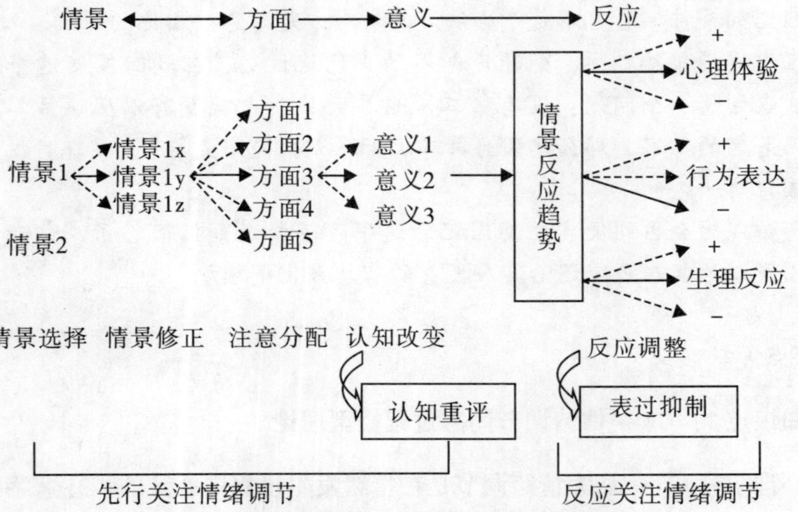

图 2－2　Gross 的情绪调节同感过程模型①

知识点 2：认知重评和表达抑制

Gross 提出，在情绪发生的整个过程中，在个体进行情绪调节的诸多策略中，认知重评和表达抑制是最常用和最有价值的两种策略。认知重评主要相对于现行关注情绪调节而言，是这类情绪调节最常用的情绪调节策略。认知重评即认知改变，指的是改变对情绪事件的理解，改变对情绪事件个人意义的认识。认知重评试图以一种更加积极的方式理解使人产生挫折、焦虑、恐惧、生气等负性情绪的事件，或者说是对情绪事件进行合理化认识。认知重评包括两种具体的调节方式：评价忽视和评价重视。评价忽视是减弱型调节

① 摘编自：刘启刚，周立秋．情绪调节的理论模型［J］．辽宁师范大学学报（社会科学版），2011（34）．

方式，个体主要以回避、减弱等方式评价情境中诱发情绪的刺激，以尽量避免不同感受情绪可能引起的情绪；评价重视属于增强型调节方式，个体主要提高对情绪情境的评价以增强个人与情境之间的关联性。表达抑制是相对于反应关注情绪调节而言的，是指抑制将要发生或正在发生的情绪表达行为，是对情绪反应倾向的调节方式的改变主要体现为生理反应和表情行为的控制，表达抑制调动了自我控制能力，启动了自我控制过程以达到抑制自己的情绪行为的目的。

Gross 等发现认知重评和表达抑制两种不同的情绪调节策略对认知、情感、社会行为以及幸福感会产生不同的影响。例如，认知重评会降低情绪的心理生理体验，也会降低情绪的行为表达；而表达抑制在降低情绪的外部行为表现的同时，会引起情绪的生理反应的增强。此外，表达抑制消耗认知资源，因为抑制本身需要消耗认知资源，从而会对其他认知任务的完成产生影响；而认知重评过程不需要耗费更多的认知资源，也不会对其他认知任务的完成产生影响。在情绪体验和表达方面表现为认知重评与积极的情绪体验和表达呈正相关，与消极的情绪体验和表达呈负相关。而表达抑制的情况则刚好相反。在社会交往方面，表达抑制会掩盖很多社会互动所需要的信息，对社会互动和社会沟通产生消极影响。研究表明，经常使用认知重评者比经常使用表达抑制者具有相对更高的生活满意度和更高的自尊，对未来也更加乐观。

总的来说，与表达抑制相比，认知重评能更好地降低情绪体验，减少生理反应和交感神经系统的激活，并且对认知活动不产生影响；而表达抑制虽然能够降低情绪行为，但生理反应和交感神经系统的激活却增强，且干扰认知活动的完成。相较于表达抑制，认知重评能更好地调节情绪，有利于人们的身心健康。①

知识点 3：情绪调节教育的主要任务

对于处于青春期的中学生来说，情绪调节能力的发展十分重要，他们的情绪调节能力也具有很强的可塑性。学校心理健康教育要重视培养学生的情绪调节能力，可以从以下几点入手。

1. 教学生学会识别、接受与表达自己的情绪

正确识别、接受与表达自己的情绪对心理健康具有重要作用。研究表明，

① 摘编自：程利，袁加锦，何媛媛，李红．情绪调节策略：认知重评优于表达抑制［J］．心理科学进展，2009（17）．

当个体描述自身情感能力下降，不能正确认识和区别各种不同的情绪和躯体感受，或不能适当表达情绪体验时，时间长了往往会导致述情障碍，甚至会导致抑郁情绪的加重。

2. 教学生掌握面对压力的积极应对方式

应对情绪情境的方式有很多，心理健康教育者应教育学生学会积极地应对各种情绪情境，采用合理而健康的情绪调节方式来管理和调节自己的情绪，最大限度地发挥情绪在情境中的适应动力性，促进认知发展、情绪情感表达以及社会适应。例如，鉴于认知重视的调节方式优于表达抑制，心理健康教育者应指导学生，在遇到情绪事件或应急事件时，更要学会用认知重评的情绪调节方式，改变对情绪事件的看法，更积极地看待问题以及调节情绪，对已产生的不良情绪要进行适当的宣泄。

3. 培养学生积极的人格品质

重视培养个体的积极情绪，对情绪调节具有深远的意义。随着积极心理学的兴起，人们更多关注个体积极的心理品质与积极情绪，并注重积极人格的培养。自 20 世纪 80 年代以来，通过人格教育培养学生健康心理的做法在美国中小学如火如荼地开展，如在美国中小学形成了一定影响、具有一定的特色的“六特质”人格教育，对“双性化”人格特质的培养等。而这些尝试在我国还相当匮乏。作为心理健康教育工作者应该借鉴国外人格教育的经验，结合我国的国情，去探索有我们自己特色的情感教育和人格教育模式，以培养中学生积极的人格品质，以帮助其合理调节情绪。

此外，对中学生进行爱心培养，提高他们在家庭与社会中与他人和谐相处的能力，有利于其良好人际关系的建立，对其情绪调节和心理健康也有重要的促进作用。

【教学建议】

在本故事中，梁晓声就是根据当时的情景，采取了积极有效的情绪调节方式——将类似的问题交回给那位英国记者，从而脱离了因对方所提问题造成的进退两难境地。如果梁晓声不是巧妙地使用了认知重评与表达抑制来面对这一困难，而是发怒或直接地回答那个问题，那么他就会在电视前出尽洋相以及让外国人看低中国人。可见，情绪调节策略对认知发展、人际交往以及解决困难有重要的作用。

本故事可以在讲授中学生情绪以及情绪调节能力发展与调节时引用，以协助讲解情绪调节方式的类型以及其对情绪体验、认知、社会交往等的不同影响，以帮助中学生使用有效而健康的情绪调节策略。

故事赏析2：永不绝望的艾柯卡①

【故事介绍】

图2-3 艾柯卡（Lee Iacocca，1924— ），美国传奇商业巨子。

作为在福特公司的工作年龄达32年，当了8年总经理的艾柯卡来说，绝对想不到有一天会被这个公司的大老板解雇。一帆风顺的艾柯卡突然间失业了。艾柯卡痛不欲生，他开始喝酒，对自己失去了信心，认为自己要彻底崩溃了。

就在这时，艾柯卡接受了一个新挑战——应聘到濒临破产的克莱斯勒汽车公司出任总经理。为了重振企业雄风，艾柯卡凭着智慧、胆识和魄力，大刀阔斧地对克莱斯勒公司进了整顿改革，并向政府求援，舌战国会议员，终于取得了巨额贷款。在艾柯卡的领导下，克莱斯勒公司在最黑暗的日子里推出了K型车的计划。这一计划的成功令克莱斯勒起死回生，跃身成为仅次于通用汽车公司、福特汽车公司的第三大汽车公司。1983年7月13日，艾柯卡把8.13亿美元的支票交到公司贷款的银行代表手里，这意味着克莱斯勒汽车公司已经还清了所有债务，这一天刚好是艾柯卡被解雇满5周年的日子。公

① 摘编自：中国中学生联盟网［EB/OL］，http://www.cando100.com/news/20090728/12487604161362053734.html.

司的重生，艾柯卡的重生，似乎都交合到一起了。

对这一浴火重生般的五年间的传奇经历和战斗历程，艾柯卡向世人说出了他的信念，那就是：奋力向前，哪怕时运不济；永不绝望，哪怕天崩地裂。

艾柯卡锲而不舍、转败为胜的奋斗精神激励了很多处于逆境中的人。在20世纪80年代以及90年代初，艾柯卡被评为美国商业偶像第一人。他还著有《艾柯卡自白：管理与商业经》、《什么是真正的领导》、《艾柯卡自传》等书，通过阅读这些书，我们可以更全面更深刻地解读他非凡的精神世界。

【知识点评】

知识点1：情绪升华及其适用情况

一位哲学家说过："不善于驾驭自己情绪的人总会有所失。"人的情绪分为良好情绪与不良情绪两种。良好的情绪可以成为学习、生活和事业的动力，而不良情绪则会对日常生活产生坏影响，如果长时间维持恶劣情绪，甚至会导致身体心理疾病。不良情绪的宣泄方法有很多种，包括情绪宣泄法、升华法、转移视角法、音乐陶冶法、注意转移法等，其中情绪升华是一种比较高级的情绪宣泄方法。

情绪升华，就是使不被社会接受的消极情绪以及不被社会认可的动机或欲望导向比较崇高的有利于建设与创造的方向，变成个人和社会所能接纳的东西。它是一种较高水平的情绪宣泄方法。痛苦、愤怒等不良情绪的产生，会触发人身体的很多能量，这种能量如果得不到释放，就会使人感到很沉闷、压抑、难受。但如果将痛苦、烦恼、愤怒等不良情绪转化为积极而有意义的行为，就是情绪升华。

升华法在以下两种情况下比较适合使用：第一，挫折使人产生痛苦的情绪是人之常情。例如，当个体失恋、丧失荣誉地位时，如果沉湎于痛苦之中将导致身心俱疲，这时若采用升华法，不但能将负性情绪的能量宣泄出去，而且还能够使这些能量得到积极利用。第二，当个体遇到不公平的事情时，这时如果只是一味发牢骚和生气也是无济于事的，正确的态度应当是立志、争气，将不满升华为动力，做生活的强者。

所谓"化悲痛为力量"，是情绪升华的最好说明。痛苦和失败，绝非人们所祈求的。因为它给人带来心理上的压抑和焦虑。善于心理调控者，却能把这种情绪升华为一种力量，将之引向对己、对人、对社会都有利的方向，在获得成功的满足时，也清除了心理的压抑和焦虑，达到积极的心理平衡。古之文王、仲尼、屈原、左丘明、孙子、吕不韦、韩非、司马迁等，之所以为万世传颂，就在于他们在灾难性的心理困境中以升华拯救了自己，塑造了强者的形象。在学生感到痛苦失败时，告诉他们一味憋气愁闷或颓废绝望，都无济于事；做出反社会的报复行为更是下策，因为这都是拿别人的错误在惩罚自己。正确的态度应该是化痛苦为动力，从失落的情绪中走出，做生活的强者。①

知识点2：沙赫特的两因素情绪理论

美国心理学家沙赫特与辛格于20世纪60年代提出了两因素情绪理论，也叫情绪唤醒模型。该理论认为，特定情绪的产生必须具备两个因素：第一，个体必须体验到高度的生理唤醒，如呼吸急促、手心出汗等；第二，个体须对生理状态的变化进行认知性唤醒。一方面，人对生理反应的认知和了解决定了最后的情绪与行为体验。但另一方面，生理变化和环境因素对情绪的产生也起了一定作用。总的来说，情绪状态的产生是由认知过程、生理状态和环境因素在大脑中进行整合的结果。首先是环境的刺激因素通过感受器向大脑皮层输入外界信息；再通过内部器官和骨骼肌的活动向大脑输入生理状态变化的信息；认知过程是对过去经验的回忆和对当前情境的评估，来自这三个方面的信息经过大脑皮层的整合作用，才产生了某种情绪经验。将上述理论转化为一个工作系统，称为情绪唤醒模型。这个工作系统包括三个亚系统，第一个亚系统是对来自环境的输入信息的知觉分析；第二个亚系统是在长期生活经验中建立起来的对外部影响的内部模式，包括过去、现在和对将来的期望；第三个亚系统则是对现实情景的知觉分析与基于过去经验的认知加工间的比较系统，称为认知比较器，它带有庞大的生化系统和神经系统的激活机构，并与效应器官相联系。沙赫特认为，这个情绪唤醒模型的核心部分是认知，通过认知比较器把当前的现实刺激与储存在记忆中的过去经验进行比较，当知觉分析与认知加工间出现不匹配时，认知比较器就产生信息，动员一系列的生化和神经机制，释放化学物质，改变脑的神经激活状态，使身体适应当前情境的要求，这时情绪就被唤醒了。②

【教学建议】

在故事中，艾柯卡就是将消极情绪升华的一个的典型代表，将一帆风顺

---

① 摘编自：姜秀群，魏军．做情绪的主人［J］．班主任之友，2007（7）．

② 摘编自：百度知道［EB/OL］，http：//zhidao. baidu. com/question/87541787. html.

之后失业带来的沉痛打击与痛苦化作挑战黑暗的力量。在艾柯卡的将消极情绪转化为积极力量的过程中，认知起到了非常重要的作用。他通过比较过去经验的认知加工和现实情境的知觉分析，摆脱了不良情绪的困扰，将不良情绪积压的能量化作动力，作出了最适应的情绪与行为反应。

该故事可以在讲授中学生遇到挫折与打击，如何调控自己的情绪时使用，以帮助中学生更合理地调控自己的情绪。遇到困难时，避免一蹶不振，而应要学会越挫越勇，化悲痛为力量。

故事赏析3：我只看到我所有的，不看我所没有的①

【故事介绍】

在台湾，黄美廉的名字可以说是家喻户晓。她出生时因为意外患上了脑性麻痹，在六岁之前，全身的运动神经和语言神经受到伤害，面部畸形，并且失去了发声讲话的能力。在旁人的眼里，她就像是一个怪物。但黄美廉没有被这些痛苦所击败。身体的残疾丝毫没有打败她的信心，反而让她更加坚定自己的意志。小学二年级时，在老师的启发下，她找到了自己人生的目标，确立了当一位画家的志向。中学毕业后，黄美廉先后进入了洛杉矶学院和加州州立大学修读艺术。在付出比常人多十倍百倍的努力之后，黄美廉最终获得美国加州大学的艺术博士学位，她举办的画展也轰动了世界。对于常人来说都可以说是难以取得的辉煌成绩，她却取得了。只有她自己知道背后付出的艰辛和血泪。

在一次演讲会上，一个中学生问她：“黄博士，你从小就长成这个样子，请问你怎么看你自己？你难道从来都没有怨恨过吗？”

面对这么直接的问题，黄美廉没有难堪或生气，她嫣然一笑，用力地在黑板上龙飞凤舞地写下了这么几行字：

“我好可爱！

我的腿长得很美！

爸爸妈妈那么爱我！

上帝这么爱我！

我会画画！我会写稿！

我有只可爱的猫！

---

① 摘编自：我学网［CB/OL］，http：//www.5xue.com/modules/wordpress.

还有……"

看到大家愣住的样子，黄美廉又回过头去，在黑板上写下了她的想法："我只看到我所有的，不看我所没有的。"

上帝给谁的都不会太多，上帝对谁都不会不公平。

我们不能用狭隘的眼光去看世界，更不能用苛刻的视角看自己。如果我们拥有一颗黄美廉那样的阳光快乐的心灵，已经足够！面对不幸，让我们笑而置之，而换上感恩的心看待我们所拥有的一切。这就能给我们带来无尽的快乐，就像黄美廉说的那样"我只看我所有的，不看我所没有的"。

【知识点评】

知识点1：情绪的ABC理论

情绪的ABC理论由艾利斯提出，ABC理论的基本观点是：人的情绪不是由某一诱发性事件的本身所引起，而是由当事人对这一事件的解释和评价所导致。在这一理论模式中，A是activating events的首字英文字母，意指诱发性事件；B指beliefs，是个体在遇到诱发事件之后相应而产生的信念，即对这一事件的看法、解释和评价；C代表emotional and behavioral consequences，指特定情景下个体的情绪及行为的结果。对于A、B和C三者之间的关系，通常人们会认为，C由A直接引起，即情绪行为反应直接由诱发性事件引起，ABC理论则指出，诱发性事件（A）只是引起情绪及行为反应的间接原因，而人们对诱发性事件A所持的信念、看法、解释（B）才是引起人的情绪及行为反应（C）的更直接的原因。

ABC理论的一大特色或独创之处在于对人的信念的存在和作用予以充分强调：从存在性来看，信念是以快速产生的自动思维的形式伴随着诱发事件出现的。即是说，诱发事件从来不会单纯存在，当人们意识到事件发生时，该事件已经是经过人们思维加工过的事件了。而且信念是必然在情绪及行为反应之前出现的。从作用来看，不同的信念导致截然不同的结果：合理的信念会引起人们对事物的适当情绪和行为反应，不合理的信念则导致不适当的情绪和行为反应。由此推之，情绪障碍之所以产生，是因为人们坚持某些不合理的信念，使得个体长期处于不良的情绪状态之中。艾利斯认为，所有困扰人类的严重情绪问题实际上都直接起源于那些教条式的、未经验证的非理性信念。

促使艾利斯提出情绪ABC理论的，是其对人性的四个假设：①人既可以是有理性的、合理的，也可以是无理性的、不合理的，当人们按照理性去思维、去行动时，他们就会很愉快、富有竞争精神、行动也富有成效。②情绪是伴随人们的认知与思维而产生的，情绪上或心理上的困扰是由于不合理、不合逻辑的思维所造成。③人具有一种生物学和社会学的倾向性，倾向于在有理性的合理思维和无理性的不合理思维之间。人既是理性的，也是非理性的，即任何人都不可避免地具有或多或少的不合理思维与信念。④人是有语言的动物，思维借助于语言而进行，不断地用内化了的语言重复某种不合理的信念，将会导致无法排解的情绪困扰。

知识点2：非理性信念及其辩驳

艾利斯强调，个体要善于建立合理的信念，代替不合理的信念，以避免陷入不良情绪与行为之中。下表列出了11种非理性信念及其不合理之处。

表2－1　11种非理性信念及其不合理之处①

非理性信念1：在自己的生活环境中，每个人都绝对需要得到其他重要人物的喜爱与赞扬。
不合理之处：希望得到别人的称赞与喜爱的需要是正常的，但如果把这当作是绝对需要的话，就是一个不合理信念了。因为它是不可能实现的。假如一个人相信这个信念，就会花很多的心思与时间曲意取悦他人，以求得对自己的赞赏。这样不但会使人丧失自己，使自己没有足够的时间去追求其他快乐，也会使人丧失安全感（如时时担心能否被别人接纳或接纳的程度如何等），结果只能令自己感到失望、甚至沮丧，受挫。
非理性信念2：一个人必须能力十足，在各方面至少在某方面有才能、有成就，这样才是有价值的。
不合理之处：一个有理性的人，凡事会尽力而为，但不会过分计较成败得失，因为重要的是参与过程而不是结果。如果要求自己十全十美，或过分要求自己在某一方面有成就，为自己制定不能达到的目标，只能让自己永远当个失败者，在自己导演的悲剧中徒自悲伤。
非理性信念3：有些人是坏的、卑劣的、邪恶的，他们应该受到严厉的谴责与惩罚。

① 黄喜珊．理性情绪疗法．见迟毓凯．心理健康教育A证教程［M］．广州：广东语言音像电子出版社，2007.

（续上表）

不合理之处：每个人都会犯错误，责备与惩罚不但于事无补，而且会使事情更糟。所以对犯了错误的人，要做的是接纳、帮助他，使之不再犯错误，而不能因此否定他的价值，对其采取极端的排斥或歧视态度。
非理性信念4：事不如意是糟糕可怕的灾难。
不合理之处：一个有理性的人应该正视不如意的事，寻求改善之法；即使无力改变，也要善于从困境中学习。
非理性信念5：人的不快乐是外在因素引起的，人不能控制自己的痛苦与困惑。
不合理之处：外在事物并不能伤害我们，倒是我们自己对这些事物的信念与态度让我们自己受到了伤害。所以，只要我们尝试改变自己有关的非理性思维内容，就可以有效地改变自己的情绪状态。
非理性信念6：对可能（或不一定）发生的危险与可怕的事情，应该牢牢记在心头，随时顾虑到它会发生。
不合理之处：考虑危险事物发生的可能性，计划如何避免，或思虑不幸事件一旦发生如何补救，不失为明智之举。但过分忧虑，反而会扰乱一个人的正常生活，使生活变得沉重而缺乏生气。
非理性信念7：对于困难与责任，逃避比面对要容易得多。
不合理之处：逃避困难与责任，固然可以得到暂时的解脱，但问题并没有解决，而且会因贻误时机而使问题变得越来越难以解决。所以，理性的人会通过实际的行动增加自信，使生活过得更加充实。
非理性信念8：一个人应该依赖他人，而且依赖一个比自己更强的人。
不合理之处：由于社会分工、个人经历多寡、闻道先后等原因，有时我们确实需要他人的帮助，此时如为了证明自己的所谓价值而拒绝他人的帮助，反而是不明智之举。但这并不是我们时时事事都依赖他人的理由。在生活中，任何人都是具有独特价值的个体，在大多数时候，他需要独立面对生活中的种种问题，所以独立自主能力的发展对一个人的成长至关重要。
非理性信念9：一个人过去的经历是影响他目前行为的决定因素，而且这种影响是永远不可改变的。

（续上表）

不合理之处：过去的经历对人有一定的影响，有的影响还比较大，但这并不是说它们就此决定了一个人的现在与未来。因为人是可以改变的，只要我们客观地分析过去对现在可能存在的限制，善用自己的能力和机会，就可突破这种限制，使自己的现在与未来充满希望。
非理性信念10：一个人应该关心别人的困难与情绪困扰，并为此感到不安与难过。
不合理之处：关心别人是人的一种美德，但我们无须为别人的困难与不安感到难过，需要的是帮助他们面对自己的困难与情绪困扰，并早日走出阴影。
非理性信念11：碰到的每个问题都应该有一个正确而完美的解决办法，如果找不到这种完美的解决办法，那是莫大的不幸，真是糟糕透顶。
不合理之处：世界上有些事物根本就没有答案，凡事都要追求完美的解决是不可能的。完美主义只能使自己自寻烦恼。

知识点3：情绪ABC理论的人生启示

1. 做人要乐观

人们生活在同一个世界里，但看到的却不是同一个世界。人们都是用自己的眼睛看世界，所看到的世界会不可避免地笼罩上一层主观主义色彩。人们看事物的视角和位置是不同的。同一事件，不同的人会有不同的视角、观点和感情倾向。对事物的看法，没有绝对的对错，但却有积极与消极之分。消极的人对事情的解释总是消极的，而消极的解释也会强化消极的情绪；而积极的人会想方设法地为事情找到积极的解释，并寻求有效的解决办法，导向积极的结果，这也会强化其积极的情绪以及其乐观与积极的态度。

2. 理性分析问题，避免片面性

一件事情的发生可能有很多原因，认知比较理性的人会理性地分析所发生的事情，采取理性的解决办法。假如你发了一条信息给朋友，而对方却一直没有回信，这让你感觉有些不安。过一会儿你忍不住打了对方的手机，结果电话响了很久没人接，如果是你，你会怎么想？客观上说，导致没回复你信息的原因有很多种，可能是因为网络不好，你发送的信息根本未发送成功，或者他回复你了，但因为网络的原因你还没收到；或者是因为他很忙，如在开会等，来不及回复你的信息或没有听到电话的响声；当然也有可能他真的不想回复你的信息。在众多的可能性中，悲观与固执的人容易接受和相信最后一种可能，这种主观臆断并没有建立在理性分析的基础之上，是片面的。

3. 不要总用记忆折磨自己

ABC中的A不仅指个体所面对的当前事件，也包括当事人对过去经验的有意识或无意识的记忆。生活中我们都会有这样的经历，会有意无意地因过去的记忆突然涌上心头而扰乱了思绪。过去的事情我们无法改变，用记忆折磨自己的人实际上都是在主动地选择痛苦的人。每个人都是自己生活中的主角，我们在意那些发生过的最深刻的事情，但是这些事情在我们看来是最深刻的，对于他人而言并不一定，或者别人根本就不记得这些事情了。如果人终日生活在不愉快的记忆里，这是用过去的记忆来折磨自己，让自己陷入了记忆的陷阱。每一天都会很痛苦，并且没有任何现实意义，如果将这些不愉快转化为珍惜现在与努力奋斗的力量，则更容易把握住眼前的美好。

4. 学会调节情绪

在良好情绪条件下，人们会觉得做事情比较得心应手，而不良情绪会对人的认知任务与行为产生一定的不利影响。但情绪表现是一个易变的心理过程，不能太强也不能太弱，人们要善于调节情绪，做一个情绪稳定与心理健康的人。情绪调节既包括抑制、削弱和掩盖等过程，也包括维持与增强的过程。前者主要是对较高的唤醒水平和强烈的情感体验而言的，而后者则主要针对那些较低强度的情绪。成功的情绪调节就是要管理情绪体验和行为，使其处于适度的状态①。

知识点4：转移视角法

情绪调节的方法有很多种，转移视角法是其中比较普遍的一种。转移视角法是指万事万物都有不同的方面，从不同的角度审视就会得出相应不同的结论。当一种视角让个体感觉不适时，此时换一种视角可能会使其产生不同的心情。比如一位中考学生，因某种原因没有考上理想的省重点高中，而上了市重点高中，这是一种学业上的受挫，也许站在为考上理想的高中视角上看会使其产生比较沮丧的心情，但其换一种视角，坦然接受现实，认识到考上市重点也是一种机遇，或者就会心胸开阔很多。我们常能耳闻的“失败是成功之母”、“阳光总在风雨后”、“塞翁失马，焉知非福”等，其实也是转换视角看问题，进而避免消极情绪的好例子。转换视角可以帮助人从容面对人

① 摘编自：丁乃姝，姚金玉．艾利斯ABC情绪理论对生活的启示［J］．科技信息（学术研究），2008（29）．

生的挫折与失败，从而避免不良情绪与有害情绪的产生，维护人的心理健康。

【教学建议】

面对身体的缺陷和周围人不同寻常的眼光，黄美廉没有因为这些激发事件 A 而产生不良情绪和行为后果 C，而是在一种正确的自我认识下形成了正确的自我信念以及对自身与环境形成了正确的评价 B，从而成为一个快乐而自信的人，最终取得了令人瞩目的成就。

从小就患脑瘫的黄美廉，一句“我只看到我所有的，不看我所没有的”，体现了她看问题时站在一个好的有利于自身发展的视角，这也为我们中学生树立了很好的榜样，即坦然接受现实，当一种视角会给我们带来有害情绪时，学会换一种视角。无论事件发展的结果如何，都不可能是最严重的。

该故事可以在讲授青少年认知与情绪、行为的关系时使用，环境刺激只是诱发不良情绪与行为反应的一个因素，而真正决定我们做选择的还是我们自己，要对自己、他人以及事物形成正确的认知。也可在讲授如何选择合适的视角、如何战胜挫折与失败、维护个体心理健康等主题时引入。

故事赏析 4：善于模拟宣泄的林肯

【故事介绍】

图 2－4 林肯（Abraham Lincoln，1809—1865），美国第 16 任总统。

亚伯拉罕·林肯，是美国第 16 任总统，也是首位美国共和党总统，与乔治·华盛顿、富兰克林·罗斯福被公认为美国历史上最伟大的三位总统。在其总统任内，美国爆发了南北战争。林肯击败了南方分裂势力，废除了奴隶制度，维护了国家的统一。据英国《泰晤士报》组织专家委员会对43位美国总统的排名，林肯在最伟大总统排名中名列第一。下面我们将介绍一下这位伟大人物的一件平凡小事——如何进行不良情绪的模拟宣泄。

一天，陆军部长斯坦顿跑到林肯的办公室，气呼呼地对林肯说，有一位少将用侮辱难听的话语指责他偏袒一些人，而这些指责在斯坦顿部长看来，纯属无中生有。看着斯坦顿部长青筋直暴的气呼呼的脸，林肯首先表示很理解他的心情，并建议斯坦顿写一封内容尽量尖刻的信回敬那个不知天高地厚的家伙，狠狠地骂对方一顿。在林肯的“指令”下，斯坦顿立刻写了一封措辞强烈的信，将心里的怒火全部都发泄了出来。写完后斯坦顿把信拿给总统看。

“对了，对了。”林肯高声叫好，“要的就是这个！好好训他一顿，真写绝了，斯坦顿。”但是当斯坦顿把信叠好装进信封时，林肯却叫住他，问道：“你要干什么?”“寄出去呀。”斯坦顿有些摸不着头脑了。“不要胡闹。”林肯大声说，“这封信只能写，不能发，快把它扔到炉子里去。凡是生气时写的信，我都是这么处理的。这封信写得好，写的时候你已经解了气，现在感觉好多了吧。如果你觉得还不解气，那么就请你把它烧掉后再写第二封信吧。”

【知识点评】

知识点1：情绪宣泄的方法

情绪宣泄是通过疏导宣散、发泄畅达的方式，把积聚、压抑在心中的不良情绪宣泄出去，达到因势利导，摆脱苦恼，恢复心理平衡的目的。著名心理学家弗洛伊德曾称宣泄疗法为“心理净化疗法”。宣泄的方法很多，具体来说有以下几种：

1. 挥泪痛哭法

哭是人类的一种本能，是人不愉快情绪的直接外在流露。现实生活中除了过度激动外，哭总是由不愉快引起的。从科学的观点看，哭也是自我心理保护的一种措施，它可以对不良情绪产生的能量进行释放，调节机体的平衡，促进新陈代谢。从医学角度讲，短时间内的痛哭是不良情绪得到释放的最好方法之一，因为人在情感激动时流出的眼泪会产生高浓度的蛋白质，它可以减轻乃至消除人的压抑情绪，所以哭是缓解与解除紧张、烦恼、痛苦的好方法。研究表明，强忍泪水是引起溃疡病、高血压、精神障碍等疾病的重要原因。挥泪痛哭时对身体的最大益处在于痛哭宣泄出来的泪水有助于排出人体的某些有毒物质。眼泪的构成成分非常复杂，强烈的情绪刺激能使眼泪产生对人体有害的毒素，即苯邻二酚和胺作用的盐类，只有通过哭的方式，才能将这种有害的化学物质排出体外。

2. 倾诉苦衷法

倾诉苦衷法是通过言语或文字来倾吐和发泄情绪的方法，其实就是让人要学会倾诉。美国有关专家经研究认为“一个人如果有朋友圈子，就能长寿20年”，可见朋友对一个人生活的重要性。在生活中遇到不顺心的事而忧愁不解时，将心事去说给那些愿意倾听，并且真心实意帮助自己的人。倾诉可以是口头上的，也可以通过书面的形式。不管是口头还是书信，向身边的知心朋友或亲人倾诉不解或不快，能够得到别人的开导与安慰，也会帮助自己甩掉情绪上的包袱，从苦闷情绪中解脱出来。俗话说：“快乐有人分享，是更大的快乐；痛苦有人分担，就可以减轻痛苦。”培根也有一句名言“把快乐告诉一个朋友，将得到两个快乐；把忧愁向一个朋友诉说，则只剩下半个忧愁”，这些都体现了倾诉对于我们消除不良情绪，维持良好情绪的重要性。

3. 运动宣泄法

当一个人情绪低落时，往往无精打采，不喜欢动。而越不动，注意力就越不易转移与分散，本来低落的情绪就会越发低落，形成消极情绪的恶性循环。专家认为，运动不仅能使人的自尊与独立感增强，且能消除沮丧的情绪。阿伦森在其著作《社会心理学入门》一书中指出，释放心理能量，宣泄不良情绪的方法有三种，但普遍认为最有效的方法就是使用体育运动来消耗心理能量，如跑步、拳击、比赛，等等。因此，当自己的情绪苦闷忧郁，或焦躁烦恼，最好的办法是去参加适当的体育活动，通过体育活动的方式使自己全身心沉浸于运动中去，享受运动的乐趣。通过运动，帮助个体将不良情绪释放出来，转化为积极情绪。

4. 模拟发泄法

模拟发泄，其实就是以一种假想目标的方式发泄不良情绪，在这个过程中没有真正的发泄对象，重要的是人能通过模拟发泄这个过程既能达到心理上的平衡，也不会给他人以及自己与他人之间的关系带来伤害。总的来说，这种方法国外运用得较多。例如，日本有些公司为了缓解管理人员和工人之间的矛盾，提高工作效率，专门设有“出气室”，里面有许多制作得很像管理人员的假人，专供那些当面不敢表示不满、害怕炒鱿鱼，而心里又确有一肚子怨气无处发泄的人发泄情绪之用，他们对这些形象酷似的假人可以又打又骂，借此可以起到消气的作用。在有些国家据说还专门生产和出售“出气产品”，如价格比较低廉的瓷器，此外还有人专门提供“出气”服务。而法国则出现了一种新兴的行业，即运动消气中心。中心均有专业教练指导，教人如何大喊大叫、扭毛巾、打枕头，捶沙发等，做一种运动量颇大的“减压消气操”。在这些运动中心，上下左右皆铺满了海绵，任人摸爬滚打，尽情发泄。

知识点2：理智调适法

人的一生不可避免地会遭受各种各样的困难与挫折，有的人会因此而陷入消极的情绪、情感状态之中，而有的人则不会。对于前者如果不进行合理的情绪的自我调控，任由不良情绪泛滥，最后自己也会被淹没其中。理智调适法是一种教会人在不良情绪状态下，理智、冷静而客观地自我调控，果断而正确地处理问题的方法。理智是人的一种高级情感，是人的认识与智慧在情感中的体现。所谓的“临危不惧”、“忍辱负重”等就是理智的完美体现。现实生活中不善于理智控制自己情绪而盲目冲动的人不计其数，不理智往往会带来许多不必要的后果。有的人因为情感或者事业遇到一些挫折而一蹶不振，甚至放弃生命，这些都是不理智的后果。所以，理智调整情绪是很重要的。当不良情绪产生时，要做的第一件事是告诫自己冷静，冷静之后去客观地分析实际情况，权衡得失利弊，避免冲动，作出最明智的抉择。在这个过程中不良情绪会得到缓解，甚至是消除，在这样的情绪状态下再去解决问题就会容易许多。

知识点3：认知—评价理论

拉扎勒斯的认知—评价理论认为，情绪是人与环境相互作用的结果。在情绪活动中，人不仅接受环境中的刺激事件对自己的影响，同时要调节自己对于刺激的反应。换言之，情绪活动要以认知活动为指导，以帮助人了解环境中刺激事件的意义，从而才能选择出适当的、有价值的反应组合。拉扎勒斯认为，情绪是个体对环境事件知觉到有害或有益的反应。同一个刺激，对他的评估不同，人就会有不同的情绪产生。因此，他认为在情绪活动中，人要不断地对刺激事件与自身的关系进行评价，这个评价过程主要包括三个阶段的评价：初评价、次评价和再评价。

初评价是指人确认刺激事件是否与自己有利害关系以及该利害关系的程度。初评价是人生存适应的一个重要的方面，它在人清醒的状态下随时随地都可能发生。例如，人在体验到不可挽回的丧失时会感觉悲伤，在体验一种直接、真实、巨大的危险时会感觉害怕等。次评价是指人对自己反应行为的调节与控制，它是一种控制判断，主要涉及人能否控制刺激事件以及对刺激事件控制的程度。当人要对刺激情境作出行为反应时，会根据主客观条件来考虑行为的后果，从而选择有效的措施，实施合适的行为。例如，当人们遇到挫折或打击时，是一蹶不振还是重振旗鼓、再接再厉，这就取决于人的控制判断，也就是次评价。再评价是一种反馈性行为，是指人对自己的情绪和行为反应进行有效性和适宜性的评价，如果再评价的结果表明行为是无不合适的，人们就会倾向于改变对刺激的次评价，甚至是初评价，由此而调整自己的情绪与行为反应。

【教学建议】

林肯所采取的方法是模拟宣泄法的一种。将愤怒向他人发泄，往往是非理性的情绪，这种情绪下容易采取过激的行为，给别人留下不可抹掉的伤痕，从而会影响自己的人际交往关系。正如林肯所采取的措施是让陆军部长把自己的不满情绪都发泄出来，用笔墨文字书写在纸上，将自己的思想情绪发泄到纸上，从而避免了向他人的发泄，达到了发泄情绪的效果。写信者在写信的过程中体验到了对他人不满情绪的发泄，然后再把信纸烧掉，发泄过了就当过眼云烟忘掉它。这恰是情绪体验调节的主旨，即通过对过于强烈情绪的体验从而达到宣泄的效果，进而有比较好的个人情绪调节。

人总是有受别人气的时候，这种不满情绪堆在心中是有害的，反击回去或发泄给别人都不是上策，通过写信的方式可以把心中的不满发泄出来，这样既获得心理的平衡，又不会伤害到别人。在教学中，可以用这个故事阐释合理调节情绪的方法：认知调节和合理发泄。

三、教案设计范例

【教案设计范例 1】

甩掉消极情绪

一、设计理念

情绪是指伴随着认知和意识过程产生的对外界事物的态度，是对客观事物和主体需求之间关系的反应。情绪可以分为积极情绪和消极情绪。积极情绪会使人产生积极的认知，维持人的心理健康。消极情绪会使人产生消极的认知，损害人的心理健康。灾后高中生容易积累消极情绪，因此教师应教给学生缓解、消除消极情绪的方法。

二、设计目标

（一）让学生敞开心扉，表达出内心的消极情绪。

（二）让学生体验甩掉消极情绪后的轻松、愉快。

（三）使学生了解并掌握消除消极情绪的方法。

三、活动时间

60 分钟。

四、活动对象

高中班级。

五、活动过程

（一）故事和实例导入

教师：这节课，我们一起来想办法甩掉我们的消极情绪。

跟学生讲述“善于模拟宣泄的林肯”的故事。问学生感想，引导其体会到“能够控制情绪的人真不错”，使其产生自己也要做一个能控制情绪的人这一动机。

教师：好，下面就给大家练习一下。

（对一学生说）上节课的作业全班同学只有你一个没有交，作为一个学生干部你自己该好好检讨。别找其他借口来推卸过错!

（让该学生站起来解释自己已经交了作业）

教师：对不起，是老师错怪你了，你确实已经交了。刚才老师误会你了，你是不是感到委屈、生气呢?

（鼓励学生真实地表达情绪）

教师：刚才我是跟大家做个实验，看大家是否会因为别人的误会而及时地去解释，以此来消除自己的消极情绪。这节课，我们将会一起探讨甩掉消极情绪的办法。刚才这位同学采取的“及时补救”便是可以很快消除某些消极情绪的办法。

【评析：通过实际发生的例子，让学生感受消极情绪是可以被消除的，同时使学生积极投入课堂。】

（二）甩掉消极情绪

教师：请大家拿出一张白纸和一支笔，闭上眼睛想想自己的模样，然后在纸上画出自己的样子。

(学生在纸上画图)

教师：现在，你看着自己的自画像，与自己对话，将你心里所有的烦恼、痛苦都告诉它，写上去让它知道。

(学生在纸上书写)

教师：来，让我们闭上眼睛，嘴角轻轻上扬，静静地听听音乐。

(教师播放《莫扎特D大调双钢琴奏鸣曲》后，请大家睁开眼睛，说说现在的心情如何。)

教师：音乐可以让我们的心情平静，也是我们平时可以用的甩掉消极情绪的方法。接下来，请同学们将你们的烦恼、痛苦“撕碎”，揉成团丢进垃圾筐里，让它永远消失。

(学生“撕掉”烦恼后，请学生说说这时自己的感受)

教师：将烦恼“撕掉”，也可消除一些人的消极情绪。但是，让我们烦恼、痛苦的问题，有时是长期存在的，或并不能通过简单的外力而得到消除的。我们一起来分析一个案例：有一个学生，他的亲人几乎都在大地震中丧生了，只有他幸运地生存了下来。面对亲人们的突然地离去，这个同学变得很消极、封闭、厌世，认为自己不该活下来，亲人不该死去。大家想想，如果让你来帮助这位幸存的同学，你会怎么做呢？

(学生发言)

教师：同学们都希望这个幸存者朝积极的方面想，我们可以把它称为“阳光思维”。(教师平举一只手掌)我们在面对灾难或挫折的时候，容易只看到掌心下的灰暗世界，而忽略了手背上还有阳光。其实很多事情都像我们的手掌，有它阳光的一面，关键是我们从哪个角度来看问题，是消极地思考还是积极地面对。以这个幸存者为例，如果他能想到自己的生命是亲人用性命换来的，应该更值得珍惜、善待；能想到亲人留下他在人世间帮他们实现愿望，这样或许会减轻他的消极情绪。现在，想想你心中遗留的烦恼或痛苦，试试运用阳光思维来甩掉消极情绪。

教师：刚才我们尝试了几个甩掉烦恼或痛苦的办法，现在还有哪件事情让你最不开心呢？看着课件上的步骤，你们自己来尝试着在纸上回答每一个问题：

(教师播放课件，展示非理性分析的步骤)

1. 我的想法是来自于事实、意见、推断还是假设呢？有什么证据可证明我的想法是真实的呢？

2. 那一件事真的是那么可怕吗？我真的不能忍受它吗？一次能代表永远吗？局部能代表全部吗？

3. 为什么那件事情必须如此呢？我一定要得到我想要的吗？有什么证据表示这些会令我失去自己的价值呢？

4. 既然可能是好的，也可能是坏的，那就让我往好处想一想吧！为什么总是看到阴暗的一面，而不看到光明的一面呢？

【评析：通过各种活动，学生体验丢掉烦恼或痛苦后的轻松感觉，学会消除消极情绪的方法。】

（三）教师总结

教师：同学们，刚才的分析步骤正是教我们怎样战胜自己的非理性想法，我们之所以会有消极的情绪的直接原因是我们对事件做了消极、非理性的解释。如果我们能从烦恼、痛苦的事情中，找到自己的非理性思想加以面对、调整，就会甩掉消极情绪，轻松地生活。消除消极情绪的外在方法的有效性因人而异，你们可以尽量去尝试、去体会，最后找到适合自己的善待心灵的方法。

（四）课后延伸

1. 让学生写出对这次活动的感受和收获。

2. 让学生搜集更多的消除消极情绪的方法。

【教案设计范例 2】

每个人都有优缺点①

一、课程说明

让学生认识和欣赏自己的优点与长处，改善和接纳自己的缺点与短处。其中自我的短处并非满足于现状，不思进取，而是在客观认识自我的基础上，不自己跟自己过不去。对于能改变的缺点通过自我努力来调节。“每个人都有优缺点”的心理健康教育课包括两部分内容：一是通过“优点轰炸”来帮助学生看到自己的优点与长处，增强自信心；二是通过角色扮演和情境分析来帮助学生正确认识和对待自己的缺点与短处。

① 曹梅静，王玲．心理健康教育课程设计［M］．广州：广东高等教育出版社，2004．编入本书时有改动。

二、课程教学目标

（一）认知目标：

了解每个人都有优点与缺点，懂得“人无完人”的道理。

（二）态度和情感目标：

学会接纳和欣赏自己的优点与长处，树立自信心；同时也能接纳自己的缺点与不足，避免自我轻视与自卑。

（三）能力或问题解决目标：

能客观分析自己的优缺点，掌握一分为二的辩证观，并学会分辨出自己的缺点和短处哪些是可以改善的，哪些需要接纳，从而找到自我改善的方向。

三、教学方式

（一）讲述与讨论。

（二）“优点轰炸”。

（三）角色扮演。

四、课程准备

（一）准备好纸和笔，每人一份。

（二）教师事先构思好班上学生常暴露出缺点或短处的问题情境，并写在投影纸上。

（三）投影机一台。

（四）桌椅排成半圆形。

五、教学时间与场地

（一）教学时间：40 分钟。

（二）教学场地：课室或团体辅导室。

六、教学步骤

（一）主题说明

教师事先说明此课程的主题，并说明此课程将分为两部分，让学生在心理上有所准备。

（二）第一部分：“优点轰炸”

1. 讲述故事：“我只看到我所有的，不看我所没有的”

2. 请每位同学用纸笔写出自己认为的自己的优点或长处。

3. 再请一位同学坐在半圆形前面，其他同学轮流说出前面同学的优点。

4. 每位同学轮流被“优点轰炸”。

5. 每位同学比较自己对自己的肯定与别人对自己的肯定之间的异同。

6. 讨论。

（1）赞美别人时，有何感受？

（2）接受别人称赞时，有何感受？

（3）对照自己与他人对自己肯定之异同，有何收获？

（三）第二部分：角色扮演

1. 教师用投影仪将准备好的问题情境显示给学生看。

[情境一]

大家都在课室里认真、安静地学习，某学生却在课室里大喊大叫，妨碍别人学习。

[情境二]

教师要求同学们积极发言，许多同学都很踊跃，但有一位同学却埋着头，不举手发言。教师叫他起来讲一讲，他小声地嘟噜着，听不清他讲的是什么。

[情境三]

体育课时，教师让同学们进行短跑练习，许多同学都跑得比较快，但有一位同学却跑得很慢。大家都给他加油，他自己也奋力去跑，并在课后努力训练，但仍跑得很慢。

2. 教师向同学说明角色扮演的要求，即根据各个情境的需要，让同学来扮演各情境中的人物，并希望扮演者认真投入，尽量逼真。

3. 按情境逐一进行表演，并结合情境内容进行如下讨论。

（1）情境中主角的行为表现是否恰当？

（2）该行为表现属于缺点还是缺陷？

（3）这缺点或缺陷是否可以矫正或改善？

（4）如果可以改变，该如何改变？

（5）如果无法改变，该如何对待？

（四）教师小结

强调发现自己优点对自信心的增强作用，并指出如何以正确的态度和方式来认识和处理自己的缺点与不足。

七、补充活动

（一）游戏："你好，我好"

同学们在户外草地上围成一圈坐着，用击鼓传花的方式，当红花落在某同学手上时，就让该同学说出自己的优点，其他同学则鼓掌表示接受和肯定。依次轮流，使每个同学都有机会说出自己的优点，并得到他人的肯定。

（二）活动："圣诞老公公"

同学们围成一圈坐着，请每个同学假想自己是圣诞老人，要送给班上一个同学一份礼物，礼物的内容可以是对方需要的书籍，也可以是其他自制的东西等。要求在送礼物给对方时，必须说一句话："我喜欢你，是因为……，如果你在……方面能够做得更好的话，我会更喜欢你。"对方也必须回答："谢谢你，我会接受你的好主意！"其他同学给予鼓掌。轮流进行，然后由每位同学说说在此活动中对自己的了解是什么，今后要努力的是哪些方面。

（三）作业布置

请每位同学写下自己的缺点与短处，并进行自我分析，指出哪些缺点和短处是可以改变的，如何改变，哪些不足或缺陷是无法改变的，如何去面对和接受。

八、课程教学建议

组织"每个人都有优缺点"的课程教学时，需要注意几点：一是在"优点轰炸"过程中，所强调的是"优点"，避免有相互间讽刺嘲笑的情况出现；二是在角色扮演过程中，情境的准备应根据不同的年龄和班级来构思，以符合学生的实际情况；三是教师本人对哪些缺点和短处是可以改变的，哪些不足是无法改变的，要做到心中有数，并能启发学生去接纳自己的某些不足。

【教案设计范例3】

控制愤怒①

一、课程说明

愤怒是由于外界干扰而使个体的愿望实现受到压抑，目的受到阻碍，从而逐渐积累紧张性而产生的情绪体验。它是一种比较激烈的情绪表现，其大小取决于外界干扰对愿望实现的压抑程度、干扰的次数、挫折感的大小以及个体对外界干扰的认识。当个体觉得这种干扰是不合理的，人为的甚至是故意的时候，就很容易引起强烈的愤怒表现。在愤怒的情绪状态驱使下，人有可能会推动理智而有不恰当的行为表现。因此，人必须学会控制自己的愤怒。中小学生由于生活经验少，自制能力差，容易激动，当愤怒来临时更难控制自己。所以有必要加强这方面的教育。教育可以从两个方面入手：第一，丰

① 曹梅静，王玲．心理健康教育课程设计［M］．广州：广东高等教育出版社，2004．编入本书时有改动。

富学生的生活体验，提高学生的涵养和意志力，加深学生对生活、对社会、对自我的认识，提高学生的挫折承受力和自制能力；第二，教育学生学习控制愤怒的方法。控制愤怒有几种方式：一是理智的方式，即当自己感到愤怒的时候及时提醒自己要冷静，用理性来克制冲动行为的发生，理智地处理事情；二是通过行为调节来缓解情绪的强度，即放松自己的面部和四肢的肌肉，在内心想像着自己很快乐的样子，从而达到调节情绪的目的；三是注意力转移，即把自己的注意力及时转移到其他事情上去，让时间来冷静自己的头脑。

二、课程教学目标

（一）认知目标：让学生了解愤怒情绪的外在行为表现，并认识到愤怒情绪对人的负面影响。

（二）态度和情感目标：树立控制自己愤怒的信心和决心，不让愤怒情绪左右自己。

（三）能力或问题解决目标：教育学生学习控制愤怒的几种方法，增强自我控制能力。

三、教学方式

（一）展示图片或观看录像。

（二）讲述与讨论。

（三）短剧表演。

（四）心理训练。

四、课程准备

（一）教师收集有关愤怒情绪的图片，以及在愤怒情绪驱使下的冲动行为造成不良后果的事例。

（二）教师事先编制故事短剧，同学准备表演（参考故事短剧见教学步骤）。

（三）布置团体辅导室。

五、教学时间与场地

（一）教学时间

40 分钟。

（二）教学场地

课室或团体辅导室。

六、教学步骤

（一）教师展示愤怒表情的图片（或播放录像），和学生一起讨论愤怒时有哪些行为表现，如握紧拳头，咬紧牙关，呼吸加快，满脸通红等。

（二）教师讲述“想办法永远比发怒要好”的故事。引导学生思考并明白，愤怒是心理体验的一种，但我们不能随其自然，我们可以对其加以控制。

（三）师生一起讨论愤怒产生的原因，并让学生介绍自己愤怒的经验。

1. 为什么事情而愤怒？

2. 为什么要愤怒？

3. 你是怎么处理的？

4. 你的处理有什么后果？

（四）师生一起讨论在愤怒条件下冲动行为的危害，最后教师讲评，并得出结论：我们必须学会控制自己的愤怒。

（五）表演短剧

[情境一]

有一天，小宏乘公共汽车去外婆家，在公共汽车上，小宏看到一个老婆婆年纪很大了，就站起来为老婆婆让座。一个站在老婆婆旁边的小青年却抢着坐了。小宏很气愤，和小青年辩论：“这是我让给老婆婆坐的，你不能坐。”小青年却不肯起来，还打了小宏一下。小宏感到很气愤（这时，另外有人给老婆婆让了座），乘客纷纷指责小青年做得不对。

1. 全班同学分成几组，师生一起讨论小宏应该怎样做才对？

2. 各组同学按照自己的讨论结果进行表演，小宏是怎么做的？有什么样的后果？

3. 如果小宏不能控制自己的愤怒，结果会怎么样？

4. 参考结局如下：

小宏暗暗对自己说：“不能生气，要和他讲道理。千万不能生气。”慢慢地，小宏的愤怒平息了。小宏很认真地对那个青年说：“我们要尊敬老人，老婆婆年纪大了，我们要让老婆婆坐。”小青年终于羞愧地低下了头。

[情境二]

小茵在操场上和同学玩踢毽子。突然，一个足球飞过来。打到了小茵的头。这时，只见小林跑过来说：“对不起，对不起。”小茵生气地说：“你眼睛长哪里去了？踢球也不看着点，真是的。”

小林也生气了，说：“我又不是故意的。我已经道歉了，你怎么还骂人？”

小茵说：“就骂你，谁叫你用足球打我的头？”

小林说：“你再骂，我就打你。”

小茵说：“就骂你，看你敢打我。”

于是，小林打了小茵。

表演结束后，组织学生讨论以下问题：

小茵、小林做得对吗？

小林为什么要打小茵？

如果小茵接受了小林的道歉，结果会怎样？

如果小林控制了自己的愤怒，结果会怎样？

小茵和小林应该怎样做？

根据学生的讨论，修改小茵和小林的对话，并进行表演。组织学生讨论前后两种结局的不同。

最后教师总结：我们必须学会控制自己的愤怒，才能解决好事情，才可维持同学之间的团结，才能和周围的人和睦相处。

七、补充活动

（一）表情调节法

教师说明控制愤怒的方法有许多种，其中之一是表情调节法。例如，人高兴的时候就哈哈大笑，不高兴的时候就哭泣。反过来，哈哈大笑的时候人也感到高兴，哭泣的时候人也感到不高兴。所以，当你感到不高兴的时候，或者愤怒的时候，你也可以哈哈大笑一番，一会儿之后，你也就会慢慢地高兴起来。

（二）“哈哈笑”活动

让学生先模拟愤怒的样子，捏紧拳头，咬紧牙关，半分钟后，放松拳头和面部表情，开始哈哈大笑（可以让同学相互进行逗乐），直到感到十分高兴为止。

（三）同学之间互相交流刚才的体会

教师教育学生，当我们感到愤怒的时候，可以利用这种方法来消除愤怒。

（四）注意力转移法

教师说明控制愤怒还有另一种方法，即注意力转移法。当我们感到愤怒时，不能和同学吵架，但可以去做其他的事情，如可以和同学一起玩，去看电影等。时间一长，我们就会忘掉之前的不愉快，愤怒也就慢慢平息了。

（五）全班活动

将全班同学分成2~3人一组，一个装作很愤怒的样子，另外两人劝说他一起去玩跳绳（踢球或看电影）。被劝说者开始不愿意，后来就同他们一起去了。交换角色进行，直到每一个人都当一次被劝服者为止。

（六）同学之间交流彼此的感受

教师总结：我们要学会说服自己，控制自己的情绪．当我们感到愤怒的时候，就可以通过注意力转移来控制自己的情绪。我们也可以用这种方法来帮助我们的同学和朋友控制和消除愤怒。

（七）心理训练

通过心理训练提高学生的心理素质和自控力，从而控制自己的愤怒情绪。

八、课程教学建议

本课程对中小学生都比较适宜，小学生的愤怒具有情境性质，情绪体验并不深刻，一般在较短时间里就可以恢复；中学生的愤怒有较强的社会性，情绪体验也较小学生长而且深刻。因此，教师在教学过程中可适当引导学生从社会的角度去认识愤怒情绪的本质，从而改变自己对愤怒的态度，有意识地控制自己的情绪。教师还可以教育学生，一个成熟的人必须学会控制自己的愤怒，理智地对待所发生的一切，而情绪冲动则是心理不成熟的表现。以此来激发学生的自尊心和好胜心，从而使学生有意识地控制自己的情绪。同时，控制愤怒的教育不应仅局限在课堂有限的教学时间内，教师应该利用各种机会对学生进行教育，尤其是在现实生活中，学生正经历着愤怒情绪表现的时候。而当学生的愤怒情绪产生了比较严重的后果时，更是教育的好时机。

【教案设计范例4】

如何应对心理危机①

一、课程说明

心理危机，指个体在遇到一些对其打击比较严重的事件时感到无力承受的一种无助、无望、完全放弃或者极度反抗、孤注一掷的心理状态。心理危机对一个人的生活有非常严重的影响，如果不能很好地解决，会危及一个人一生的发展，甚至会危及生命。中小学生的学习和生活一般相对比较平静，但有时也会有一些突发的意外事件，如亲人离世，学习成绩的意外下降，老师和同学的误解等。学生对这些意外事件毫无思想准备，加上中小学生的心理承受能力比较差，在突然事件的打击下，往往一下子手足无措而很容易导致意外事件的发生。因此，对中小学生进行心理健康教育，教会学生理智地对待意外事件，增加心理承受能力，培养正确应付心理危机的能力是十分重要的一课。

---

① 曹梅静，王玲．心理健康教育课程设计［M］．广州：广东高等教育出版社，2004．编入本书时有改动。

通常，心理危机的教育，首先在于培养学生健康的心理观念，适时疏导被积压的心理能量，防微杜渐；其次，需要教师对学生进行深入了解和细致观察，及时发现心理危机，及时解决；再次，需要教师耐心细致地工作。当学生发生心理危机时，教师必须深入了解危机的来龙去脉，然后根据学生的实际进行有针对性的辅导教育，帮助学生解决认识上的矛盾，思想上要对学生进行相当长时期的心理微调工作，抚平学生心灵的伤口，消除心理危机的后遗症。

二、课程教学目标

（一）认知目标：

让学生了解什么是危机事件及危机事件可能产生的严重后果。

（二）态度和情感目标：

教育学生正确对待可能出现的严重事件，树立积极应对的决心。

（三）能力或问题解决目标：

通过心理训练，让学生懂得如何应付心理危机，增强心理的承受能力。

三、教学方式

（一）图片展示。

（二）讲述与讨论

（三）心理训练。

四、课程准备

（一）心理训练，是利用暗示、意念思维等方式调整个体的心理状态，训练学生的自我控制和自我调节的能力，增进学生的心理健康的一种方法。每次心理训练的时间不必太长，但必须持之以恒。因此，建议在每次心理健康教育课中都加入心理训练的内容。

（二）师生共同准备一些印有意外事件图片的报纸或杂志（如一个同学骑单车时不幸被车撞了）。

（三）花瓶一只，塑料花若干。

五、教学时间与场地

（一）教学时间

90分钟。

（二）教学场地

课室或团体辅导室。

六、教学步骤

（一）教师展示图片，并组织学生讨论图片内容，说出可能造就这些意外事件的原因以及它产生的后果。

[情境一]

一个同学骑单车时不幸被车撞了。

可能的原因有：

1. 他骑车的时候不小心；

2. 他没有遵守交通规则；

3. 他逆向行车；

4. 司机开车不小心等。

可能造成的后果是：

1. 他跌倒了仅被擦伤；

2. 他脑震荡昏迷不醒；

3. 他的双腿断了，终身残疾。

将学生分成若干小组，讨论什么叫做“意外事件”，探讨一些意外事件发生的原因，如烫伤、中毒等的原因，倒开水时不小心，开水瓶打翻或者食物不新鲜，吃了过期变质的食品，药物不合适等。

（二）学生自由发言，讨论自己意外事件的经历及其处理过程和结果。

教师将讨论的结果列于黑板上，供学生参考，并教育学生，遇到这些意外事件要及时告诉老师、家长或其他成人，以寻求他们的帮助。

（三）组织学生讨论什么叫做“严重事件”，并将自己认为的严重事件写下来，交给老师，列于黑板上。

例如：

1. 考试成绩突然下降很多；

2. 自己的亲人遭遇到意外，如严重受伤；

3. 自己受到老师、同学或家长的误解；

4. 自我受到严重的打击等。

（四）讲述故事“永不绝望的艾柯卡”

让学生分析：作为在福特公司的工龄达32年，当了8年总经理的艾柯卡来说，突然被公司的大老板解雇，这是上述哪种类型的严重事件（自我受到严重打击）？艾柯卡是怎样看待和应对的？

（五）同学自由发言

自由发言后再一一讨论列于黑板上的“严重事件”的性质。

1. 你是怎样看待它的？

2. 它会有什么样的结果？

3. 它是否真的很严重？为什么？

4. 如果遇到这些事件，你会如何处理？

5. 你的处理方式会有什么样的后果？

（六）根据讨论的结果，引导学生重新思考这些严重事件

1. 为什么我们认为是严重事件，在别人看来却不是严重事件？

2. 这些“严重事件”对你真正的影响是什么？它为什么会产生这样的影响？

3. 你的处理方式对你有何价值？它能帮你解决什么样的问题？它对你周围的人有何影响？

4. 如果我们换一种角度或一种思考方式来看待这些事件，结果会怎样？

（七）教师总结

严重事件往往发生在特定的时间、情景和特定人物下。它对我们的生活会产生一定的影响，但很多时候，它所造成的危害不是我们所想象的那样严重。在我们的生活中，类似的事件可能会经常碰到。当我们遇到这些严重事件时，我们要理智地处理，不能凭一时的冲动，做出不恰当的举动。在必要的时候，我们应该积极寻求老师、家长和同学以及朋友的帮助，以便走出严重事件的阴影，重树生活的信心。

七、补充活动

（一）注意力集中训练

教师将花瓶放在讲台上。全班同学坐好。教师讲解训练的方法，然后学生按要求做：先仔细观察花瓶和花5秒钟，然后闭上眼睛，努力回忆花瓶和花的形象。如果回忆出的花瓶的形象不是很清楚，就睁开眼睛看看，再闭上眼睛努力回忆。如此重复几次，直到能十分清晰地回忆出花瓶的形象为止。在脑子里十分清晰地呈现花瓶的形象，保持这种状态。不去思考其他任何东西。5分钟后休息1分钟，进行下一项训练。

（二）呼吸训练

全班同学坐好。教师讲解训练方法，然后教师口述训练步骤，学生按教师的指令做（教师注意掌握节奏）：闭上眼睛，想象自己戴上了一副放松的面罩，这副奇妙的面罩的作用是使脸上的肌肉全部舒展开来，包括你的眉毛和所有的毛孔。然后微微睁开眼睛，向下盯着鼻尖，嘴巴略微张开，舌尖贴着上齿龈，放松下巴，慢慢地，柔和地做深呼吸。吸气时体会腹部慢慢隆起，然后慢慢呼出，慢慢地吸气。一次比一次慢。训练约5分钟后，转入下一项。

（三）学生保持原状不变，教师用柔和的声音告诉学生注意听老师的话，

跟着慢慢地复述老师的话，并想象体内正经历着这种变化。

1. 我的左臂变得很沉重（重复6~8次）。

2. 我的左臂越来越沉重（重复6~8次）。

3. 我的左臂沉重极了（重复6~8次）。

4. 我感到非常平静（重复2次）。

（四）沉重感继续体验

现在慢慢睁开眼睛，抛掉刚才的沉重感。活动几下胳膊，休息一下；重新摆好姿势，重做一次。这是第一天的练习。这样的练习要进行3天，3天之后，用完全相同的方法练习右臂的沉重感。同样练习3天。之后练习左右双臂、左腿、右腿、左右双腿、四肢等，共计21天。这是基础的练习，以后训练的进度可以加快。

（五）热感练习

在沉重感练习的基础上，进行热感练习。练习方法同上，先做呼吸练习和简短的沉重感练习。然后学生随着教师的指令想象着左臂感到很热，越来越热，热极了。之后是右臂、左右臂、左腿、右腿、左右腿、四肢等。每种练习练习3天，共计21天。值得注意的是，要先做沉重感练习之后再做热感练习。

（六）静心练习

在沉重感练习和热感练习的基础上，进行静心练习。先复习沉重感练习和热感练习，然后把手放在胸部或其他部位感觉心跳，并在心中默念：

1. 我的胸部感到温暖而舒适。

2. 我的心中平缓而稳定。

3. 我的呼吸平缓而稳定。

4. 我感到非常平静。

（七）静心练习，每次练习约10分钟。

（八）通过这种训练可以有效地锻炼学生的自我控制和自我调节能力。当需要的时候，学生就可以用这种方式迅速使自己进入平静的状态。

八、课程教学建议

小学生心理危机教育和中学生有着较大的区别。一般来说，小学生生活比较单纯，不会出现严重的心理障碍，因此，小学生心理危机教育主要集中在如何正确处理意外事件上。而中学生，尤其是中学高年级学生，正处在少年向成年过渡的时期，身体发育比较迅速，心理发展相对身体发育有一个滞后，学生的心理还来不及调整以适应变化的外部世界，因此比较容易产生心理上的问题。加上青少年的心理发展在这一段时期里具有闭锁性，遇到问题不愿意向老师和家长诉说，这就使得他们的心理问题具有隐蔽性的特点。因此，中学生的心理危机教育首先在于及时发现，同时还要注重引导学生深层次的思考，从根本上解决学生的思想障碍。这时，可适当组织学生讨论人生的价值和意义，工作、学习和生活三者之间的关系，以及关于信仰和理念，甚至生与死的讨论，以扩展学生的思想，坚定其战胜困难的信心，坦然接受生活中的各种磨炼。

四、本主题拓展资料

（一）调节情绪的7个“假动作”①

糟糕的情绪是大脑对外部刺激的反应。改变刺激源有益于改善情绪。美国《男性健康》杂志最新载文指出，心情不好时不妨尝试以下七种“心理假动作”，能让你的坏情绪在不觉间悄悄溜走。

1. 强装笑脸

在心情抑郁、心理压力大或生气的时候，强装笑脸有助于释放不良情绪，有益身心。

2. 收拾房间

凌乱不堪的房间或办公室会令人心神不安。因此，将房间收拾整齐能改善不良情绪。例如，让地板上散落的物件各就各位，将桌子上的东西收拾干净，把被子叠整齐等。

3. 穿蓝色衬衫

蓝色是一种天然的心情放松剂，这正是“仰望蓝色天空，心情倍感轻松”的真正原因。相比之下，橙色刺激性最强，黑色容易激起怒气，红色虽然可以提升人的体内能量，却容易令人不安。

4. 哼哼歌

英国某音乐治疗中心的临床医学家表示，唱歌是改善心情的最简单方法。因为唱歌可调整呼吸，使整个身体都随着节奏运动。不管是自己哼唱还是与朋友同唱，哪怕只是静静地倾听，都有助于身心放松。

5. 要想心情好，关键吃得巧

例如，苦甜两种味道结合（如在咖啡中加点橙汁），或者软硬食材结合

---

① 摘编自：华夏心理网［EB/OL］，www. psychcn. com.

（如爆米花和坚果同吃）等，都能够给胃部带来新鲜感，进而改善心情。类似的食物还有中餐里的糖醋排骨、糖醋鸡块等。

6. 闻闻柠檬香

美国俄亥俄州立大学最新研究证实，柠檬香味具有去忧、安神和止痛的作用。研究发现，柠檬香确实能提升好心情，闻柠檬味可使血液中的能量激素肾上腺素的浓度增加。

7. 与宠物亲密接触

据多项研究证明，抚摸猫狗等动物有助于降低血压和平稳心率，进而降低心脏病等病症的发病几率。英国学者研究发现，人与动物亲密接触具有惊人的安抚效应，大大有助于人体缓解自身压力。

（二）调节情绪的名言

在你发怒的时候，要紧闭你的嘴，免得增加你的怒气。（苏格拉底）

凡事只要看得淡些，就没有什么可忧虑的了；只要不因愤怒而夸大事态，就没有什么事情值得生气的了。（屠格涅夫）

容易发怒，是品格上最为显著的弱点。（但丁）

心胸开阔：不要为令人不快的区区琐事而心烦意乱，悲观失望。（富兰克林）

事业常成于坚忍，毁于急躁。（萨迪）

要使人成为真正有教养的人，必须具备三个品质：渊博的知识、思维的习惯和高尚的情操。知识不多就是愚昧；不习惯于思维，就是粗鲁或蠢笨；没有高尚的情操，就是卑俗。（车尔尼雪夫斯基）

几个苍蝇咬几口，绝不能羁留一匹英勇的奔马。（伏尔泰）

无论你怎样地表示愤怒，都不要做出任何无法挽回的事来。（培根）

对人要和气，但不要狎昵。（莎士比亚）

凡是有良好教养的人有一禁诫：勿发脾气。（爱默生）

要使别人喜欢你，首先你得改变对人的态度，把精神放得轻松一点，表情自然，笑容可掬，这样别人就会对你产生喜爱的感觉了。（卡耐基）

绵羊每咩咩地叫一次，它就会失掉一口干草。你抱怨越多，消极的思想出现的次数越多，你就越难摆脱破坏你健康心态的敌人；也就越难摆脱破坏你幸福的敌人。因为，你每想象它们一次，它们就更深地潜进你的意识之中。（格雷厄姆·沃拉斯）

（三）制怒的故事

李世民的故事：

李世民是我国历史上一个享有盛誉的君主。他的开明执政使当时的中国社会进入了空前繁荣的“贞观之治”。而他能够开明执政，又与其重用人才，能采纳大臣的直谏，进而注意减轻百姓的劳役与发展生产有很大的关系。魏徵就是唐太宗手下一名直言敢谏的大臣。魏徵敢于直谏，多次拂太宗之意，有时甚至在上朝时与唐太宗争得面红耳赤，让唐太宗几乎下不了台。而太宗每次都能容忍魏徵“犯上”，对魏徵所言多加采纳。大度得不但不记魏徵的恨，反而夸奖魏徵说：“人家都说魏徵举止粗鲁，我看这正是他可爱的地方哩！”在魏徵病死后，唐太宗还很难过地流着眼泪说：“以铜为镜，可以正衣冠；以古为镜，可以知兴替；以人为镜，可以明得失。魏徵没，朕亡一镜矣！”身为一国之尊的皇帝，唐太宗如何能够做到如此克制？这与唐太宗有一个贤内助——长孙皇后的督促有关，也跟唐太宗自己掌握了制怒的方法有关。据说唐太宗每次听完魏徵的进谏后都要一个人在后花园里散步。身边的人发现了唐太宗这一习惯后问他，为什么每次与魏徵谈完话都要散步？唐太宗回答：在散步的过程中我得到了克制和调整，如果不出来散步转移注意力，我怕我会忍不住杀了他！从这一回答，我们就不难理解身为九五之尊的唐太宗何以涵养这么好了。

爱生气的小男孩：

有一个男孩小的时候脾气很坏。他的父亲为了教育他，有一天给了他一袋钉子，让他每发一次脾气时就钉一个钉子在后院围栏上。开始的第一天里，男孩竟然在围栏上钉下了37根钉子。但随着时间的推移，男孩子每天钉下钉子的数量减少了，因为男孩发现钉钉子实际上是比控制自己脾气还要麻烦的事情。终于有一天，这个男孩决定再也不乱发脾气了。这时男孩的父亲让儿子完成拔钉子的任务，就是每当男孩能控制脾气时就从围栏上拔出一根钉子。日子一天天过去，最后男孩告诉父亲，所有钉子都让自己给拔出来了。父亲表扬了孩子的做法，但为了让孩子进一步知道乱发脾气的坏处，握着孩子的手来到后院，指着围栏上的钉子印说：“孩子，你做得很好。但是你现在看看那些围栏上的钉子钉出来的洞洞，虽然钉子被拔了出来，但上面的印痕却永远留下来了。这些围栏也将永远不能恢复到从前的样子。当你生气的时候，说的话就像这些钉子一样留下疤痕。如果你拿刀子捅别人一刀，不管你说了多少次对不起，那个伤口也将永远存在。”男孩从父亲生动的教育中悟出了一个道理：与其在事后道歉，应该在脾气发作之前就加以控制。他从此彻底改掉了发脾气的习惯①。

林则徐的故事：

林则徐的英名众所周知。但他小的时候却是一个性格浮躁的人。其父林宾日身为教师，很注意对儿子的早期教育。虽然林则徐自幼聪颖，4 岁入私塾读书，7 岁学习作文，成绩超过同龄孩子，林宾日在对此深感欣慰、觉得儿子将来必能成就一番事业的同时，也越来越感到儿子性格上的缺陷，如小小年纪却喜怒无常，顺利时洋洋自得，遭受挫折时便烦躁不安。林宾日认识到一个人成才不仅靠智力，还要培养良好的性情和人品。于是林宾日苦思冥想教子之道。首先，他平日注意自己的言行，遇事不怒，待人和蔼，为人处事谦恭谨慎。即使儿子犯了错误，他也决不以“长”压人。林宾日的言行使林则徐受益匪浅。另外，林宾日还十分重视通过故事法教育儿子。如有一次林宾日给林则徐讲了一个“急性判官”的故事：某官以孝著称，对其认为不孝之子必加重处罚。有一天，两个贼人潜入一户农家偷了一头耕牛，为免罪责嫁祸于人，又把此家的儿子五花大绑押至县衙，向县官诬陷说这家儿子打骂父母，相当不孝。该官一听儿子竟然打骂父母，马上不问青红皂白地喝令衙役杖责其 50 大棍。后来这家的老母亲跌跌撞撞赶来说明实情，县官才知道由于自己的鲁莽冤枉了孝顺儿子，这时才想起找两贼人算账，可两贼人早已逃得无影无踪了。这个故事以及父亲身教的良苦用心，成为林则徐日后加强自律和自控的精神财富。为了时刻督促和警示自己，林则徐在任高官后还在府衙里挂着一块牌匾，写着“制怒”两个大字。

---

① 摘编自：百度文库［CB/OL］，http：//wenku. baidu. com/view/30479188d0d233d4b14e69d6. html.

第三部分　人际交往

一、主题介绍

（一）人际关系及其特点

社会学认为，人际关系就是指人与人之间的一切关系，以及人与人之间关系的一切方面。例如，同一个宗族的人之间有同姓关系，同一个地域的人之间有同乡关系等。这是对人际关系最宽泛的界定和理解。心理学则认为人际关系是指人与人之间通过相互交往而形成的直接的心理上的关系。可见，心理学关注的是人际关系中心理层面的关系，主要是情感方面的联系，其考察的重点是双方在交往中是彼此接纳、喜欢、关心、思念，还是仇恨、厌恶、猜忌、冷漠。按照上述定义，人际关系具有如下特点①：

首先，人际关系反映的是双方心理上、情感上的亲密性、融洽性和协调性，侧重于人与人之间在心理层面的亲密与否。尽管这种心理上的亲密性受到很多社会因素的影响，如地区文化差异、是否有血缘关系、是否在利益方面有关联等，但是这都不是人际关系的应有之义。

其次，人际关系由认知成分、情感成分和行为成分共同构成。认知成分是指双方对对方的印象和评价，如认为对方是个什么样的人，具有何种品质和能力等。情感成分是指双方对对方产生的情感体验。情感成分是人际关系的核心成分，决定着人际关系的性质是亲密性还是分离性。一般而言，我们判断两个人的关系好不好，主要是根据双方的情感是亲密性的还是分离性的。

---

① 摘自：陈筱洁．人际交往．见唐红波．心理学［M］．广州：广东语言音像电子出版社，2009.

行为成分是指双方的交往与沟通行为，是人际关系得以建立和维系的条件。

最后，人际关系是在人际交往中建立和发展起来的。离开了人际交往和沟通，也就无法形成和维持良好的人际关系。对于正在学习、正在成长的中学生来说，人际交往是他们生活的基本内容之一。同学之间、师生之间、亲子之间、个人与班级以及班级之间、学校之间等错综复杂的社会交往，构成了中学生的人际交往网络系统。因此，培养良好的人际交往能力，不仅是学习生活的需要，更是培养健全人格、完善自我以求将来适应社会的需要。

（二）人际交往的发展阶段

经研究发现，人际关系的发展是沿着一定的轨道进行的。勒温格等认为，人际关系的发展包括三个阶段：缺乏互动的单向注意阶段——双方有初步的、浅层互动的表面接触阶段——双方向对方开放自我，分享信息和感情的相互卷入阶段。

阿特曼等则提出社会渗透理论来解释人际关系发展的过程。他们认为人际交往的阶段可以从两个维度来划分：一是交往的广度，即交往或交换的范围；二是交往的深度，即交往的亲密程度。人际关系的发展由较窄范围内的表层交往向较广范围的密切交往发展。阿特曼等进而认为良好人际关系的发展一般经过以下四个阶段：定向阶段、情感探索阶段、情感交流阶段、稳定交往阶段。

1. 定向阶段

进入一个交往场合时，人们往往注意某些人而对另外一些人视而不见。对于注意到的对象，人们会进行初步的沟通，谈谈无关紧要的话题，这就是定向阶段的任务。一般在定向阶段时人们只有很表层的自我表露，如谈籍贯、公开的一般的兴趣、对最近发生新闻事件的看法等。

2. 情感探索阶段

如果在定向阶段双方产生了继续交往的想法，那么就可能有进一步的自我表露，如工作中的体验、感受等，并开始探索在哪些方面双方可以进行更深的交往。这时双方有一定程度的情感卷入，但是还不会涉及私密性的领域。双方的交往还会受到角色规范、社会礼仪等方面的制约，交往比较正式。

3. 情感交流阶段

如果在情感探索阶段双方能够谈得来，建立了基本的信任感，就可能发展到情感交流的阶段，彼此有比较深的情感卷入，谈论一些相对私人性的问题，如相互诉说工作、生活中的烦恼，讨论家庭中的情况等。这时，双方的关系已经超越了正式规范的限制，比较放松自在。

4. 稳定交往阶段

情感交流如果能够在一段时间内顺利进行，人们就有可能进入更加密切的阶段，双方成为亲密朋友，可以分享各自的生活空间、情感、财物等，自我表露更深更广，相互关心也更多。交往中的双方不仅能够相互包容、理解，而且能很好地相互预测和解释对方的行为。达到这一阶段的人通常是最好的朋友、恋人或者父母和孩子。

人际关系可以建立在任何一个阶段上，是否从一个阶段发展到下一个阶段，取决于交往的双方。只有双方都愿意时这种发展才有可能。许多对人际关系的研究都认为，无论是配偶之间还是家庭成员之间、朋友之间，将人际关系向纵深推进发展的共同基础是承诺和沟通。

（三）人际交往的原则

交往是双方的共同参与和合作，彼此的言行举止对于对方的心理和行为，以及相互之间的氛围和关系会发生影响。因此在交往的过程中，双方都需要遵循一定的原则，才能保证人际关系向着积极的方向发展。①

1. 交互原则

人际交往的交互性表现在一方发出的态度与行为会对对方的回应态度和行为产生交互影响的效果。在人际交往中，最基本的交互影响方式就是：一方的积极态度和行为引发对方积极的回应态度和行为，一方的消极态度和行为引发对方消极的回应态度。“人不犯我，我不犯人；人若犯我，我必犯人”讲的是消极的相互回应；“爱人者，人恒爱之；敬人者，人恒敬之”讲的是积极的相互回应。交互原则要求我们在人际交往的过程中正确理解和选择双方的交往态度和行为的交互回应方式。一般而言，双方都主动选择积极的交互回应方式更有利于交往的维持和发展。

2. 功利原则

这里所说的功利，并不仅仅是指物质方面的或者社会资源方面的收益，而且也包括心理和情感方面的收益，如受人喜欢、尊敬、得到关心、指点和教育等。不论是物质的还是精神的，实际得到的还是失去的东西都是要依据当事人对它的心理赋值来衡量的，而不是以其经济价值来计算。一般来说，

① 摘编自：陈筱洁．人际交往．见唐红波．心理学［M］．广州：广东语言音像电子出版社，2009.

如果交换的结果是一方的收益大于付出，那么对他而言就是进行了增值交换。如果一方总是在增值交换，另一方总是在减值交换，那么对于损失的一方而言，就没有理由再交往下去。因此，为了维护交往双方继续交往的可能性，最好是双方都做增值交换或对等交换。

3. 自我价值保护原则

每个人都有自我价值保护的需要。自我价值保护原则是指在人际交往中双方都会自发地保护自己的自我价值，也应该自觉地维护和尊重对方的自我价值。我们之所以在人际交往中喜欢那些和我们意见一致的、喜欢我们的人，与我们的自我价值得到对方的肯定不无关系。在人际冲突中，十分糟糕的争吵方式包括人格侮辱、人身攻击、揭别人的伤疤、贬低和诋毁对方的亲友、爱好和事业等。这些都非常容易引起对方以牙还牙的做法，因为这些行为都严重地伤害了对方的自我价值，极易引发对方剧烈的消极情绪反应，甚至可能会导致对方在冲动之下动用极端手段来维护其自我价值。

4. 情境控制原则

对于自己没有足够的控制力和选择自由的交往情境，我们会感到不够安全，在那些我们无法理解或把握的交往对象面前我们容易感到焦虑紧张。情景控制原则要求我们在与人交往的时候致力于让双方都能够平等地拥有一定的决策自由、控制双方关系的自由和选择交往方式等的权利与自由。自由交往和平等交往是实现情境控制原则的两个基本要求。事实上，安全需要作为个体的一种基本的需要，扩展到社会交往的层面上，自然会发展为自由交往和平等交往的需求。人们只有在自由和平等的交往情境和交往过程中才能够感受到足够的安全感，也才能够进行必要而充分的自我表现和自我暴露，结成真诚、深厚的情谊。

（四）中学生人际交往的意义

国内外许多研究表明，人际交往对儿童青少年的社会技能、自我意识、学业成绩和心理健康有重要的影响，对于正在成长中的中学生来说，人际交往对他们的成长和发展尤为重要。①

综合诸多学者关于中学生人际交往意义的表述，可以概括为以下几点：

1. 满足社交需要，获得社会支持和安全感

研究发现，友谊是青少年社会支持的重要源泉，它能减少青少年对在青

① 摘编自：全莉娟，郗强，姚本先. 中学生人际交往研究述评 [J]. 中国电力教育，2008 (9).

少年时期出现的急剧变化的焦虑和恐惧。尤其是在情绪不稳定的前青年期，友谊体验是安全感发展的催化剂。

2. 有利于自我概念和人格的发展，促进健康个性和健康心理的形成与发展

研究者认为，同伴为个体逐渐理解合作与竞争的社会规则和服从与支配的社会角色构建了基本框架。这一时期充分良好的同伴关系也是形成健康的自我概念所必需的。在少年期被群体孤立的体验将导致自卑感。如果一个人长期缺乏与别人的积极交往，缺乏稳定良好的人际关系，那么这个人往往有明显的性格缺陷。在青少年心理咨询的实践中也发现，绝大多数青少年的心理危机与缺乏正常的交往和良好的人际关系相关。心理学家曾从各个不同的角度做过大量研究，结果都证明，健康的个性总是与健康的心理交往相伴随的，即同别人的交往和人际关系都很好。

3. 促进社会能力的发展

研究者认为，正是产生于同伴关系中的合作与感情共鸣使得中学生人际交往是中学生基本的社会性需要，它不仅有助于良好学习氛围的营造，使学生高效、高质地学习，而且也有助于个人综合能力的培养。一个人的人际交往方式，可以影响甚至改变其命运。因此，对中学生人际交往能力的培养和良好人际关系的养成是人本教育的重点与核心，对学生人际交往技能的教育有助于他们成人、成才。

（五）中学生人际交往能力的培养

人际交往是一种能力，也是一种技术。中学生处于身心快速发展的阶段，其人际交往能力具有很强的可塑性。在学校心理健康教育中，可以在跟其讲述上述的人际交往原则的基础上，侧重以下的教育措施。

1. 教学生学会正确认识自我和他人

中学生在认识上容易偏激，看问题容易绝对化和片面化。教育学生正确地认识自我和他人，是引导他们开展健康交往的前提。首先，要教会他们正确对待他人。包括学会关心他人，尊重他人；正确评价老师和同学，要多看别人的长处，要体谅他人，主动关心他人。其次，教会他们正确认识自我。对有自卑心理的学生，应多加鼓励，让他们多看到自己的长处，通过各种活动去发挥他们的长处，让他们获得成功。

2. 教学生学会倾听和赞美

首先，要教他们学会做一名善于倾听别人诉说的听众。在交往中，有些

同学往往不注意倾听，从头到尾只说自己的事情，随意打断并插入自己的意见，这样的行为难以赢得良好的人际关系。其次，要让他们学会真诚地赞美别人。任何人都希望得到他人的认同和赞赏，从而证明自身存在的价值。赞美的话语最能激起别人的自尊心，这也是每个人都追求的，因而在交往中宜多注意发现别人的长处和优势，给予真诚的称赞与肯定，从而激发对方与你交往的热诚，获得别人的好感。

3. 教学生学会主动交往

有的学生性格怪僻，总喜欢独来独往，这些学生在心理上有的很自卑，有的很自傲。在学习和生活中应鼓励这类同学主动与人交往，并创造一定的环境让他们参加各项集体活动，通过活动去培养团队精神。对有自卑心理的学生，鼓励他们看到自己的长处，确立“我行”的信念，对自傲的学生，应启发他们多看看集体的力量，多看别人的长处，并及时指出他们的不足，引导他们得到大家的帮助和理解。

4. 教学生学会正确处理人际冲突

人际冲突是不可避免的，但对人际冲突的处理方式不同会产生不同的结果。处理好人际冲突是交往能力的突出表现。要教育学生学会控制、学会宽容，在解决冲突时，要注意尊重对方的观点，虚心听取别人的意见，不要固执己见，更不能嘲笑对方。①

二、故事赏析

故事赏析1：你与之交往的人决定你的未来

【故事介绍】

他是一位音乐爱好者，同时对天文学也充满特别的兴趣，一有空他不是沉浸在音乐里，就是对着天空发呆，很少与其他小朋友玩，因此在同学中他被视为一个不善交际的人。

不过，他也不是没有朋友，一个比他低两个年级的金发男孩，就经常到

① 摘编自：孙宏碧．中学生人际关系的特点及交往能力的培养［J］．教育科学研究，2002(12)．

班里来找他，因为他有一位当图书管理员的父亲。金发男孩要通过他借一些最新的电脑书。

图3－1 比尔·盖茨（Bill Gates，1955—），连续13年蝉联世界首富。

在借书还书的过程中，他喜欢上了那个金发男孩，于是经常跟他出入于学校的计算机房，与金发男孩一起玩编程游戏。从“三连棋”一直玩到“登月”，临毕业时，他也成为一个仅次于金发男孩的计算机高手。1971年春，他考入华盛顿州立大学，学习航天；隔一年，那位金发男孩进入哈佛，学习法律。两人虽然不在一个学校，但经常联系，金发男孩继续跟他借书，他继续跟他探讨编程问题。1974年寒假，他在《流行电子》杂志上，看到一篇介绍世界第一台微型计算机的文章，兴奋异常。因为在中学时，那个金发男孩就经常在他面前抱怨计算机太笨重，要是小到家里能放下就好了。他拿着那本杂志去了哈佛，见到那位金发男孩说：“能放在家里的计算机造出来了。”金发男孩当时正为“是继续学法律，还是搞计算机”而苦恼，当他看到杂志上那台电视机大小的计算机后说：“你不要走了，我们一起干点正经事。”

他没有走，在哈佛所在的城市波士顿住了八个星期。在这八个星期里，他和金发男孩没日没夜地工作，用Basic语言编了一套程序，这套程序可以装进那台名为Altair8008的微型计算机里，并且能像汽车制造厂的大型计算机一样工作。当他们带着这套程序走进那家微型计算机生产厂时，竟然得到一个意想不到的答复，给他们3 000美元的基价，以后每出一份程序拷贝，付30美元的版税。他们喜出望外，再也没有回到学校。三个月后，一家名为“微软”的计算机软件开发公司在波士顿注册，总经理比尔·盖茨，副总经理保罗·艾伦。①

【知识点评】

知识点1：悦纳他人

犹太经典《塔木德》中有一句话：和狼生活在一起，你只能学会嗥叫。

① 刘燕敏．你与之交往的人就是你的未来［J］．青年博览，2007（24）．

同样，和那些优秀的人接触，你就会受到良好的影响。因此，正确认识自我、评价他人，客观地看待周围的事物是最基本的能力。在小时候，盖茨没有因为别的同学怎么看待自己而烦恼，他有唯一的一个朋友，并愿意与他建立良好的长期的关系。渐渐长大以后，他也清楚了自己是一个什么样的人，他与他的好朋友有着共同的兴趣爱好，并且能够互相鼓励，一起去奋斗完成一件事。盖茨的成功离不开他的聪明才智，同时更离不开他的好友。在这个世界，朋友不仅仅是友谊上的一个概念，有时朋友能决定我们一生的命运。

知识点 2：走出怯于交际的泥潭

在青少年学习生活中，人际交往是非常重要的一课。很多青少年不善交际的原因常常由于个性较为内向与自卑。如何摆脱自卑，建立良好的人际关系？这应该成为青少年心理健康课中的重要一课。

1. 增强信心

对过去的成绩要作分析。自我评价不宜过高，要认识自己的缺点和弱点。当在现实中陷入困境后，不要从一个极端跳到另一个极端。切不可为了面子羞于求教，而要向老师、同学或同事虚心学习。因为只有自己相信自己，乐观向上，对前途充满信心，并积极进取，才是消除自卑、促进成功的最有效的补偿方法。

2. 正确认识自己

俗话说："尺有所短，寸有所长。""金无足赤，人无完人。"每个人都有长处与短处，这都会成为青少年内心悄悄进行对比的因素。故正确的比较应该要全面。既比上，又比下；既比优点，也比缺点。跟下比，看到自身的价值；跟上比，鞭策自己求进步。寻求内心的平衡，而最重要的比较，是自己跟自己比。走自己的路，奋发努力，不断进步，放出自己的光和热，这才是有意义的人生。

3. 转移注意力

一个人既不可能十全十美也不可能一无是处。不要老关注自己的弱项和失败，而应将注意力和精力转移到自己最感兴趣，也最擅长的事情上去，从中获得的乐趣与成就感将强化你的自信，驱散你自卑的阴影，缓解你的心理压力和紧张。

4. 对自卑进行心理分析

这种方法可在心理医生的帮助下进行。具体做法就是通过自由联想和对早期经历的回忆，分析找出导致自卑心态的深层原因。并让自己明白自卑情结是因为某些早期经历而形成的，并深入潜意识，一直影响着自己的心态，而实际上目前的自卑感是建立在虚幻的基础上的，与自己的现实情况无关，因而是没有必要的。这样可以从根本上瓦解自卑情结。

5. 用行动证明能力与价值

其实，看一个人有没有价值，根本用不着进行什么深奥的思考，也用不着问别人。有人需要你，你就有价值，你能做事，你就有价值。你能做成多大的事，你就有多大的价值。因此，你可先选择一件自己较有把握也较有意义的事情去做，做成之后，再去找下一个目标。这样，你可不断收获成功的喜悦，又在成功的喜悦中不断走向更高的目标。每一次成功都将强化你的自信心，弱化你的自卑感，一连串的成功则会使你的自信心趋于巩固。当你切切实实感觉到自己能干成一些事情时，你还有什么理由怀疑自己的价值呢？

6. 从另一方面弥补自己的弱点

一个人有着多方面的才能，社会的需要和分工更是万象纷呈。一个人这方面有缺陷，便可从另一方面谋求发展。一个身材矮小或过于肥胖的人，可能当不成模特和仪仗队员，可是这世界上对身材没有苛刻要求的工作多的是。一个人只要有了积极心态，扬长避短，将自己的某种缺陷转化为自强不息的推动力量，也许你的缺陷不但不会成为你的障碍，反而会成为你的福音。因为它会促使你更加专心地关注自己选择的发展方向，往往能促成你获得超出常人的发展，最终成为超越缺陷的卓越人士。这方面的著名事例数不胜数，如身材矮小的拿破仑、身短耳聋的贝多芬、下肢瘫痪的罗斯福、少年坎坷艰辛的巨商松下幸之助、霍英东、王永庆、曾宪梓，这些人要么有自身缺陷，要么有家庭困难，但他们都成了卓越人士，都在某个方面改变了世界。

7. 推翻内向的自我形象

每个人都应该是自己的主宰，做自己人生的导航员。没有谁比你自己更能决定你的命运。因此，你个性内向与否，那不是上天的安排，而是你自己的安排，是你自己的决定。当你认定自己性格内向时，你便赋予了自己内向封闭的自我形象。而一旦这一形象标签进入你的潜意识，它又反过来引导约束你的行为。对自己的社交缺乏信心的人，不妨将自己从记事以来所认识的朋友都罗列出来，你会惊讶于自己竟有这么广泛的交际。特别是要多想想你的那些好朋友，既然你能与那么多人建立起良好的人际关系，深厚的友谊，也就足以证明你并非性格内向，不善交际了。

知识点3：同伴影响力

人们的行为在很大程度上会受到其同类或同伴的影响。如果人们发现某种行为已经成为其同类中的一种流行行为，他们往往也就会跟着做。心理学家们将这种影响称为“同伴影响力”。如果低估同伴影响力的作用，就会阻碍管理者运用“劝导技巧”改变人们的行为，反之则会收获巨大。一个酒店进行的实验就证明了这一点。有一家酒店试图让客户重复使用毛巾。最开始，酒店在告示牌上要求顾客这样做的理由包括了三个：顾客应该保护生态环境，或者为了下一代而节能，或者要求顾客配合酒店节约开支。但没有一个说法明确提到，大多数顾客实际上已在可能的情况下重复使用毛巾。告示牌造成的影响很有限，毛巾的浪费仍然不小。由此，一个实验展开了：实验者在不同客房中放置了三种不同的告示牌，第一种说，为了帮助保护环境，请重复使用毛巾；第二种说，请重复使用毛巾，与我们一起维护环境；第三种说，请跟其他顾客一起，重复使用毛巾，保护环境。第三种告示牌事实上采用了同伴影响力的策略。结果是，在使用了第三种告示牌的房间，重复使用毛巾的比率提升了34%。这说明，同伴影响力可以成为一个促进变化的强有力杠杆。在不确定时期，同伴影响力会极大增强。当人们对周围发生的事情茫然无措时，他们通常不会询问自己已经困惑的内心，而是向外人寻求答案①。

【教学建议】

良师益友的基础往往是志同道合，有共同的兴趣爱好同样也是中学生交友的先入为主的影响因素。因此，在开展人际交往专题之始，建议首先展开正确认识自我的主题，让学生正确认识自我，明确自己的兴趣爱好，这样会有助于学生正确、有益地交友，享受友谊带来的乐趣和幸福。

故事赏析2：爱心的回报

【故事介绍】

一个暴风骤雨的夜晚，一对上了年纪的老夫妇来到一家旅店要求住宿。这对夫妇的行李非常简单，看起来非常贫困潦倒。

年老的男人对旅店的伙计说：“我们跑遍了城里所有的旅店，发现里面全住满了。我们想在贵处借宿一晚，可以吗？”

年轻的伙计回答说：“确实也是，这两天有三个重大会议同时在这个城市召开，旅店都住满了。我们这里也不例外啊。天气这么糟糕，你们二位又一

① 摘编自：百度百科［EB/OL］，http：//baike. baidu. com/view/1853121. htm.

把年纪，没个落脚的地方也不行。”那个伙计一边说一边让两位老人进屋：“要是你们不介意的话，今晚就在我的床上将就一晚吧！”

“我们睡你的床，那你可怎么办呢？”老夫妇异口同声地问。

“我的身体很好，在桌子上趴一会或者在地上搭个铺都不碍事的。”伙计爽快而轻松地回答。

第二天早上，两位老人养好了精神，神清气爽地找到那名伙计，说要付房钱给他。但伙计坚持不要，拒绝说：“我自己的床铺不是用来营利的，我当然不能要你们的钱。”

就这样两位老人没有付钱给伙计。但在临走时，老人意味深长地对伙计说：“年轻人，你可以成为美国第一流旅馆的经理。过些日子也许我要给你盖家大旅馆，到时一定请你来担任总经理。”

伙计听了，开怀大笑了起来。他爽快地说：“好啊！”但实际上只当这是一个善意的玩笑。

一晃两年过去了。有一天，一个邮差递给年轻人一封信，信里附着一张到纽约的双程机票，还有一个邀请函，希望小伙子找时间回访两年前一个雨夜中借宿在他的床铺上的两位老人。

年轻人充满好奇地来到车水马龙的纽约，老人把他带到了一幢高楼前面，指着那幢高楼对他说：“还记得两年前的许诺吗？这就是我们为你盖的旅馆，你愿意为我们担任这个旅馆的经理吗？”

这位当年的年轻伙计就是如今大家都熟识的纽约首屈一指的奥斯多利亚大饭店的经理乔治·波尔特，那位老人则是威廉·奥斯多先生。

【知识点评】

知识点 1：首因效应

心理学家阿希 1946 年以大学生为研究对象做了一个实验，他让两组大学生评定对一个人的总体印象。对第一组大学生，告诉他们这个人的特点是“聪慧、勤奋、冲动、爱批评人、固执、妒忌”。这六个特征的先后顺序是从肯定到否定的性质词。对第二组大学生，仍然告知这个人的同样六个特征，但是顺序正好和第一组的相反。研究结果发现，大学生对被评价者所形成的印象高度受到特征呈现顺序的影响。第一组对评价者的印象远远优于第二组的。这意味着印象有高度的稳定性，后继信息甚至不会使其发生根本性的变化。

往后陆续有心理学家验证了首因效应的存在。首因效应作为人际交往中的一种普遍现象，应该引起我们的重视。为什么第一印象如此重要？人们总是以他们对某一个人的第一印象为背景框架，去理解他们后来获得对此人的相关信息。因此，在人际交往中，我们要注意给人留下一个好的第一印象。但是，在与别人的交往中，也要注意不要仅仅凭借对一个人的第一印象而给他下绝对性评价，也就是避免定性思维。对首因效应加以合理有效的利用，将有助于建立好人缘，有利于人际关系的建立和维持。

知识点2：关于以貌取人

在第一印象里，什么起决定性因素呢？心理学家做过一个试验，分别让一位戴金丝眼镜、手持文件夹的青年学者，一位打扮入时的漂亮女郎，一位挎着菜篮子、脸色疲惫的中年妇女，一位留着怪异头发、穿着邋遢的男青年在公路边搭车，结果显示，漂亮女郎、青年学者的搭车成功率很高，中年妇女稍微困难一些，那个男青年就很难搭到车。

这个试验说明，不同的仪表代表了不同的人，随之就会有不同的际遇。大家都了解第一印象的重要性，研究发现，50%以上的第一印象是由你的外表造成的。你的外表是否清爽整齐，是让身边的人决定你是否可信的重要条件，也是别人决定如何对待你的首要条件。

以貌取人，自古以来无人能逃脱。那么，如何做到保持最良好的第一印象呢？第一印象的形成有一半以上内容与外表有关。不仅是一张漂亮的脸蛋就够了，还包括体态、气质、神情和衣着的细微差异。研究表明，在第一印象形成的影响因素中，大约40%的内容与声音有关。音调、语气、语速、节奏都将影响第一印象的形成，第一印象中只有少于10%的内容与言语举止有关。

知识点3：善良的品质

法国著名作家雨果就曾说过："善良是历史中稀有的珍珠，善良是人最高贵的品质。"前苏联教育家苏霍姆林斯基也曾说过："要做一个善良的，富有同情心的人。"可见，善良是人类的美德，是人世间最为宝贵的东西。

即使在自己最困难的时候，也能慷慨施与别人，这是大爱的一种表现，体现了善良、乐于助人的宝贵品质。品质即所谓的人格品质，一个人的人格塑造在人际交往过程中起着重要的影响。每个人都会有选择性地交哪一类人，人格就是其中影响最深远，也是最本质的品质。而人格的塑造不是一朝一夕的事情，除了与生俱来的一部分气质外，大部分是在后天的环境中塑造形成的。这里我们仅仅提到其中很小的一方面，也是人之所以为人最根本的要素——善良。

善良和爱心永远是这个世界上一笔巨大的财富，不管它披着如何贫穷的外衣。一颗善良的、助人的心，能带给他人的温暖，带给世间的光亮，是抵得上黄金的灿烂光芒的；同时，这份温暖与光亮，还会温暖并照亮自己。因此，在教学过程中，应该多运用相关的故事或其他教学方法，言传身教地让学生受益，从小养成善良待人的美好品德。如果一个孩子生活在爱和奉献里，那么他就学会了爱和无私。

【教学建议】

善用第一印象，培养学生良好的性格品质，在生活中处处注意行为表现。另外，要想培养学生的善良品质，在教学上提出以下四个层次，以供参考。第一，在日常教学中向学生展示一些生动的事例，用真人真事的善举感动他们。第二，鼓励学生发现身边的好人好事，发表演讲或是写作文，此举亦可以倡导好人好事的行为。第三，举行特色的教学活动，如主题班会、角色扮演等，在角色扮演中能起到意识植入的效果。第四，互相监督和自我省查，提高学生对自我行为监控和对他人监督向他人学习的能力，从而更加约束和提高自己良好行为的发生。

故事赏析3：学会用心去聆听

【故事介绍】

林克莱特是美国一位非常出色的主持人，他所主持的节目不仅受观众喜欢，而且受邀请的嘉宾都能在他主持的节目中感到舒畅。这种舒畅的感觉主要是因为大家都认为林克莱特是一位很出色的倾听者。

有一天，林克莱特访问了一名小朋友。

他问小朋友说："你长大后想要当什么呀？"

小朋友天真地回答："嗯……我要当飞机驾驶员！"

林克莱特接着问："那如果有一天，你驾驶的飞机飞到太平洋上时，所有的引擎都熄火了，那时你会怎么办呢？"

小朋友想了想说："我会先告诉坐在飞机上的乘客，等他们全部都系好安全带后，我就挂上我的降落伞跳出飞机。"

听了小朋友的回答，现场的观众都笑了，大家都觉得这位小朋友敢于直接地说出了自己怕死的心理，将人类天生的自私心理表现出来，显得非常可爱。然而，接下来小朋友的表现让大家感到非常意外。面对大家的嘲笑，小朋友露出了尴尬和紧张的表情，他的眼泪都快掉下来了。紧接着两行热泪从孩子的眼眶中流了下来，主持人林克莱特这时才发觉这孩子的悲悯之情远非笔墨所能形容。

孩子刚才的回答是另有含义的！林克莱特这才意识到自己此时应该怎么做。他蹲下来问了孩子第三个问题："你为什么要自己挂降落伞跳出飞机?"

"我要去拿燃料，我还要回来的！"孩子激动的应答声在礼堂上空久久回荡，包括林克莱特在内，在场的所有观众都被孩子那认真而坚定的眼神打动了。

这个故事告诉我们，如果没有认真的聆听，或者没有认真聆听的意愿，我们或许都难以听得出心灵的真实想法。

【知识点评】

知识点1：投射与沟通

每个人的生活环境和经历都不同，所说的话或多或少会带有个人的主观情感和经历，因此在说话之前要先学会倾听，这样才能有真正的沟通，也才会有真正的真诚。和别人交流时，一定要真的听懂对方的意思，如果不懂，就请听别人说完，这就是我们迫切需要的沟通。

在沟通上发生的误解或是武断的想法，往往跟一种心理相关，这种心理现象心理学上称为投射，即指个体将自己的主观意愿映射到他人的表达上，将自己的想法强加为别人说某句话或某些话的意思。这是人的一种本能——自我防御机制所起的作用。在日常沟通中，如果个体能够事先知道投射这种心理的存在，就可以避免把自己的意思投射到别人所说的话上，更不要随意作出判断，进而避免不必要的争论和误会的发生。

知识点2：倾听的艺术

交往是相互的，交谈是主要的，倾听又是必不可少的。上天赐给我们每人两只耳朵，一张嘴巴，就是让我们少说多听。一个人是否善于倾听，将直接影响其人际交往的质量。学会倾听是使自己在人际交往中受欢迎的重要基础。说话者一旦意识到对方在专心倾听，就会感到被对方尊重。不认真倾听是危险的，因为这样会错过许多重要信息，同时也被对方认为没有什么诚意。倾听是一种承诺，是理解他人感受的一种承诺。倾听说明你在乎说话人，对于这种积极倾听，通常对方会以好感和感激来回报。请记住：在别人说话时沉默并不是真正的倾听。真正的倾听要求至少做到四点：理解对方；欣赏对方；向对方学习；给予对方帮助或安慰。

倾听与其说是一种动作，倒不如说是一种态度。其艺术如下：

（1）要有正确的“听”的态度。专心地听对方谈话，态度谦虚，始终用目光注视对方，身体微前倾。

（2）要善于通过体态语言或其他方式给予必要的反馈。例如，用点头、微笑、用语气词“嗯”来表示自己确实在听或鼓励对方说下去。

（3）提出问题。如“他为什么要这样呢?”或“造成这种现象的原因是什么呢?”

（4）不要中途打断对方，让他把话说完。我们是不是经常听到说话者的不平，“你让我把话说完。好不好!”

（5）适时引入新话题。如“你能不能再谈谈对这个问题的意见呢?”

（6）忠于对方所讲的话题。尤其要避免只谈自己关心的话题。

（7）巧妙地表达意见。例如：“正如你指出的一样，我完全赞成你的看法。”

（8）要听出对方的言外之意，要把握说话者的真实意图。要善听“话中话”，或“话后话”。

知识点3：人际沟通的过程及其组成要素

从信息传播的角度来看，人际沟通的过程主要由七个要素组成，即信息源、信息、通道、信息接受者、反馈、背景和障碍等。

1. 信息源

信息源是掌握信息并试图发起和进行沟通的人。在沟通过程中占据主导地位。按照沟通目的的不同，信息源可能对信息和沟通过程做不同的事先预设，比如如果是演讲或者重要的汇报，可能要准备详细的讲稿，如果只是为了聊天问候，就可以随便挑个话题等待对方反应之后再去调整。

2. 信息

信息是指沟通中传递的具体内容，也就是沟通者试图传递给他人的信息或情感。当然，沟通者心中想要表达的意思是否能够被对方按照原来预设的方式来理解，受到沟通过程中其他要素的影响。信息传递到沟通对象那里之后，往往不是根据发出方的意愿来处理，而是根据接受方的喜好、习惯、理解方式来处理。

3. 通道

通道是指信息在沟通双方之间传递的方式。常用的信息通道主要是各种感官通道。其中视觉通道和听觉通道是最主要的两种。除了面对面的传递通道之外，各种媒体工具也是进行信息传递的通道，如电话、互联网等。

4. 信息接受者

信息接受者是信息源希望信息到达的对象。信息接受者虽然在刚刚开始沟通信息的时候相对被动，但是在其后的沟通中也可以成为主动的一方。

5. 反馈

信息反馈是指信息接受者将自己获得信息之后的回应信息采取一定的通道回传给信息发出者的过程。有效的沟通者都会积极回应沟通发起人的沟通请求，并根据所接受到的信息内容作出答复。

6. 背景

背景包括的内容比较多。所有在沟通过程中对沟通发生影响的环境因素都是背景，主要包括心理背景、物理背景、社会背景和文化背景等。例如，双方的既有关系、现场噪音、各自的文化程度、社会身份和角色、双方的家族文化和民族传统、具体的交往场合等都是沟通的背景因素。

7. 障碍

障碍是指在沟通中增加了沟通困难或使双方不能顺利进行有效沟通的因素。沟通中的障碍无处不在，任何一个沟通环节都可能发生障碍，如信息发出者表达错误、独特的语言习惯、声音信号模糊、电话故障、接受者误会、地位悬殊引起抗拒、性格差异导致互不适应、显著的文化差异和传统禁忌、方言、情绪状态等不一而足。①

故事赏析4：婉转地拒绝

【故事介绍】

富兰克林·德拉诺·罗斯福是美国的第32任总统，他1910年任纽约州

① 摘编自：陈筱洁．人际交往．见唐红波．心理学［M］．广州：广东语言音像电子出版社，2009.

图3－2 罗斯福（1882—1945），美国历史上唯一连任4届的总统。

参议员，1913年任海军部副部长，1921年因患脊髓灰质炎（俗称小儿麻痹症）致残。1928年任纽约州州长。1932年竞选总统获胜。由于“罗斯福新政”对付经济危机颇有成效，故罗斯福获得1936年、1940年、1944年大选连任。罗斯福一直被视为美国历史上最伟大的总统之一，是20世纪美国最受民众期望和爱戴的总统。他是身残志坚的代表人，也受到世界人民的尊敬。

罗斯福之所以能获得如此高的殊荣，不仅是他的治国才能和韬略，更是因为他自身的人格魅力以及他为人处世的高超。在诸多关于罗斯福的轶事中，有这样的一桩小事，可以反映出罗斯福处世的精湛艺术。

当罗斯福还是海军助理部长时，有一天一位好友来访，两人在谈话间，这位朋友问及传说中的美国海军在加勒比海某岛建立基地的事。

“我只要你告诉我，我所听到的有关基地的传闻是否确有其事。”这位朋友知道罗斯福身任要职，即使知道某些实情也不方便说，所以用很谨慎的话语请求罗斯福满足他的好奇心。

面对好友急切的目光，罗斯福确实感到为难了：他要打听的事在当时是不便公开的，但既是好朋友相求，那如何拒绝是好呢？

只见罗斯福望了望四周，然后撕扯着嗓子凑到朋友的耳边问道：“对于那些不便外传的事情，你能够做到保密吗？”

“我一定能。”好友爽快地回答说。

“那么，”罗斯福微笑着说，“你能做到的事情，我也能做到。”

就这样，罗斯福运用他的急智，不但没有得罪这位交往多年的朋友，同时维护了军人的原则，反而是这种负责任的态度让这位朋友更加崇拜和信任罗斯福了。

【知识点评】

知识点1：在人际交往中如何避免争吵

争吵是一种带有极端消极情绪的紧张性沟通。在沟通中，应该尽量避免争吵。尽管争吵总是有忍无可忍的原因，有暂时宣泄的快感，有表达态度的鲜明效果，在能够合理协商之后也可以达到一定的沟通功能，但是，一般而言，争吵对于大多数人来讲是会带来人际关系的严重损坏的。正如我们常说的“破镜难圆”、“覆水难收”，争吵之后双方必须付出真诚、及时、有效的加倍努力才能启动重新修复关系的进程，最后还常常无法修复到原有的亲密程度。

永远不要用争吵的方式来面对人际冲突。这种紧张性的沟通方式容易形成恶性循环，如果双方反复争吵，甚至殃及其他的社会关系，那么，哪怕因为种种现实的原因把这种关系勉强维持下去，双方以后的相处也是非常艰难的。[①]

如果争吵不可避免，那么也要讲究争吵的艺术。社会心理学家提出，争吵的时候要避免的事项有[②]：

①草率道歉；

②逃避争论，使用冷处理，或者退出争吵；

③使用你了解的对方的隐私来不择手段地伤害或侮辱对方；

④引入无关话题；

⑤假装达成一致，实则心存愤恨；

⑥将自己的感受告诉对方；

⑦通过批评对方所重视的事物来间接地攻击对方；

⑧通过增强对方的不安全感或者以灾难性的后果为威胁伤害对方。

在吵架时正确的做法有：

①单独争吵，远离孩子；

②准确地定义问题，以你自己的语言来复述对方的论点；

③让你的积极或消极的感受暴露出来；

④愉快地接受关于你行为的反馈；

⑤澄清什么是你所赞成和反对的，什么是对对方来说最关键的；

⑥提问，以帮助对方找到词语来表达他的关注点；

⑦冲动的情感爆发时，等待它平息，而不要以牙还牙；

⑧就双方的共同改进提出积极的建议。

---

① 摘编自：陈筱洁．人际交往．见唐红波．心理学［M］．广州：广东语言音像电子出版社，2009.

② 摘编自：金盛华．社会心理学［M］．北京：高等教育出版社，2005.

知识点2：拒绝的艺术

众所周知，生硬的拒绝会伤害别人的自尊和情感，容易形成人际鸿沟。但在人际交往当中，拒绝别人又是不可避免的，一个不会拒绝别人的人与一个掌握不当拒绝方法的人，都会使自己在人际交往中陷入困境。在拒绝别人时，不妨参考以下做法。

1. 暗示法

即采取间接的方式，让对方领会到已被拒绝。清代书画家郑板桥曾在山东潍县做过县令。当时潍县有一富家子弟因称霸乡里被郑板桥捉拿归案。富家以重金请郑板桥的同科张老先生向郑板桥说情。张老先生来到郑板桥家。

几杯酒下肚后，张老先生便开口道："郑大人，愚下登门有一事相求，我想这事儿，大人您一定是正月没有初一——'肯'帮忙吧？"郑板桥一听对方打谜语，顺手又给张老先生敬了一杯酒说："仁兄，不瞒您说，板桥早知您的来意，您也熟知我板桥的为人。我为官不才，上衙时'一不骑马，二不坐轿'。"张老先生听罢此言，只好起身告辞。这里说的"一不骑马，二不坐轿"就是说步行。而步行的谐音是"不行"。

2. 补偿法

就是在委婉拒绝他人要求的同时，出一些点子加以弥补。卡内基在拒绝一次讲演邀请时就说："很遗憾，我实在排不出时间来。"紧接着，他又推荐说："约翰也讲得很好，说不定他是比我更合适的人选哩！"这种补偿拒绝法，既能达到拒绝他人要求的目的，又可以补偿对方因遭拒绝而产生的不满与失望，便于保持你与朋友的友谊。

3. 提问法

面对别人的过分要求，你可能会作出这样的选择：或是拂袖而去，或冷笑一声说"再见"，或是拍案而起，迎头痛击。但这样做，既会有失你的身份，也会因此伤了和气。最好的拒绝则是提出一连串的问题，提醒对方思考应该思考而未思考的问题。对方在思考你的一连串问题的过程中，便会发现自己的要求太过分了。这样，你也就达到了拒绝的目的。

4. 诉苦法

当别人向你提出合理要求时，而你又无法满足他的要求时，这时一定不要与他争辩，而只需诚恳而委婉地说"不"字。例如，在一次晋升工资中，一个下属无论按资历还是工作表现，都应晋升，但由于指标有限，未能给他晋级。此时，你若作为上级，不妨这样说："是的，你的话不无道理，但这次晋升工资只能这样了。”如果下属追问缘由，则可以说：“我有我的难言之处，恕我不能告诉你。”从而达到拒绝的目的。

5. 先肯定后否定法

就是从对方的要求中找出双方都认可的某些非实质性的内容，并加以赞赏，突出双方的共同点，力争对方理解，然后再对双方看法不一致的实质性内容进行阐述或辩解，以拒绝对方的要求。可以先细心地在其发表的意见中，寻找可以肯定之处。即使其意见确实毫无肯定之处，还可以肯定其陈述时的坦率。在此之后，话锋一转阐述自己的不同看法，如可以这样说：“总的来说，你的看法是对的，如果……”或“你的看法我也有同感，问题在于……”这样既可以达到拒绝的目的，又可以使对方在心理上产生亲善感和满足感。

6. 动作替代法

指通过面部表情、手势、摇头等行为来表示否定意见。身体动作学表明，一个人从婴儿时期开始，就会不靠语言向别人表达需要和好恶，这种能力会一直保持终生，如果你想要拒绝别人的某种要求，你可以不必开口说“不”，利用身体语言同样可以传达你“不”的意思。例如，当边听边轻轻摇头，或将双手交叉在胸前，并保持温和的态度和平静的表情，轻轻摇头或将手叉在胸前，就意味着否定。

7. 借故法

就是找一个适当的理由拒绝他人的要求。例如，一天晚上，你的一位朋友找上门来，拉你去玩麻将，并声称就差你一人，而你并不想去玩。这就需要找一个比较合适的理由加以拒绝。你不妨可以说：“我非常喜欢玩麻将，真想跟你一起去玩个痛快，可是今天不凑巧，我已跟别人约好今晚 7 点 30 分一起去图书馆看书了。”这样既达到了拒绝的目的，又可以使你的朋友明白你的拒绝实在是出于无奈，而不会责怪你不给面子①。

【教学建议】

在人际交往中，培养优良的个人品质，增强个人魅力是非常重要的。然而，做一个好人，并不是大众所认为的那样什么都说好，什么都答应朋友的“老好人”。要学会拒绝，学会婉转地拒绝他人的技巧，从自身出发，保持个人完整、独立的人格，在人际交往中不会迷失自我。同时，也要让学生从中体会到作为一名被拒绝者的立场，去体会被拒绝的感受，学会理解和宽容。

---

① 摘编自：金起文．拒绝的技巧［J］．思维与智慧，1996（4）．

本故事向我们传递了两个层次的知识：首先是罗斯福先生拒绝的婉转；其次是罗斯福先生为了解释让朋友明白为什么自己要拒绝的理由时所运用的高明策略。

故事赏析5：成就李嘉诚的一道工夫茶

【故事介绍】

李嘉诚是长江实业集团有限公司董事局主席兼总经理。他虽然出身贫困，但几经拼搏，不但收获了财富，而且获得了一系列他人难以超越的荣誉：1981年当选为“香港风云人物”、1981年获委任为太平绅士、1989年获英女皇颁发的CBE勋衔、1992年被聘为港事顾问、1993年被评选为“香港风云人物”、1995—1997年任特区筹备委员会委员、1999年当选为亚洲首富。

李嘉诚的成功，与其诚信为人的作风是分不开的。在创业的初期，李嘉诚拥有的资金非常有限。有一位外商希望跟他订购大量的货品，但一般这样大的订单往往需要富裕的厂商作担保。李嘉诚尽其所能找了很多家工厂，都没有找到愿意担保的厂商。在这种情况下，尽管很想做成这笔生意，但他并没有捏造事实或含糊其辞，而是将实情向外商一一告知。结果外商为其诚信所感动，并出于对他人格的信赖，而决定不用找厂商作担保，希望就这样直接跟他签了这笔生意。面对外商的信任，李嘉诚很感动，但他觉得应该对对方负责任，向外商表达了希望其慎重考虑的建议。最后外商因佩服其为人，不但与之签约，还预付了货款。这笔生意使李嘉诚赚了一笔可观的钱，为之后的发展奠定了基础。李嘉诚也由此事悟出了“坦诚第一，以诚待人”的原则。

在李嘉诚的生意打开了局面之后，曾出现所生产塑料产品供不应求的情况。为营利和满足市场需要，降低产品质量曾经是公司一些经营者共同的建议。这一错误的决策几乎使长江塑胶厂陷入困境。惶惑中促使李嘉诚走出迷途的亮光依然是诚信这一重要做人原则。而强化他这一为人和经商原则的，是他的母亲庄碧琴。

这天，母亲让李嘉诚给她泡一道工夫茶。当李嘉诚泡好了一道家乡的凤凰茶后，母亲吩咐李嘉诚坐下来，品了几口茶后问：“你认识老家开元寺法号叫元寂那个住持么？”未等李嘉诚回答，母亲呷了一口工夫茶继续说：“元寂年事已高，希望找个合适的接班人。候选人是他的两个徒弟，一个法号一寂，另一个法号二寂。元寂把这两个徒弟都叫到跟前，说：‘我现在给你俩每人一袋稻谷，明年秋天以谷为答卷，谁收获的谷子多，谁就是我的接班人。’第二年秋天到了，一寂挑来满满的一担谷子，二寂则两手空空。元寂却当众宣布二寂担当接班人。”李嘉诚打断母亲的话：“不是说好谁收获的谷子多，就选谁当接班人么?”母亲笑了笑，说：“是的。一寂听了，不服气地说：‘分明我收获了一担谷子，二寂颗粒无收，怎么能够让他担任住持啊!’元寂微微一笑，高声地对众人说：‘我给一寂和二寂的谷子，都是用开水煮熟过的。显然，二寂是诚实的，理应由他来当住持。’于是，众人悦服。”讲到这里，母亲忽然话锋一转：“经商如同做人，诚信当头，则无危而不克了。”

在母亲的谆谆教诲之下，李嘉诚人如其名，一生坚持诚信之道，他的诚信打动了银行、供货商和员工，屡次将危机化解为商机。诚信，不但使李嘉诚在商界站稳了脚跟，发展了大事业，而且也使其作为一名商人，保持着可贵的气节，让世人佩服和尊敬。

【知识点评】

知识点1：人际交往中诚信的内涵

人际交往诚信中的“诚”是指人际交往诚信主体内在的一种品质和信念，所谓“内诚于心”。“诚”的表现在人际交往中会因为个体之间关系的亲疏而呈现出三种梯度：最高层面表现为忠诚、真诚，用心关怀对方，尽心地为对方的利益着想。这种诚在人际交往中一般集中表现在亲子、爱人、刎颈之交的朋友之间。其次是诚恳，有意进入相互满足对方需求的交换活动，能礼让，不计较。这种诚体现在普遍的人际交往中，如一般的朋友、同事、同学之间，他们不是知己知心的，但却是知人知面的。人际关系的成分有人情回报的感情色彩，但更多的是互利、互惠的义务履行。再次是诚实，就是按规矩办事，每个人按照自己的社会角色赋予的职责行事。

人际交往诚信中的“信”在两个层面上使用：从行为发起者的角度，信是指“守信”，指人的言行值得信任，说到做到，如“与朋友交，言而有信”（《论语·学而》），“人而无信，不知其可也”（《论语·为政》）。从行为接受者的角度，信是指对他人的相信、信任，对自己看准了的人与事，敢于相信，如“足食，足兵，民信之矣”（《论语·颜渊》）。也就是说，信既包含着就个人自己而言的守信，也包含着对他人的信任。当然，二者又有着内在的联系：只有做到守信，才能得到别人的信任。“信”表现为讲信义、守信用、不轻诺、重然诺，言行一致。“诚”、“信”合起来使用，作为一个统一的概念，则有诚实守信、表里如一、言行一致的丰富内涵。[①]

知识点2：学会如何抉择

在人生道路上，我们经常会遇到这样那样的问题，每个问题都可能有不止一个选择。面对这些选择的时候，我们往往可能会犹豫不决，甚至在选择过后还会患得患失。人都会面临大大小小不同的选择，因此学会如何抉择是学生必须面对的问题之一，也是教育中的重点之一。

要学会抉择，首先要有一个好的心态。要从不同的角度看问题，以乐观、积极、豁达、体谅的心态来观察自己、体谅他人。其次心要定，即定心，所谓定心就是心里要有数。对自己的认识较为全面、客观，对自己认识清楚，这样不会盲目地跟着别人走。例如，对于青少年儿童来说，就每天穿什么衣服买什么文具都会成为一个选择性的问题，能够全面认识自己、自信独立的孩子更能避免盲目攀比和跟风的做法。再次，要不断充实自己，拓展知识面。唯有如此才能避免在选择时束手无策。最后，培养健全的人格。只有在正直、善良、积极的人格基础上，才能作出正确、有益社会的抉择。

故事赏析6：做心胸开阔的诤友

【故事介绍】

18世纪的法国科学家普劳斯特和贝托雷都是当时非常出名的化学家，但同时他们也是一对劲敌，对定比定律的争论达9年之长，各执一词，谁也不让谁。最后的结果是以普劳斯特胜利而告终，普劳斯特成了定比这一科学定律的发现者。定比定律的提出，对化学发展具有重大意义，它为近代原子学说奠定了科学基础，并提供了大量实验材料，并直接促使了倍比定律的发现。1816年，普劳斯特当选为法国科学院院士，这是他当之无愧的荣誉。

普劳斯特并未因此而得意忘形，将大功据为己有。他真诚地对激烈反对他的论敌贝托雷说："要不是你一次次的质难，我是很难深入地研究定比定律的。"因此在普劳斯特看来，贝托雷激烈的批评对他的研究是一种难得的激励，就像自然界中"是因为有了狼，鹿才奔跑得更快"的道理一样，是贝托雷在帮助自己不断完善自己。普劳斯特特别向公众宣告："定比定律的发现，有贝托雷的一半功劳。"

---

① 摘编自：陈芬．论人际交往诚信及其意义［J］．广州大学学报（社会科学版），2005（12）．

至于贝托雷自己，虽然他是这场争论的失败者，但是他全然不为此懊恼，反而因为在科学的争论中发现了真理而欣喜万分。他提笔给普劳斯特写信，真诚地写道：“你发现了定比定律，可喜可贺，9 年的争论，结出了果实，我向您——真理的发现者致敬！”

【故事链接】

普劳斯特是法国的一位药剂师，他根据实验的结果，指出天然的和人造的盐基性碳酸铜的组成是完全相同的。从这一事实引导出这样的结论：两种或两种以上元素相化合成某一化合物，其重量的比例是一定的，不能或增或减。然而，这一定律提出后即遭到了化学家贝托雷的激烈抨击。贝托雷认为，一种物质可以和有相互亲和力的另一种物质以一定比例相化合，物质质量的相对多少对化合物的组成有着重要的影响。这种见解的根源是贝托雷比较注意化学变化的过程，而并不注意变化的产物。为了批驳普劳斯特，贝托雷以溶液、合金、玻璃为例，说明甚至一些金属氧化物和盐基本上都是混合物，并非化合物。

在 1802 至 1808 年间，普劳斯特发表了许多论文来答复贝托雷的批评。他承认，几种相同的元素可以生成不同的化合物。但同时也指出，这些化合物的种类是不多的，常常不过两种，而且每种化合物都有自己固定的组成，而且在这几种化合物中，化合比例明显不同。混合物的各成分可以用物理方法分离出来。按照贝托雷的说法，化合物的组成视生成时的物理条件而变化。普劳斯特对这种看法的批评是欠缺足够精确的定量分析技术和方法的。后来，比利时分析化学家斯达为了验证普劳斯特的假说，进行了极精密的实验，得到极为精确的数据，证实了普劳斯特假说。至此，围绕定比定律持续多年的辩论终于结束了。

【知识点评】

知识点 1：心胸开阔更易成功

普劳斯特和贝托雷之间的情谊确实让人万分感动，感动于他们的胸襟之广阔，看问题之全面。如果将对方的批评单纯地看为贬黜，只能引发不满或愤恨，然而站在另一个角度看问题，则将批评当作改进的建议，化为前进的动力，实属人际交往中的至高境界。学会换位思考，可以给人带来睿智理性的分析、客观的评价、愉悦的心情和豁达的心胸。懂得换位思考的人，也给人以八面玲珑、懂得为人处世的良好印象。换位思考，需要个体的主观意愿能动地参与，设身处地从当事人的角度出发，站在他人的立场去思考和看待同样的问题。换位思考，不仅是一种能力、一种情操，也是一个人气质的彰显、能力的体现。因此，要学会换位思考，它是一种无形的润滑剂，将有助于结就良好的人际关系。

为什么有些孩子在同龄人中很招人喜欢，而有些孩子则不那么受欢迎？研究者比较了两类孩子的智力水平、交际能力以及玩游戏时的首创能力，最后发现在一些有魅力的孩子身上存在一种常被人忽略的品质——心胸宽阔。成年人与孩子一样，对待别人成功与失败的态度反映了一个人的精神发展程度。对人格发展不健全的人来说，当别人获得成功时，他会气愤、嫉妒、怀疑甚至憎恶，这会使他难以受到周围人尊敬并交到真正的朋友，而心胸宽阔、自信豁达的人更容易获得成功。

知识点 2：如何选择或担当一名诤友

诤友是能够直言规劝的朋友，他勇于当面指出你的缺点错误，敢于向你泼冷水。《孝经》中提到："大夫有诤臣三人，虽无道，不失其家。士有诤友，则身不离于令名。"敢于当诤友是最为真诚与可贵的，那么，应该如何识别或担当一名诤友呢？

1. 智慧过人

诤友往往有着丰富的学识，是事业上生活中的佼佼者和成功人士，能够在你迷茫的时候给予指点，一语中的、敏锐独到地分析问题，找到问题的症结所在。

2. 阅历丰富

诤友对生活有着深刻的理解和认识，可以透过现象看本质，能够帮助你坦然淡定地面对各种事物，也因此能让你信服。

3. 真诚直言

诤友能将错误和缺点当面直接指出，能容纳与乐于帮助朋友，这是诤友所为也。诤友很少说赞美的话，其难能可贵之处在于能指出你的问题和不足。

4. 胸怀宽广

诤友为人处事善良、热情、推心置腹，没有私念，在危难之处能考虑他人的处境，对朋友真诚、关心、爱护、负责，自己也能够平和地接受误解。

人的一生遇到诤友可以说需要机缘，优秀的人才寥寥无几，诤友并非随时可以遇到。因此，在教育教学过程当中，应重点培养青少年学生严格要求自身，努力使自己具备当诤友的条件，成为他人的诤友。

【教学建议】

目前社会上有人称年轻的一代为“90后”，90后是一群生活在相对富裕年代中的孩子，他们在家中多为独生子女，家庭的惯宠造成了他们相对自私的品质、任性的性格，导致他们很少会懂得站在他人的角度思考问题。因此，在学校对学生进行思想品德教育时，换位思考是最主要的主题之一。在进行换位思考主题的教育时，建议通过真人真事、电影赏析等生动题材来再现教学，让学生从中体会、揣摩不同人的想法。

三、教案设计范例

【教案设计范例1】

让我换双眼睛看看你①

一、课程背景

经验、思维定式、主观推想常常使人们对他人形成固定的看法，戴着有色眼镜，不能全面、立体地认识他人。高中生强烈地希望了解自己、了解他人，十分关注自己在团体中的人际关系。然而，他们不断丰富的生活经验及日益复杂、深刻的思想，却往往使他们在人际互动中形成偏见而影响人际沟通。

二、活动目的

引导学生通过团体活动，体验如何抛开之前固有的看法，重新感受、认识身边的同伴。

三、辅导重点

让学生领悟到因凭个人经验、信条、主观猜想而固化对他人的认识，甚至对他人产生成见，常常阻碍人与人之间良好人际关系的建立。

四、辅导难点

引导学生真正进入抛开固有的想法，转换角度，拓宽视野，重新认识身边的同伴。

---

① 本教案设计者：叶楚君，佛山市顺德区李兆基中学教师，编入本书时有改动。

五、活动形式：游戏、讨论、分享

六、活动时间：45分钟

七、辅导年级：高中学生

八、教案设计

（一）设计理念

团体辅导是通过成员的相互作用，使其增进自我了解、自我抉择、自我发展、进而自我实现的一个学习过程。在团体辅导中重在引导学生发现问题、引起冲突，然后引起思考与探讨，从而寻找解决的方案以及学习新的行为方式，而媒体、素材、活动等都是为辅导的目标而服务的。本辅导课程是关于人际关系适应方面的主题，着重透过团体辅导的模式，让学生在共同的活动中彼此交往、相互作用，通过心理互动的过程，探讨自我，尝试改变行为，进而改善人际关系。

（二）课程内容及辅导步骤

1. 课前安排：将学生按6人一组分成若干小组，每组成员围坐在一起；活动用的标签、白纸；幻灯片。

2. 暖身活动："蜻蜓点水"。

（1）环节操作：

每小组围成一圈，每人伸出右手的食指，垂直点在右侧同学的掌心上（如同蜻蜓点在水面上），彼此相连。当教师数到3，大家要尽力抓住相邻同学的食指（抓住你掌心上的蜻蜓），同时也尽力地让自己的食指逃脱别人的掌心（让食指扮演的蜻蜓飞走）。

（2）设计意图：

破冰，活跃气氛；引出——不同的个体，想法不一样，要把握对方不容易。

3. 体验活动："贴标签的人"

（1）环节操作：

①小组内，每人代表一种角色（如会计、医生、运动员、企业家、演员、生产工人）。

②根据彼此的角色，每个人作出自己心目中的选择。

选择一：最坚强的人

选择二：最脆弱的人

（让每个同学给心目中选择的对象贴上写有该特质的标签）

③呈现大家选择的结果（板书）

讨论、分享：

每个人的选择有什么不同？选择的原因分别是什么？（小组轮流发言）

从哪里看出来的，我们是根据什么作出判断的？

（2）小结。

我们通常根据个人经验、喜好、猜想来判断、评价一个人，形成相对固定的看法。

①讨论、分享：

究竟是甲更坚强还是乙更坚强呢？谁的选择对呢？

抛开你自己的选择，你觉得别的选择和评价有道理吗？

甚至可能有跟你相反的评价，你觉得有道理吗？

②小结：角度不同，认识就会不一样。

4. “换个角度再看看”

选出其中的一个角色，让大家再重新审视他，列出这个角色可能具备的多种特质，说明原因（小组轮流发言）。

设计意图：让学生自然地归纳出一种普遍的现象：一般情况下，人往往会根据个人的经验、喜好、猜想等来评判一个人，形成固有的印象，但转换角度，用开放的态度去看，就会得到不同的认识。

5. 实践：“用崭新的眼睛看对方”

（1）环节操作：

①教师指引大家各自在脑海里搜索三个同学（在纸上写下他的代号或名字，下面留出空位）：

A. 班上你很要好的一个同学

B. 班上你感觉比较陌生的一个同学

C. 班上与你有过不愉快的、有过误会的或者有过摩擦的同学

②教师进一步引导。

你曾经给他们分别贴过怎样的“标签”？（简要地写在其代号或名字的左下方）

③教师继续引导。

像刚才那样，开放你的心，打开你的视野，他们身上有没有一些东西是你之前还不曾发现的特点呢？（有的话，请写在其代号或名字的右下方）

（2）分享：说说你的新发现。

（如果学生愿意，让他说出心目中的那位同学是谁，并向心目中的那位同学说出自己的新看法、新认识）

（3）设计意图：

让学生产生新的体验，在班级团体内部尝试转换角度，更全面地认识同伴。

6. 讲述故事："婉转地拒绝"

①讲述完罗斯福故事后，让大家思考：在人际交往中，学会换位思考有什么意义？

②设计意图：通过故事，让学生体验换位思考的作用，初步培养在今后的人际交往中要有意识地进行换位思考的习惯。

7. 结束活动："把手展开，把心打开"

（1）环节操作：

①"蜻蜓点水"环节的状态，只伸出食指的手比喻的是封闭的状态，因为封闭，而与对方的手只有很小的接触面，比喻彼此的认识就只有那么一点点。

②大家怎样才能让彼此的认识更多一点？让彼此的手接触面更大？（把手掌展开，比喻把心打开）。

③大家借助彼此的手鼓掌（不光比喻把心打开，还比喻让心靠向彼此）。

（2）设计意图：

隐含"真诚相对，增强了解"的寓意，并掀起团队气氛。

【教案设计范例2】

人际交往中的合作与竞争①

一、教学内容

（一）教学内容所属主题：人际交往

（二）适合年级：小学/初中/高中

（三）所使用的故事：你与之交往的人决定你的未来

（四）学时：80分钟

二、教学设计

（一）教学目标

1. 认知目标：培养学生正确的合作与竞争意识，认识合作的重要性。

2. 情感目标：通过活动让学生有更多的感悟，让他们认识到：竞争与合作就在我们的身边，就在我们生活的方方面面，它促使我们超越自己，发展

---

① 本教案设计者：岑怡，华南师范大学心理系2011届毕业生，编入本书时有改动。

自己。

3. 能力目标：引导学生在竞争中力求沟通，在合作中追求自我优化，使学生可以更健康地发展。

（二）难点和重点分析

1. 难点：通过对于“囚徒困境”问题的思考、分析、讨论，让学生明白合作的重要性，并引出合作的条件和益处，同时也应该注意竞争的作用，明白竞争与合作间辩证统一的关系。

2. 重点：现阶段的青少年学生对命令式的方式会产生逆反心理。因此，必须用合适的方式让学生正确理解竞争与合作的辩证统一的关系。为此，课程组织学生展开心理游戏、集体讨论等环节，以喜闻乐见的形式吸引学生，满足学生的心理需求，在轻松愉快的氛围中接受并更好地领悟知识。

（三）学情分析

1. 现代社会是一个充满竞争的社会，缺乏良好竞争意识和能力的人是无法适应这个社会的。一个适应21世纪主流社会的人必定是一个能不断增强自我竞争力的人。另一方面，合作是社会兴旺发达的标志和可靠保证。一个缺乏合作精神的人不仅在事业上难有建树，而且也难以在激烈的竞争中立于不败之地。从某种意义上讲，人类社会发展的历史就是一部竞争与合作的历史。作为“地球村”中的“世界公民”，每个人必须同时具有竞争与合作的意识。

2. 传统教育主要关注学生之间的学习竞争，忽视合作。应试教育片面强调竞争，淡化合作，使学生形成了一种扭曲的竞争意识，认为竞争似乎就是把少数人的成功建立在他人失败的基础之上。

3. 当今中学生中存在着很多实际问题。许多学生因受社会功利化和学习竞争压力等因素的影响，同学之间缺少共情互助。容易以自我为中心；在与同学交往中把竞争看得过于重要，而忽略合作对自身发展的重要性。

三、教学过程描述

（一）故事引入，说明主题

讲述故事：“你与之交往的人决定你的未来”

设计意图：说明社会交往、合作和竞争对人生存的重要性。

（二）心灵体操：人际交往中的“红黑游戏”

1. 游戏规则：同桌之间相互挑战。每个人都有一红一黑两张牌，同时出牌6次，同时亮牌。黑——黑：各+3分；红——红：各-3分：红——黑：红+3分，黑-3分。每次出牌后记下自己所得分数，最后算出总分。

2. 思考讨论：最好的结果是哪些？你们对结果满意吗？游戏中，出黑牌意味着什么呢?，出红牌又意味着什么？出黑牌意味着：①希望与对方双赢，各得3分；②若对方出红牌会带来失去3分的后果。而出红牌则意味着：①希望自己得3分，对方失3分；②可能都失3分。

3. 分享：有竞争也有合作。出红牌意味着竞争，不仅自己要获得分数，而且要让对方失去分数。但在这个游戏中，我们的能力都势均力敌，每个人都不会一直出黑牌给对手机会。出黑牌意味着合作，不仅自己得到3分，也愿意对手获得3分，情愿与对方实现双赢。

“红黑游戏”的结果说明人际交往中有竞争也有合作，在实际中我们往往过分强调竞争而忽视合作的重要性。如果合作能够使双方利益最大化，取得成功，那又何必盲目竞争、两败俱伤呢。做人要善于与人合作实现双赢。该合作时不合作，互相猜疑，其结果必定是两败俱伤。

(三) 心理故事：“囚徒困境”

某日，一位富翁在家中被杀，财物被盗。警方抓到甲、乙两个犯罪嫌疑人。为了分化他们，警方将两人隔离审讯，并根据控辩交易制度告诉他们：如果两人都招供，则两人各判10年。如果两人都不招供，则两人各被判刑1年；如果一人招供另一人不招。招供者将无罪释放，另一人将被重判15年。

1. 思考讨论

由于隔离审讯，甲乙囚徒不得不仔细考虑对方可能采取什么选择。他们能实现都不招供的合作吗？甲囚徒在乙囚徒招供和不招供两种前提条件下，自己会怎样选择？乙囚徒在甲囚徒招供和不招供两种前提条件下，自己又会做怎样的选择?

2. 总结

导致“囚徒困境”的直接原因是因为两人相互猜疑，相互背叛。因此合作要相互信任，彼此忠诚，否则合作终将无法实现。导致“囚徒困境”的根本原因是自私，遇到困难只想自己而不考虑别人，损人利己。所以建立信任需要按你希望别人对你的方式来对别人，也就是说，如果你想别人对你真诚友善，你就要先对别人真诚友善，即做人要“与人为善”，“己所不欲，勿施于人”。

生活中的我们有时也会陷入所谓“囚徒困境”之中。例如，因别人的一句闲话，与多年的朋友分道扬镳；因以自我为中心，说话做事不考虑别人的感受等。人与人之间互不理解，互不体谅。每个人都只考虑自己的利益，而不去想是否影响了别人。当对待别人的一些不友好方式导致别人也以同样的方式对待我们时，我们已走进了“囚徒困境”之中。今天了解了这个故事，希望大家在今后生活中，要尽量避免“囚徒困境”的发生。

无论是“红黑游戏”还是“囚徒困境”，都着重强调合作的重要性，那是不是竞争就不重要了呢？当然不是。邓小平同志曾说过：“现代社会是竞争的社会，为了适应社会的需要，必须培养青少年的竞争意识。”竞争与合作也一样重要，二者并非绝对的敌对关系，而是辩证统一的关系。希腊的船业大亨欧纳西斯有一句名言：要想成功，你需要朋友；要想不断成功，你需要的是比你更强大的对手！

我们正处于一个社会飞速发展的时代。没有竞争的精神和实力肯定会被淘汰。没有合作的精神和意识，我们就没有生存的空间。因此，如何正确对待竞争与合作是一个十分重要的问题。

（四）讨论分析

1. 问题：对待竞争需要怎样的心态？需要避免什么？对待合作需要怎样的心态？需要注意什么？

2. 总结：对待竞争，不仅要有平常心，还要有自信和勇气，因为每个人都有自己优秀的一面。没有哪个人是绝对的完美，也没有哪个人是绝对的一无是处。不过要注意：竞争不能盲目。竞争应制定合理的竞争目标，选择恰当的竞争对手。不好高骛远，既要与人竞争，又要不断超越自我。竞争失败，要接受现实，只要在自己原来的基础上有所提高其实也是一种成功。与人竞争并非把对方看作绝对的敌人。竞争要公正、公平、公开，不能投机取巧搞不良的恶性竞争。

对待合作，要相互信任，相互支持，而不胡乱猜疑。但要注意：合作不能无原则性。合作并非不辨是非，与什么都合作。与好人合作，但不与坏人合作；与友善合作，但不与丑恶合作。

合作协助，友好竞争。人际交往间竞争不可避免，合作也不可缺少。竞争促进发展，合作拓展空间。

（五）总结

竞争与合作，只有把两者处理得恰到好处，才能最大限度地开发我们的潜能，促进自我的发展。一位心理学家曾说，当代中学生的成长就好比一棵树，一个枝丫叫做竞争，一个枝丫叫做合作，两个枝丫平衡发展，才能根深叶茂。

【教案设计范例3】

感念父母恩，表达心中爱[①]

一、教学内容

（一）教学内容所属主题：人际交往

（二）适合年级：小学/初中/高中

（三）所使用的故事：爱心的回报

（四）学时：80分钟

二、教学设计

（一）教学目标

通过让学生学会对父母感恩，从而学会感恩生活，感恩现在所拥有的一切。

1. 认知目标：感恩的含义和意义。

2. 情感目标：真切的感恩体验。

3. 能力目标：感恩、报答的意识和能力。

（二）难点和重点分析

1. 难点：使学生可以从父母感恩泛化到感恩生活，对现在所拥有的一切学会感恩和珍惜。

2. 重点：唤起学生对父母的注意，让他们敢于表达出自己对父母的爱。

（三）学情分析

初中生正处于一个叛逆的时期，很多时候不了解父母的苦心，对父母的付出视若无睹，甚至误解父母，与父母发生冲突；另一方面，他们内心实际上也很渴望与父母交流，只是苦于不知道用什么方法，或者羞于表达出自己对父母的爱。设计这个课程，通过让学生学会对父母感恩，从而学会感恩生活，感恩现在拥有的一切。

三、教学过程描述

（一）故事引入

讲述故事“爱心的回报”，然后问大家两个问题——“你为父母做过什么?”、“父母为你做过什么?”请几位学生发言。目的是让学生对比自己为父母做的和父母为自己做的事情，体会到父母对自己的付出。

---

① 本教案编写者：李舒婷，华南师范大学心理系2011届毕业生，编入本书时有改动。

（二）忍痛割爱

从第一环节的问题引入另一个问题，你生命中最重要的东西包括父母吗？如果要你放弃生命中最重要的东西，你会先放弃什么？

1. 规则：

每人准备一支笔、一张纸，把平时最珍爱的五样东西写在上面。这五样东西中有两样必须是“我”、“父母”。

共分四步进行，每一步都描述一种情景，该情景由教师念出，并引导学生投入到情景中去。学生根据情景，在每一步中分别划掉他想要放弃的事物。实验结束后把学生引导到现实生活。告诉他们什么都没有失去过，并请学生先交流，再请几位学生在全班人面前表达自己的感受。

2. 情景描述：

（1）每人准备一支笔、一张纸，把平时最珍爱的五样东西写在上面。接下来，你将会带着这五样东西踏上你远航的船，开始你的冒险旅程，追逐梦的彼岸。这五样东西可以是物质上的，如食物，金钱等，也可以是精神上的，如爱情，友情等。此外，这五样东西中有两项必须是“我”、“父母”。

（2）大家都准备好自己最珍贵的五样东西没有？要确保这五样东西是自己最珍贵的。好，那你的冒险旅程现在出发。这是一个虚拟的世界，但是却来源于我们的生活。或许有的你已经经历过，当然也有一些是将来会发生在你身上的。所以接下来，希望大家好好地感受自己所面临的情景，不管是好是坏、得到的或失去的，都需要我们好好地去感受那一份心情，因为生活本来就是如此。带着这五样东西，这是我们最珍贵的，相信对大家来说，这就是我们生命的意义所在。你开始起航了。

（3）你的船在海洋上乘风破浪，时间过得很快，一个星期之后，你的船已经把海岸抛得远远的了。但是这个时候你的船只已经经受不了你所带的东西的负荷。为了使你的船继续顺利地前进，你不得不丢弃一样东西。这五样东西对你来说，都是那样的重要，那你要舍弃哪一样呢？丢了它，你舍得吗？会心疼吗？但是你不得不舍弃，因为你要继续往前，因为生活不会因为你失去了什么而停滞不前。举起你的笔，用力地把你要丢弃的划去，但是你要知道，划去了它就意味着你将永远失去。这就是生活，它不是完美的，你现在拥有的，总有一天是会失去的，你必须作出选择，要不然你失去的将会是所有。划掉了吗？有什么感受呢？记住这时刻，记住这一刻的感受，因为你失去了你人生五样最珍贵的东西当中的一样，你不再拥有它了。

（4）当你舍弃了一样东西后，我们的船也可以继续顺利地航行。东西少了，船好像也轻快了。又过了一个星期，你的船再一次支撑不住了，因此，和上次一样，你不得不再丢弃一样东西。可是现在，你该放弃哪一样呢？你刚才已经选择过了，已经心痛过了，因为失去了一样你视为最珍贵的东西。你只拥有你最重要的四样，但是现在要再丢弃一样。现在，我们又应该丢弃哪一样呢？同样地，丢弃了，就再也不能拥有了。好，举起笔，再用力地把你现在想要丢弃的东西划掉，狠心地丢弃，因为你别无选择。

(5) 来到第三个星期，你离你的彼岸也越来越靠近了，那就是你想要得到的梦的天堂。可是，似乎上天在嫉妒你，嫉妒你所拥有的三样最重要的东西。它要你再从这三样东西中舍弃一样，因为你的船再一次承受不了了。不是你带的太多，而是你的心太重了。但是不管怎样，现在你面临的是放弃你所剩下的最珍贵的三样东西之一。从你的船开始起航到现在，你已经一再失去了，现在你还是要继续失去你所拥有的，你认为对你来说是最珍贵的。尽管你手中所拥有的不多，但是还是要舍弃。而这一次，你则要进行更艰难的抉择，因为已经是你所拥有不多，仅剩的一点珍贵呢，还是可以比之前更容易地选择出你可以舍弃的，因为失去得多了，已经习惯了呢？可是，你舍得放弃吗？现在在你手上的可是你最最珍贵的。看，你现在手上的还剩下什么？是你自己？是父母？还是一直坚持着的理想？又或者说是友情、爱情？每一样对你来说都是那样的可贵，可是你不得不放弃其中一样。你要放弃哪一样呢？放弃了，就真的没了，从此以后都没了。下定决心了吗？你的船还要继续航行。来，举起你的笔，用力地划掉你即将要舍弃的东西。

(6) 好了，又一个星期过去了，舍弃了的，已经舍弃，你不再拥有它们。来到这里，你已经可以遥望到你梦的彼岸了。此刻，你的心情是否很激动？失去了那么多，最后你终于要来到你的这一片快乐的天堂。可是为什么总觉得你的船越驶越慢呢？原来，经历了这么长的一段时间，你的船已经不堪重荷了。没想到上天对你是这样的残忍，但是现实中生活又何尝不是这样呢！你快要到达你的目的地了，可是最终只能剩下一样东西。在生命中，有过你自己，养育你的父母，陪伴你长大的伙伴和朋友，教导你传授给你知识的老师，你为之而拼搏的理想，你赖以生存的食物，可以满足你的物质上甚至是精神上的需求的金钱，等等。但是这一刻，那些都已经成为过去。你舍弃过的，永远不再回来了。这一刻，你还剩下什么？在你生命中如此重要、你怎样都不舍得放弃的东西会是什么？其实仔细想想，有了这两样东西，是不是就等于找到了天堂？与它们相伴的日子里，你是否感受到快乐？还是要即将失去的时候，才痛哭流涕后悔没有好好珍惜？然而，无论你现在的心情怎样，你依然需要再次作一个残酷的选择。举起笔，用力地划掉你仅剩的两样东西中的一样。可以下得了手吗？你犹豫过吗？还是那么狠心地丢去？划掉了，就没了，彻底地没了。你要向它挥手告别了，因为它将永远成为过去。感觉怎样呢？心会痛吗？心痛的感觉是怎样的？但是为什么要是那一样，如果再给你一次机会，你会怎样选择呢？是依然划掉它，还是划掉现在剩下的那一样？

（三）手语教学

教几个简单但有意义的手语："我爱你"、"你们辛苦了"、"世上只有爸爸妈妈好"。目的在于以手语的形式来让羞于表达的学生可以用这种特别的方式来表达，使学生感兴趣，并且乐意学。

（四）总结环节

观看玉树地震的相关图片，然后叫学生每个人拿出本子或纸，让他们把"假如这样的灾难发生在自己身上，你还有多少事情想为父母做却还没有来得及做的呢？"写在纸上。在学生写的过程中，一边播背景音乐，教师一边诱发学生的情绪。最后请几个同学起来分享一下。通过最后的总结，让学生意识到自己的生活是美好的，有父母的疼爱是件幸福的事情，是件值得感恩的事情，并且从感恩亲情扩展到感恩生活、感恩拥有。

【教案设计范例 4】

如何经营友谊①

一、教学内容

（一）教学内容所属主题：人际交往

（二）适合年级：初一、初二、初三

（三）学时：80 分钟

二、教学设计

（一）教学目标

1. 情感目标：引导学生去感受同伴友谊的重要性和宝贵性。

2. 认知目标：引导学生去反思现阶段他们在同伴交往上会遇到的问题以及探讨其原因，主要是围绕缺乏理解、宽容和沟通。

3. 能力目标：帮助学生形成解决现阶段他们在交往上的问题的具体措施，鼓励他们以一颗理解、宽容的心来经营同伴友谊。

---

① 本教案编写者：李静娴，华南师范大学心理系 2011 届毕业生，编入本书时有改动。

（二）教学重点、难点

1. 重点：引导学生如何通过有效的沟通去解决同伴交往问题。

2. 难点：如何引导学生保持宽容、理解的交友态度。

（三）学情分析

根据个体心理发展特点，对于步入青春期的初中生来说，自我同一性混乱是其发展的必经期。由于对自我的过分关注，初中生在人际交往中会表现出缺乏理解、宽容和沟通，同时，由于性的萌动，他们在异性交往上往往也很难去把握恰当的分寸；而另一方面，对于开始脱离父母，心理和生理日趋成熟的初中生来说，良好的人际关系又是其健康发展的重要影响因素。因此，引导初中生建立一个积极向上的人际交往观和掌握合理的交往技巧是极为需要的。

三、教学过程描述

（一）导入

讲述故事："做心胸开阔的诤友"

教师：在同学们心目中，你的朋友之所以被你称作"朋友"是因为什么呢？我们下面通过一个"友谊接力棒"来互相了解一下。

1. 总结：同学们在进行这个"接力棒"的时候有什么感觉呢？在心里有没有一种"啊，原来他在我心目中是这样的"感觉呢？如果没有这个"友谊接力棒"，同学们觉得自己平时会不会去想这个问题呀？有事没事的时候就自己反思一下："……是我的朋友，他之所以是我的朋友是因为……"没错！在日常生活中，我们是很少那么特意、认真地去想这个问题的！但是，朋友之间有时候也是需要反思的。所以，接下来希望同学们把自己的心带进来，用心去感受和反思自己的和其他同学的有关朋友的看法和经历。

2. 设计意图：通过一个故事以及"友谊接力棒"引出本节课的主题，一起跟唱有助于在开始就调动学生的积极性和注意力。以"友谊接力棒"首次调动学生的思考，并提出课堂期望。

（二）友谊晴雨表

1. 引入语：刚才我们一起分享了我们心目中的某一位朋友，但现实中我们的朋友肯定不止一个。那么，为什么是他们成了我们的朋友呢？其实我们每个人对自己现在的朋友和未来的朋友都会有一个期望，希望他可以……；不要……下面让我们一起将这个友谊晴雨表填充起来，看看我们所期望的朋友是怎样的。

让学生轮流用一个词来概括，可重复，用正字法记录。

2. 总结：同学们看到这个结果，有什么想法？（原来大家都喜欢……的朋友，原来那么多人都不喜欢朋友……原来我的……坏习惯会给别人造成困扰以至于他不喜欢和这样的人做朋友……）根据反馈结果作总结，主要是引导学生从自我及他人角度来看这个择友期望，反思自己在对他人提出期望时自己有没有符合别人的期望。

3. 设计意图：通过列“友谊晴雨表”，让学生了解彼此的择友期望，进而反思自己有没有符合别人的择友条件。

（三）故事扮演：“陈明的故事”

教师：通过“友谊晴雨表”我们了解了彼此对于朋友的期望，但是那毕竟是一种理想状态，在现实生活中，即使朋友有点自己不喜欢的小毛病，大多数情况下我们都还是可以接受，毕竟我们都明白“金无足赤，人无完人”，是吧？但是，也有些问题是我们所不能忽略的，因为一旦没处理好，友谊就会受到很大的伤害，甚至留下一个长久的遗憾和伤疤。下面我们一起分享一下“陈明的故事”中这位主人公关于友谊的故事，同时想想他们为什么曾经一度陷入友谊危机，后来又是怎样化解的。

（挑选两名学生来扮演“我”和陈明，课前确定人选及排练。）

1. 让扮演者分享感受。

2. 讨论：

（1）“我”与陈明是因为什么而导致友谊破裂？

（2）后来我们又为什么和好了？

（3）怎样才能维持良好的友谊关系呢？

3. 总结：

朋友间需要正直诚实，不包庇，互相帮助齐奋进。同时也应该不斤斤计较，而要互相谅解，有错时需勇敢地作自我批评。

4. 设计意图：

通过“陈明的故事”的投射，引出并讨论“朋友间应该保持真诚与宽容”。

（四）交友 ABC

1. 引入语：在平时的朋友交往中，我们会给予，会收获，感受到朋友间真挚的关怀，同时我们也会因一些问题发生分歧，甚至冲突。下面让我们来逐一讨论一下吧。

（1）感激。

你生了一星期的病，没上学，朋友每天放学后帮你补课，使你很快跟了上来。请说一句感激的话。

你心情不好，朋友主动听你倾诉，当你把烦恼都说出来后，心情好多了。请说一句感激的话。

总结：当朋友帮助了你，你应当用恰当的语言表达你对他行为的感谢，切不可因为是朋友，就觉得理所当然或无所谓。

（2）气愤。

与朋友约好去书店买书，结果他没来。请说一句表达自己不满意甚至气愤，但不至于使朋友之间翻脸的话。

朋友借了你最喜欢的笔用，用了好些天后还给你时发现墨已经快用完了。这时，请你说一句既能表达出你的感受又不会致使友情破裂的话。

2. 总结：朋友之间，难免也会有矛盾，闹别扭。如果解决的方法不恰当，友谊会冷淡、降温，甚至可能会破裂。所以，当有了别扭时，双方应当开诚布公，不失礼貌地谈开，使友谊得到维持和巩固。

（3）拒绝。

同桌要你答应在考试时让他看你的卷子，你该怎么办?

朋友约你旷课去玩电子游戏，你该怎么办?

总结：面对消极压力，拒绝比顺从需要更大的勇气，应当坚决地拒绝。但拒绝的话语应该委婉、得体。

2. 设计意图：

通过从“感激、气愤和拒绝”三方面设置问题情境，引导学生学会有效地通过沟通去解决。

（五）课程总结

1. 播放缓和音乐。

2. 在音乐背景下，教师朗读：

也许，你的朋友曾经做过一些让你感动的事情，请真诚地说一声“谢谢”。

也许，你和你的朋友曾经产生过某些误会，请真诚地问对方“你还愿意继续做我的好朋友吗”。

也许，你曾经不小心做过一些让朋友伤心的事情，请真诚地向你的朋友说一声“对不起，请你原谅”。

也许……

3. 结语：

友谊是我们人生当中的宝贵财富，

让我们一起努力经营，

成为一个富有的人！

愿我们的友谊地久天长！

通过“说说心里话”回归感性的层面，让学生在反思中结束课堂。

四、本主题拓展资料

（一）人际交往的润滑剂

1. 真诚的微笑

真诚的微笑不但可以使人们和睦相处，还能给人带来极大的成功。美国“旅馆大王”希尔顿独霸“皇后”、“皇帝”两座饭店，就是因为提供了微笑服务。用微笑来应急是一件相当好的事，微笑充满一种神秘的色彩，当你微笑时，是用一种无言欣赏来回答，会使对方感到温暖舒服。

2. 迷人的个性

有一种个性最迷人——就是对他人的生活、工作表示深切的关心和兴趣，迷人的个性最核心的要素是：培养说话能力，使自己说话有分量，有说服力，而且能运用到演讲上去。

3. 敢于认错

你只有先承认自己弄错了，别人才可能和你一样宽容大度，认为他自己有错。美国总统罗斯福入白宫后，他说：“如果我的决策能达到75%是对的，就是预期的最高目标。”一个有勇气承认自己的错误的人，也可以获得某种程度的满足感。这不但可以消除罪恶感和增加自我保护意识，而且还有助于解决这项错误所造成的问题、麻烦与不幸。

（二）赞美可以改变人的一生

威廉·詹姆士说：“渴望被别人赏识是人最基本的天性。”希尔的《成功学》认为：人类本性最深的需要是渴望别人的欣赏、接纳和赞美，一句话可以使人愉悦，使人振奋，甚至能改变自己的一生。“夸奖”和“拍马屁”不同。夸奖是一门艺术，可以使别人和自己快乐，而“马屁功夫”则是阿谀奉承且庸俗的东西。赞美和恭维像一对双生子，往往难以辨别。它们一个是真诚，另一个是不真诚；一个是发自内心，另一个是出自喉咙。从心理学的角度来看，有效的赞美能给人带来愉悦和自信；能抚平人心灵的创伤；能满足人的尊重需要；能使人真实地认识自我；能成为人学习、生活和工作的最佳动力。从社会学的角度来看，赞美是一种有效的交往技巧，能有效地缩短人与人之间的人际心理距离。

卡耐基由一个公认的坏男孩成为一个成功人士，与其受到继母的赞美有很大的关系。

卡耐基9岁时，父亲把继母娶进家门。父亲一边向继母介绍卡耐基，一边说："亲爱的，希望你注意这个全郡最坏的男孩，他已经让我无可奈何。说不定明天早晨以前，他就会拿石头扔向你，或者做出你完全想不到的坏事。"出乎卡耐基意料的是，继母微笑着走到他面前，托起他的头认真地看着他。接着她回来对丈夫说："你错了，他不是全郡最坏的男孩，而是全郡最聪明、最有创造力的男孩。只不过，他还没有找到发泄热情的地方。"就是凭着这句话，卡耐基和继母开始建立友谊。也就是这句话，成为激励他一生的动力。在继母到来之前，没有一个人称赞过他聪明。

卡耐基14岁时，继母给他买了一部二手打字机，并且对他说，相信你会成为一名作家。卡耐基接受了继母的礼物和期望，并开始向当地的一家报纸投稿。他了解继母的热忱，也很欣赏她的那股热忱，他亲眼看到她用自己的热忱，如何改变了他们的家庭。所以，他不愿意辜负她。来自继母的这股力量，激发了卡耐基的想象力，激励了他的创造力，帮助他和无穷的智慧发生联系，使他成为美国的富豪和著名作家，成为20世纪最有影响力的人物之一。

（三）批评的艺术①

俗话说，一句话说得你笑，一句话说得你跳。一不小心用词不当，就会引起人们之间的负面情绪，导致人际冲突。这里介绍一种提出批评的"三段式"表达法，也许会让你找到满意的答案。

A. 指出对方的所作所为；

B. 指出对方的行为对自己产生了怎样的影响或伤害；

C. 指出自己希望对方如何做。

人们在沟通时由于碍于面子或者赌气，往往不能完整地使用"三段式"批评，从而造成紧张的气氛。少了其中的某一部分，会使我们的建议、批评失去功效，更有甚者会适得其反，破坏人际关系。如果少了A，对方受到了

① 摘编自：原蓉霞．批评的艺术［J］．心理与健康，2011（8）．

指责，却不知到底是为了什么，无端受到指责，很容易被惹怒；如果少了 B，对方不知他的行为究竟错在哪里，如何伤及了提出批评者；如果少了 C，对方则不清楚怎样才能弥补过失。

例如，你外出度假回来后，发现自己的床被某舍友睡过，而且没有收拾整齐。根据三段式批评，不妨这样说：

A. 我不在的这几天，你睡了我的床，并且没有按照我原来的样子整理好；

B. 你这样的行为让我觉得很不舒服，我想，如果我把你的床弄乱了，你同样也会不舒服的；

C. 我希望你以后尽量使用你自己的床，如果需要用我的床，也请你用完之后按照原来的样子整理好，这样我会感觉舒服一些。

由于批评者的话语既文明又有效，不盲目发泄情绪，理智而明晰，既让对方感觉到受到了尊重，同时也更愿意听从批评者的意见和主张。

（四）中学生交往中的不良心理及矫正

1. 自我中心

这种不良心理有时表现为个性孤僻，不合群，不顺心时爱与别人赌气，总感到周围的人都不理解他或对不起他。有时表现为与人交往时，不管什么事总要大家依着顺着。有时还表现为自己做错了事不但不承认，反而去怪罪别人。以上表现的根源可以说都是自我中心在作怪。如果没有及时加以纠正，可能会使心理变态，导致产生反社会人格障碍或偏执性人格障碍，最终导致不择手段地报复他人，给他人、家庭及社会造成严重危害。要克服自我中心，最根本的一点是改变自己不恰当的处世态度和生活方式，积极参与各种社交活动，以平等的态度与人交往，多看别人的长处，反思自己，学会正确评价别人和自己。

2. 嫉妒

嫉妒是一种含有对竞争对象的反感、憎恨、恐惧等多种情绪成分的不健康心态。常见的嫉妒心理有以下三种表现形式：

（1）“你行，我偏叫你不行”，即当他人在某些方面超越自己时便极力诋毁他人。

（2）“我行，你就别想行”，即当嫉妒者在某些方面超越他人时，为了保证优势，产生恐惧和排他性。

（3）“我既不行，叫你也别想行”，即明知自己无法达到实现某种目标的条件，也不愿别人成功，从而便极力破坏别人成功。严重的嫉妒心理，会产生攻击性行为。

嫉妒心理的消除，可以通过以下方式①：

（1）将他人的成功与自己的成功关联起来。这样就能“心底无私天地宽”，不仅会免除嫉妒痛苦，而且还会更容易得到他人的帮助，使自己和他人共同成长。

（2）用全面和辩证的观点看待自己的现状。好与坏都是相对的，好事与坏事也是可以相互转化的。人生总有不如意之事，所谓“人人都有本难念的经”就是这个道理。

（3）以长比短法。不要一味地将人之长比己之短，而是进行全面的比较，并适当地以己之长比他人之短。比的方法对了，比的角度对了，不愉快的情绪就会减少。

（4）从自身原因出发，更加发奋努力，不断提高自身的能力与实力，用充实的行动化解嫉妒心。培根说过：“每一个埋头沉入自己事业的人，是没有功夫去嫉妒别人的。”

3. 害羞与胆怯行为

害羞与胆怯行为具体表现为：与人接触畏首畏尾，眼睛不敢正视对方；讨论问题时不敢发表自己的看法；上课不敢发言，唯恐出错；被老师提问，心会跳得厉害，声音变调，说话不清楚；交办事情推推拖拖，生怕做不好；尤其是在公共场合或有异性在场时，更是异常紧张等。克服害羞的建议：解放思想，提高自信；淡化“自我评价”，避免投入过多的意识倾向；勇敢投入社会生活，下决心改变一切；学会一些交往的技巧。一位心理学专家说：“在20岁左右，担心别人说什么；40岁不再担心别人说什么；60岁时回头想想，别人根本就没有说你什么！”

（五）正确看待异性交往

受中国传统思想影响，异性交往常被视为神秘话题。作为家长和教师有必要教育学生学会正确地看待异性交往，并掌握异性交往的原则。

从心理学和社会学的角度，异性交往是具有不少积极意义的。首先，可以使不同性别者在智力上取长补短。其次，男女之间除生理上有巨大差异外，在性格与气质方面也有截然不同之处。例如，男性刚强、坚毅、豁达、粗犷、

① 摘编自：高雅莉．人际关系中嫉妒心理的产生及矫正［J］．科技致富向导，2011（30）．

擅长逻辑思维等；女性端庄、文静、细腻、易同情人、善于具体形象思维等。男女交往可以互相取长补短，互相提高。再次，异性交往可使双方心情上得到愉悦感，互相激励前进。进入青春期的中学生普遍出现对异性产生神秘、好奇并想接近异性的心理倾向，异性间的交往是对这些心理和需要的满足，自然会使男女双方精神焕发，感受到激荡心灵的愉悦感，从而激发内在的积极性和创造力。从长远的角度看，异性间的交往还能增进双方的性心理健康和增强日后处理婚恋问题的能力。在正常的交往中积累异性交往经验，便能较好地区分友谊与爱情，为今后进入婚恋期打下基础，更稳妥地把握好自己的情感，从而能严肃、认真、负责地择偶，缔造幸福的婚姻。

为更好地发挥异性交往的优点，青少年在与异性交往时应注意以下几点：首先，要端正态度，培养健康的交往意识，淡化对对方性别的意识。其次，要广泛接触，避免个别接触，交往程度宜浅不宜深。再次，交往关系要疏而不远，若即若离，把握两人交往的心理距离，排斥让彼此感到过于亲密而引起心绪波动的接触。最后，在与异性交往过程中，言语、表情等要做到自然顺畅，既不盲目冲动，也不矫揉造作。与异性交往的程度和方式要为大多数人所接受。

第四部分　学习策略

一、主题介绍

在当今迅速发展的社会中，一个人如果仅仅依靠在学校中所获得的知识，将很难立足。

联合国教科文组织出版的《学会生存》一书中，有这么一句名言："未来的文盲，不再是不识字的人，而是没有学会怎样学习的人。"古人云："学而不思则罔，思而不学则殆。"笛卡尔曾经说过："最有价值的知识就是方法的知识。"在知识剧增的现代社会，能否掌握学习策略已成为衡量学生是否会学习、是否会思考的重要标志。学会学习，就是掌握正确的学习方法，从繁杂的知识中吸取精华。只有学会学习，才能在知识的宝库中吸取全面的丰富的知识，否则在当今信息爆炸、日月更新的知识面前只能感到一片茫然。学习者掌握适合自己的学习策略有利于其在学习活动中提高效率、培养技能；有利于培养学习者的创新意识、创新精神和创新能力等；有利于适应现代社会对知识需求量增大的状况，符合终生教育、终身学习的理念，为其后继学习做好准备。因此，如何让学生学会学习，成为近年来学校教育十分关注的问题之一。

（一）学习策略的定义

1956 年，布鲁纳等在研究人工概念的学习过程中提出的"认知策略"一词，揭开了关于学习策略研究的序幕。布鲁纳认为，学生学习不仅是掌握一定知识、技能，还要掌握一套如何进行学习的技术和方法，培养独立钻研的能力与创造精神。这一观点提出后在教育界引起很大的反响，重视学生"学习策略”的掌握成为教育改革的一个重要思潮。

自布鲁纳之后的半个世纪以来，研究者基于不同视角对学习策略的定义提出了各自的看法。国外关于学习策略的主要定义有：学习策略是学生用于获取、保存与提取知识和作业的各种操作的程序（Rigney，1978）；学习策略是指在学习过程中，任何被用来促进学习效能的活动（Mayer，1986）；学习策略是引导成功地执行学习任务的认知计划，它包括了选择和组织信息，复述学习材料，提取记忆中的信息，增进理解材料的意义（Pressley，1990；Weinstein & Mayer，1986）。学习策略还包括激发与维持积极的学习心态，如克服考试焦虑的方法，提高自我效能感、合理的学习价值观，以及培养积极的学习期望和态度。尼斯比特（Nisbet，1986）等从信息加工的角度出发，认为“学习策略是一系列选择、协调与运用技能的执行过程”。综合不同的学者提出的学习策略的概念，归纳起来大致可以分为三类：第一类是把学习策略看作是学习过程中信息加工的程序、方法或者规则，即学习策略就是学习方法。第二类则把学习策略看作是对学习过程中的信息加工进行调节和控制的技能。第三类把学习策略看作是学习过程中信息加工的方法与调控技能的结合。

在国内，有关学者也对学习策略的内涵提出了自己的观点。如史耀芳认为，学习策略是学生在学习过程中，为达到一定的学习目标，有意识地调控学习环节的操作过程，是认知策略在学生学习活动中的体现形式；魏声汉指出，学习策略是学习者根据学习情境的特点和变化而采用的达到一种或多种学习目标的学习方式；刘儒德曾从信息加工心理学角度对学习策略的实质进行阐述，认为学习策略是学习者为了提高学习效果和效率，有目的、有意识地制定的有关学习过程的复杂方案，其目的在于帮助学习者控制学习的信息加工系统，以便更好地存贮和提取信息。

综上所述，学习策略是学习者在学习过程中，为了完成一定的学习任务与目标，促进知识的获得与保存，所采用的有效的认知活动，具有主动性、有效性、过程性和程序性等特征。学习策略是学习者在学习过程中积极操纵信息加工活动，以提高效率的任何活动。

（二）学习策略的种类

上面我们提到对于学习策略的定义众说纷纭，这也使得对于学习策略的分类，不同的学者提出了不同的看法。具有代表性的是丹瑟洛（Dansereau，1985）的二分法和迈克卡（Makeachie，1990）等人的三分法。

丹瑟洛认为学习策略由主策略和辅策略两部分组成。主策略即学习方法，是具体直接地操作信息的方法和技能。主策略包括理解—保持策略和检索—应用策略。辅策略则作用于个体，用来帮助学习者维持一种合适的内部心理定向，以保证主策略有效地起作用。辅策略包括目标定向和时间策划、注意力分配、自我监控和诊断等策略。

迈克卡（Makeachie，1990）等人则根据学习策略所涵盖的内容将学习策略分为认知策略、元认知策略和资源管理策略。其中认知策略分为复述策略、精加工策略和组织策略；元认知策略分为计划策略、监视策略和调节策略；资源管理策略则是辅助学习者管理可用的环境和资源的策略，对学习者的动机具有重要作用，主要包括时间监管、学习环境管理、努力管理以及他人的支持等，如图4－1所示。

- 学习策略
  - 认知策略
    - 复述策略：重复、抄写、记录、下划线等
    - 精加工策略：想象、口述、总结、笔记等
    - 组织策略：组块、要点、提纲、知识图等
  - 元认知策略
    - 计划策略：目标设置、浏览等
    - 监视策略：自我检查、注意、领会等
    - 调节策略：重读、复查等
  - 资源管理策略
    - 时间监管：建立时间表
    - 学习环境管理：寻找安静的地点，固定的地方等
    - 努力管理：归因于努力、调整心境、自我强化等
    - 他人的支持：教师帮助、伙伴帮助、小组学习等

图4－1　迈克卡等人的学习策略分类

我国心理学家莫雷等在迈克卡等人对学习策略分析的基础上，将学习策略进行了分类。与迈克卡相同的是将学习策略分为认知策略、元认知策略和资源管理策略三大类型，不同的是将其中的认知策略细分为陈述性知识的策略和程序性知识的策略（即思维与解决问题策略）。陈述性知识的策略包括复述、精加工与组织等策略；程序性知识的策略包括表征问题、解决问题和思路总结等。

- 学习策略
  - 认知策略
    - 陈述性知识的策略
      - 复述策略：重复、抄写、下划线等
      - 精加工策略：想象、总结、类比等
      - 组织策略：要点、提纲、知识图等
    - 思维与解决问题策略
      - 表征问题
      - 解决问题
      - 思路总结
  - 元认知策略
    - 计划策略：目标设置、浏览等
    - 监视策略：目标监控、策略监控等
    - 注意策略：自我管理、抑制分心等
  - 资源管理策略
    - 计划和时间管理
    - 学习环境管理
    - 学习资源的充分利用

图 4－2　莫雷等人对学习策略的分类

（三）学习策略的掌握

我国古代也有不少关于学习策略的论述：“学然后知不足，教然后知困。知不足，然后能自反也；知困，然后能自强也。”（《礼记·学记》）；孔子曰：“学而不思则罔，思而不学则殆。”（《论语·为政》）；朱熹言：“读书不可不先立程限。”（《朱子语类》卷十）韩愈道：“记事者必提其要，纂言者必钩其玄。”（《进学解》）

那么，应该怎样促进学生对学习策略的掌握呢，或者说教师可以通过哪些途径促进学习策略的教学？研究者总结了以下几点①：

1. 明确学习策略教学的目标

学习策略教学的目标是使学生在掌握学科知识的同时学会比以往更有效、更快速、更精致地学习的方法和规则，针对某一类问题由不能使用学习策略向在教师引导下能认识和使用学习策略转化，直到最终形成自动、自觉地使用学习策略的行为习惯，实现其知识的自主、快速、有效地增长与优化。学习策略教学强调书本知识与学习策略知识“双重知识”的掌握。为达到这一教学目标，要求教师在授课的过程中有意识地创造机会让学生体悟其学习过程，并将之与教师所呈现的学习策略加以比较，通过比较、分析与鉴别，有意识地优化学生自己的学习策略。

① 毕有余，赵晓杰．学习策略的培养：从自发掌握到自觉教学［J］．东北师范大学学报（哲学社会科学版），2008（6）．

2. 学习策略教学应遵循一定的原则

学习策略教学要遵循任务原则、时间原则和年龄原则。任务原则是指每个教学活动中都要有多个有机联系的任务以保证学生在教学活动中得到充分的训练。时间原则是指要有计划地安排任务出现的时间，以确保学生对认知策略的及时巩固和提高。年龄原则，一方面是指认知策略的传授要适应学生的年龄特征；另一方面是指在认知策略的教学中要保持类似任务的渐进性，以确保学生对策略的巩固使用、迁移提高。

3. 在学习策略教学中强调方法的迁移

元认知是学习策略迁移的关键。教师首先可以从元认知的训练入手，让学生学会对自己的认知活动进行监控。学习策略训练与学科教学相结合有助于策略的迁移。各学科之间尽管有许多不同之处，但共同点在于认知规律是一样的。结合学科进行训练时要尽可能不用该学科的术语。除此之外，教师在教学习策略的同时要向学生讲清学习策略的使用条件，使策略性知识在一定条件下得以广泛运用。总之，在学习策略教学中，教师必须为迁移而教，使学生由不懂、不会用策略到会用策略，最后实现自动化。

4. 加强对学生元认知的指导

学习困难的学生大多存在元认知问题。教师可以通过让学生自我提问的方式，如“这个问题是什么”、“过去见过这类问题吗”、“我能用这个方法做其他的题吗”，促进他们不断自我反省、自我批判。教师也可以让学生通过相互提问的方式来培养元认知能力。学生懂得了元认知策略后，还可以辨别学习材料和学习情景的特点，根据不同的学习活动选择适当的学习策略。从这个角度讲，元认知策略的掌握不仅有利于智力发展、认知水平提高，而且对学习策略迁移也是必不可少的。

5. 符合学习策略教学对象的发展阶段

学习策略教学是一个长期、渐进的过程，教师应针对不同年级或年龄的学生合理地选择学习策略教学的传达方式。研究表明，小学一年级的学生已具有中等运用组织策略的能力，在教师的策略指导下可以学会使用组织策略，但不能有效地提高回忆量。三年级学生很容易通过策略训练并且学会使用组织性策略，而且通过使用策略能显著提高回忆量。五年级学生则处于成熟运用策略阶段，在记忆情景中能自发地运用组织性策略，对回忆具有积极的效果。因此，应该对低年级的学生进行标识策略的训练，对中、高年级的学生进行复述和组织策略的教授和训练。

下面我们就通过五个古今中外名人的学习故事，并结合自己的学习经验总结出适合自己的学习策略。

二、故事赏析

故事赏析1：庖丁解牛

【故事介绍】

庖丁为文惠君解牛，手之所触，肩之所倚，足之所履，膝之所踦，砉然向然，奏刀騞然，莫不中音。合于《桑林》之舞，乃中《经首》之会。

文惠君曰："嘻，善哉！技盖至此乎？"

庖丁释刀对曰："臣之所好者道也，进乎技矣。始臣之解牛之时，所见无非牛者。三年之后，未尝见全牛也。方今之时，臣以神遇而不以目视，官知止而神欲行。依乎天理，批大郤，导大窾，因其固然，技经肯綮之未尝，而况大軱乎！良庖岁更刀，割也；族庖月更刀，折也。今臣之刀十九年矣，所解数千牛矣，而刀刃若新发于硎。彼节者有间，而刀刃者无厚；以无厚入有间，恢恢乎其于游刃必有余地矣，是以十九年而刀刃若新发于硎。虽然，每至于族，吾见其难为，怵然为戒，视为止，行为迟。动刀甚微，謋然已解，如土委地。提刀而立，为之四顾，为之踌躇满志，善刀而藏之。"

译成现代汉语是：

庖丁替文惠君宰杀一头肉牛。庖丁的手所接触的地方、肩所靠着的地方、脚所踩着的地方和膝所顶着的地方都发出皮骨相离声，刀子刺进去时响声更大，但这些声音没有不合乎音律的。他宰牛时的动作就像踏着商汤时代的乐曲《桑林》起舞一般，而解牛时所发出的声响也与尧乐《经首》十分合拍。

文惠君赞叹道："啊呀！真了不起！你宰牛的技术怎么会高明到这种程度呢？"

庖丁放下刀子答："我做事比较喜欢探究事物的规律，因为这比一般的技术更高一筹。我刚开始宰牛的时候，眼前所见无非就是一头牛。我有了三年的宰牛经历以后，再看牛时，出现在眼前的就不是一头牛（而是许多可以拆卸下来的零散结构）。现在我宰牛只需顺着牛体的肌理结构，劈开筋骨间大的空隙，沿着骨节间的空穴使刀。宰牛的刀从来没有碰过经络相连的地方、紧附在骨头上的肌肉和肌肉聚结的地方，更何况股部的大骨呢？一个技术高明的厨师每年换一把刀，是因为他们用刀子去割肉；而技术一般的厨工每月换一把刀，是因为他们用刀子去砍骨头。而我这把刀已用了十九年，宰杀过的牛不下千头，可刀口却像刚从磨刀石上磨过的一样锋利。这是为什么呢？因为牛身上的骨节是有空隙的，但是刀刃却很薄，我用极薄的刀刃刺入有空隙的骨节，自然显得游刃有余。所以，这把用了十九年的刀还像刚磨过的新刀一样。即使如此，每当碰上筋骨交错的地方，也要特别警惕，瞪大眼睛，动作放慢，用力要轻，等找到关键部位后一刀下去将牛剖开，使其像一堆泥土散落在地上了。我提起刀站起来，环顾四周，心满意足。然后将刀收拾好等待下次再用。”

【知识点评】

知识点1：组织策略

组织是学习和记忆新信息的重要手段，是按照材料的特征或类别进行整理、归类或编码，其方法是将学习材料分成一些小的单元，并把这些小的单元置于适当的类别之中。经过组织的材料贮存在头脑中，就像图书馆经过编码的书，使用时可以做到效率更高的提取。组织策略是对信息深入加工的重要形式，不仅便于材料的识记与提取，也能加强和提高对材料的理解与表达。经研究发现，组织策略是优秀学习者常用的策略之一。斯普（Spiring，1983）发现，成功的大学生比不成功的大学生更会组织信息。桑代克（Thomdyke，1980）等人在研究学习地图时也发现，好的学习者比差的学习者更会使用组织策略。

组织策略按照组织信息的方法可分为聚类组织法和概括组织法。聚类组织法也叫归类法，由鲍斯菲尔德（Bousfield，1953）提出，指在自由回忆中按特征或归属组织识记材料的方法。概括组织法则是指以摒弃枝节、提取要义的方式组织信息。布朗和戴（Blown & Day，1983）曾将概括组织归为五条原则，这五条原则分别是略去枝节、删掉多余、代以上位、择取要义、自述要义。概括组织法又可分为纲要法和网络法。纲要法是一种提取材料要义、组织纲目要点的方法，也就是我们通常所说的“纲举目张”。只要抓住了每门学科的纲目要点，整个材料也就心中有数了，学习也就游刃有余了。网络法则是指以树状式连线方式表示材料种属逻辑关系的一种组织方法。

按照组织信息的途径，组织策略又可分为按顺序关系组织的策略、按因果关系组织的策略、按种属关系组织的策略等，见图4-3。

- 组织策略
  - 组织信息的方法
    - 聚类组织法
    - 概括组织法
      - 纲要法
        - 数字纲要法
        - 图解组织法
      - 网络法
  - 组织信息的途径
    - 顺序关系组织
      - 时间关系
      - 空间关系
    - 因果关系组织
    - 种属关系组织

图 4－3　组织策略的分类

知识点 2：学习的规律

规律是事物发展过程中固有的、稳定的本质联系和必然趋势。学习规律就是揭示学习活动所必须遵循的轨道。学习虽然是人类极其复杂的社会现象，但也有规律可循。古人曾给我们留下了一些可贵的经验，诸如“持之以恒”、“循序渐进”、“温故知新”、“学以致用”等，在一定程度上反映了学习的规律。

牛是很复杂的，但庖丁却能一刀下去，刀刀到位。其解牛的道理在于用心神去操作（所谓“神遇”），精神专注，用心去做，这是从高的境界要求去掌握规律、运用规律，使事情做得更臻完美。所有牛的机理都是一致的。庖丁因为熟悉了牛的肌理，自然懂得该从何处下刀。同样地，每一个学科虽然也有各自的规律，但其基本原理也是近似的。学习与解牛一样，如果能领悟其道理，找准了其中的规律，再将学科知识进行有效的组织，就能像庖丁一样，化繁为简，轻松掌握知识。

【教学建议】

学习是一个复杂的过程，各学科都有自己的组织策略，也有自己的规律。只有当我们掌握了学习的规律后，才能像庖丁解牛一样游刃有余地遨游于知识的海洋中。在课堂教学中，当学习心理学“规律”这个概念及其意义时可用“庖丁解牛”这个故事来帮助学生理解掌握规律的重要性。

故事赏析2：天才 = 刻苦 + 执著

【故事介绍】

图4-4　菲尔普斯（Michael Phelps，1985—），罕见的游泳奇才。

在2008年的北京奥运会上，23岁的美国选手菲尔普斯共获得了14枚奥运会金牌，成为夏季奥运会中获得金牌总数最多的运动员。

菲尔普斯所创造的这一辉煌，也将成为后来者难以逾越的高峰。

我们不禁要问，是什么让菲尔普斯取得如此骄人的成绩呢？

“如果你休息一天，实力就会倒退两天。”这是菲尔普斯的座右铭，也是教练送给他的至理名言。“如果浪费两天的话，也许就再也追不回来了。”在训练的过程中，菲尔普斯一直用这些信念支撑自己。

菲尔普斯坚持早上5点钟起床训练，从未间断过。对于旁人难以想象的事情，菲尔普斯近乎偏执地日复一日地坚持着，以致于他在美国游泳队被戏称为“启明星”。更让人惊叹的是菲尔普斯的毅力，他在过去7年中的2 500多个日子中仅有5天没有下过游泳池。可以说，正是在这样坚持不懈并且近乎偏执的努力下，菲尔普斯才能够取得令世人仰视的成就。

“刻苦 + 执著”成就了一个游泳的奇才。菲尔普斯不愧当今泳坛最出色的“游泳全能王”这一称谓：在1999年的美国少年运动会上，打破20岁年龄组200米蝶泳的纪录；在2003年的巴塞罗那世界游泳锦标赛上，获得6次奖牌，5次打破世界纪录，4次站在最高领奖台上；以新的世界纪录摘得200米蝶泳的金牌；在100米蝶泳及200米个人混合泳两个项目中创造了新纪录，并且这些纪录是在同一天创下的；被评为2003年度世界最佳男子游泳运动员；在2007年墨尔本世界游泳锦标赛上独揽7金，还打破了5项世界纪录；截至2007年在世锦赛上已夺得20枚奖牌，成为世锦赛历史上夺牌最多的选手；在2008年的北京奥运会上，打破前人在单届奥运会获得7金的纪录，独揽8枚金牌，成为水立方最闪亮耀眼的明星之一。

【知识点评】

知识点1：动作技能

动作技能通常是指由一系列合乎法则的外观肌肉运动组成的、顺利完成某种任务的动作方式，它主要借助骨骼、肌肉和相应的神经活动过程来完成。菲尔普斯所从事的运动项目游泳属于动作技能，是由一系列的动作组成，通过练习而形成的一定的动作方式。例如，蛙泳这种动作技能就包括手臂的划水、腿蹬水并夹水、抬头呼吸等一系列动作。

动作技能是一种经学习而获得的能力，学习各种类型的动作技能对各学科教学有重要的基础作用。例如，小学低年级学生要学会语音的发音、写字等工具性的技能，它们具有长期的作用，能影响学生在学校中的进一步学习。体育活动中的体操、游泳、跑步等，对于保持身心的健康也是必不可少的。

动作技能是通过练习而形成和改善的。练习是有目的、有步骤、有指导的活动。了解影响动作技能形成的条件就可以更高效地掌握动作技能。

影响动作技能形成的条件包括内部条件和外部条件。

1. 内部条件

首先是要有学习动作技能的动机。学习动作技能的动机是促使学生积极学习动作技能的内在驱动力量，对学习者持久学习动作技能起积极的促进作用。其次是要有相应的生理成熟水平和丰富的知识经验。研究与日常观察表明，学习者生理成熟水平越高，知识经验越丰富，动作技能的学习效果越好。再次是要有正常的智力水平。一般来说，学习者的智力水平越高，动作技能的学习成绩越好；学习者的智力水平越低，动作技能的学习速度越慢。最后还需要良好的人格特征。研究表明，这些良好的人格特征包括：较高的成就动机；忍耐力、坚持性；抗干扰、承受打击和注意力稳定的能力；自制力；任劳任怨、努力、吃苦；自信、大胆、心胸开阔等。

2. 外部条件

首先是科学的指导。在动作技能的学习过程中，有效的指导是不可或缺的。它主要包括讲解和示范两种形式。其次是练习。练习是指在反馈作用的参与下，反复多次地进行一种动作。其主要作用是加快技能完成的时间，改善技能的精确度和建立动作更完善的协调。菲尔普斯之所以能够成为泳坛奇才，除了他得天独厚的身体优势外，更与他后天执著的练习是分不开的。

知识点2：动作技能自动化的特征

个体的动作技能发展到一定程度后，其执行操作的力量、速度、精确性和连贯性都会有所突破。心理学将这种达到较快速度、精确性较高、轻松、连贯的操作或动作称为熟练操作或自动化动作。自动化是动作技能形成的标志之一。自动化主要有如下特征①：

1. 动作自动化后心理资源消耗降低，技能操作中意识调控减弱

在技能形成的初期，个体每完成一个技能动作都要占用很多的心理资源，都需要意识的调节与控制。但在达到自动化水平后，个体在完成一种技能时，只需关心如何使技能服从于当前任务的需要，而不必关心个别动作的操作。此时技能操作对心理资源消耗降低，这就相对提升了人脑加工动作信息的容量，个体的紧张程度就会缓和，动作操作会更加自然流畅。

2. 动觉反馈作用加强，能利用细微的线索

关于技能操作的反馈信息都来自于对外界情景和个体自身的感知。研究表明，在技能形成初期，感知信息源往往来自于外界，由视觉、听觉等提供，但随着练习的深入，个体渐渐能排除视觉的过多控制，开始学会利用内部信息，即动觉信息。动觉的控制程度，是技能达到熟练的主要指标之一，是动作技能自动化的结果。

3. 形成运动程序的图式，在不利条件下能维持正常操作水平

图式即个体与技能操作相关的认知结构，它影响着对相关信息的加工过程，决定着人在做信息选择时相应的内容和倾向偏好。学习和实践操作过程会完善个体的相关知识经验，这些知识会以某种方式贮存在人的大脑中，但并不是杂乱无章的，而是经过选择、编码，围绕某一主题相互联系起来形成一定的知识单元，这些又进一步丰富和发展了图式。在学习过程中，个体的图式进而不断变化和发展起来。

---

① 摘编自：李雪．简述动作技能自动化与训练［J］．沈阳工程学院学报（社会科学版），2011(7)．

【教学建议】

“冰冻三尺，非一日之寒”，菲尔普斯的成功与他后天的不懈努力是分不开的。此故事可在讲解复述策略和动作技能的学习时使用，注重说明动作技能的掌握与人格有关，更离不开勤学苦练。

在讲菲尔普斯的故事时，可以与我国《伤仲永》这篇故事一起作个比较。从而让学生更好地理解并懂得勤学苦练的重要性。

故事赏析3：追求梦想

【故事介绍】

在美国的加利福尼亚州洛杉矶市南面的橙县境内，有一个叫“庭院树丛”的地方，这里矗立着一座被称为“人间伊甸园”的建筑——水晶大教堂。这座大教堂始建于1980年9月，可容纳一万多人，是世界各地前往加州的游客必去瞻仰的景观。

图4－5　位于美国加州的水晶大教堂，世界建筑的奇迹与经典。

水晶大教堂的设计者是美国著名建筑师菲利普·约翰逊与约翰·布尔吉，历时12年，耗资2 000多万美元。这样一座无论从时间和精力的付出，还是从投资的数额上来说都相当巨大的建筑物，是如何筹集资金建成的呢？

1968年的春天，罗伯·舒乐博士立志在加州建造一座与众不同的教堂——玻璃做成的水晶教堂，建成后的水晶教堂要给人一种“那是一座人间的伊甸园”之感。舒乐博士很为自己的理想陶醉，但问题是，预算需要的700万美元在哪里？700万美元，这是一个超出了舒乐博士的能力范围的天文数字。然而一文不名的舒乐博士并没有被这庞大的预算所吓倒，他坚定地对设计师说：“我现在一分钱也没有，所以100万美元和400万美元的预算对我来说没有区别，重要的是，这座教堂本身要有足够的魅力来吸引捐款。”舒乐博士接着向设计师介绍他的宏图大志和谋略策划。

“很简单，用一张白纸就够了。”面对设计师犹豫的目光，舒乐博士颇为自信地说。白纸上面写的文字如下：

700 万美元

(1) 寻找 1 笔 700 万美元的捐款；

(2) 寻找 7 笔 100 万美元的捐款；

(3) 寻找 14 笔 50 万美元的捐款；

(4) 寻找 28 笔 25 万美元的捐款；

(5) 寻找 70 笔 10 万美元的捐款；

(6) 寻找 100 笔 7 万美元的捐款；

(7) 寻找 140 笔 5 万美元的捐款；

(8) 寻找 280 笔 25 000 美元的捐款；

(9) 寻找 700 笔 1 万美元的捐款；

(10) 卖掉 10 000 扇窗，每扇 700 美元。

两个月后，舒乐博士用水晶大教堂奇特而美妙的模型打动了一位富商，筹集了第一笔捐款（100 万美元）。

第 65 天，一位倾听了舒乐博士演讲的农民夫妇，捐了 1 000 美元。

第 90 天，一位陌生人被舒乐的精神所感动，在生日当天寄给舒乐博士一张 100 万美元的银行支票。

8 个月后，一名捐款者对舒乐博士说："如果你的诚意与努力能筹到 600 万美元，剩下的 100 万美元由我来支付。"

第二年，舒乐博士以每扇 500 美元的价格请求美国人认购水晶宫大教堂的窗户，付款的办法为每月 50 美元，10 个月分期付清。6 个月内，一万多扇窗全部售出。

……

就这样，舒乐博士一点一滴地为水晶大教堂做资金的筹集工作，一边开始教堂的建造工程。1980 年 9 月 14 日，水晶大教堂竣工了，这座教堂本身是世界建筑史上的经典，舒乐博士"为无上荣誉的上帝而造就人类辉煌"。同时，关于建造这座水晶大教堂的资金筹集过程也成为世界上少有的奇迹：大教堂最终的造价为 2 000 万美元，比原来的预算超出近两倍，然而都通过筹集资金把问题解决了！

在接受记者采访的时候，舒乐博士用平实的话语这样说道："不是每个人都应该像我这样去建造一座水晶大教堂，但是每个人都应该拥有自己的梦想，设计、追求并实现自己的梦想。梦想是生命的灵魂，是心灵的灯塔，是引导人走向成功的信仰。有了崇高的梦想，只要矢志不渝地追求，梦想就会成为现实，奋斗就会变成壮举，生命就会创造奇迹。”

让我们也像舒乐博士一样，摊开一张白纸，写下最想实现的一个梦想，再写下 10 个甚至 100 个实现梦想的途径。①

【知识点评】

知识点：计划策略

罗伯·舒乐博士为筹集水晶大教堂所需资金所采用的是计划策略。心理学研究表明，当人们的行动有了明确目标，并能把自己的行动与目标不断地加以对照，进而清楚地知道自己的行进速度和与目标之间的距离，人们行动的动机就会得到维持和加强，就会自觉地克服一切困难，努力达到目标。

要达到目标，就像上楼梯一样，一步一个台阶，把大目标分解为多个易于达到的小目标，脚踏实地向前迈进。每前进一步，实现一个小目标，就会体验到成功的喜悦，这种感觉将推动我们充分调动自己的潜能去实现下一个目标。

这种将目标分解成若干个子目标最终实现总目标的方法，在心理学中被称为“手段—目的分析法”。

手段—目的分析法是指将需要达到的目标状态或总目标分成若干子目标，通过实现一系列的子目标最终达到总目标，即解决问题。也就是说先有一个目标（目的），它与当前的状态之间存在着差异，人们认识到这个差异，就要想出某种办法采取活动（手段）来减少这个差异，逐步前进，最终实现这个目标。

手段—目的分析法的基本步骤是：首先比较起始状态和目标状态，提出第一个子目标；然后找出完成第一个子目标的方法和步骤；继而实现子目标；最后提出新的子目标，如此循环往复，直至问题得到解决。

罗伯·舒乐博士在身无分文的情况下为了实现在加州用玻璃建造一座水晶大教堂的梦想，将筹集 700 万美元的总目标分解成 10 个子目标，通过自己的不懈努力，最终实现了自己的梦想。

当理想很宏大时，我们还要根据现实的情况，学会适当缩小理想与现实的距离，即先追求小的目标，再一步步向大的目标展开追逐。在英国威斯敏斯特教堂旁的一块墓碑上面刻了这样一段话，说明了同样的道理：当我年轻

① 摘编自：百度百科［EB/OL］，http：//baike. baidu. com/view/1386278. htm.

的时候，我梦想改变这个世界；当我成熟以后，我发现我不能改变这个世界，我将目光缩短了些，决定只改变我的国家；当我进了暮年以后，我发现我不能改变我的国家，我的最后愿望仅仅是改变我的家庭。但是，这也不可能。当我现在躺在床上，行将就木时，我突然意识到：如果一开始我仅仅去改变自己；然后，我可能会改变我的家庭；在家人的帮助和鼓励下，我可能为国家做一些事情；然后，谁知道呢？我甚至可能改变这个世界。

那么，作为一名学生，应该如何制定计划呢？我们不妨按照下面的方法来制定自己的时间计划表。在制定时间计划表时应遵循由远及近的原则。

1. 学期时间表

首先要拥有一份学校的学期日历；然后记录所有重要日期（如期中考试、期末考试、假期、休息、上课时间等）；最后记录所有专题作业的期限和社交活动的日期。把这份学期时间表放置在我们读书学习的地方。这份时间表主要是让我们更好地了解自己的宏观大方向，不需要太多细节。

2. 预定周计划表

填写所有正在进行中的活动，如上课时间、复习时间和社交活动时间等。这是微观的处理方式，所以写得越详细越好。

3. 实际周计划表

修改预定的周计划表并加入细节。

4. 日计划表和"该完成的事项表"

该计划表可在临睡前或早晨醒来时就制定。把当天要完成的事项列出来，包括作业和其他事情。完成某事项后，就在表上打钩，这样可以增加自己的成就感。

在执行时间计划表时遵循的原则要"由近及远"。要踏踏实实地按照制定的计划表并配合完成各项计划，一步一个脚印，这样整个计划的落实就不会显得遥遥无期。

在现实生活中，我们做事经常会半途而废，我们放弃的原因往往不是被困难吓倒，而是因为觉得成功离自己太远了。也就是说，我们不是因为失败而放弃，而是因为倦怠而失败。在人生的旅途中，我们应该向这些故事中的前辈好好学习，将目标分解成若干个小目标，通过实现一个个小目标来实现我们的总目标，这样的话，我们会不断地有惊喜、有信心，更重要的是我们会一直有动力去保持充沛的精力和良好的状态，我们一生中也会少许多懊悔和惋惜。

【教学建议】

此故事可用于讲解问题解决的策略中的手段—目的分析法，在讲心理学中经典的河内塔问题解决时，也可运用此故事，便于学生的理解。在实际生活和学习中，我们也可以运用这个方法，帮助我们实现自己的理想。

与此类似的，有日本马拉松运动员山田本一及美国著名演员、前加州州长施瓦辛格的故事。山田本一在马拉松赛中为自己寻找标志物作为“里程碑”，在人生的旅途中我们也应该找到属于自己的“里程碑”：一份自己拟定的详细的“人生规划”，或是自己具体记录下来的“成绩册”，或是心中仰慕的长辈的成长历程……有了人生“里程碑”作参照，我们就可以清楚地看到自己人生中的每一点进步，就能不断地收获成就感，从而更有信心、更有动力地走向终点。

故事赏析4：会学习的有心人

【故事介绍】

周恩来是我国无产阶级革命家、政治家、军事家、外交家，历任中国政府总理、外交部长、中共中央军委副主席，第一届全国政协副主席，第二、三届主席。他是中国共产党第一代中央领导集体的重要成员之一，在国际和国内均享有很高的威望。

图4－6　周恩来（1898—1976），伟大的马克思列宁主义者。

1910年，12岁的周恩来在沈阳的“奉天省官立东关模范两等小学校”读书。学期开始，魏校长给大家上“立命”的修身课，为了解同学们的学习动机，他向全班同学提出了一个严肃的问题：你们为了什么而读书？

“为明理而读书！”

“为做官而读书！”学生们踊跃地回答。

一个鞋店老板的儿子回答说：“我要为家父而读书！”全班同学都笑了。

魏校长注意到周恩来一直在沉思。于是他走了过去，问这位新来的同学：

“周恩来，现在你来回答，为了什么而读书？”

“为中华之崛起而读书！”周恩来庄重地回答。由于周恩来是南方人，魏校长一时间没能听懂他的回答，于是周恩来又沉着、大声地重复了一遍：“为中华之崛起而读书！”

这异乎寻常却又掷地有声的回答，一下子让全班安静了下来。魏校长则为之一振，他没有想到一个12岁的娃儿，小小的脑袋里竟装着如此远大的抱负。好久他才反应过来：“好哇！为中华之崛起！有志者，当效周生啊！”

除了从小胸怀“为中华之崛起而读书”的远大志向，周总理学习也很努力。他把这一志向作为自己的行为动力，踏踏实实地朝着这一方向奋斗。例如，在写作上，他写的作文总是又快又好。其他同学才写了一半，周恩来已经交了卷到阅览室看书去了。而且他的作文每次都拿到很高的分数。面对大家不服输和纳闷的眼光，周恩来的语文老师告诉大家，周恩来写作写得又好又快，主要的秘诀不仅是阅读量大，而且是因为他善于“采蜜”、勤于练笔。周恩来的书包里有一个小本子，里面每一页都工工整整地写满了字，这些字都是周恩来写的读书笔记和摘抄下来的好词好句。大家看后都感叹周恩来是个会学习的有心人。

正是因为有了明确的学习目标和远大的理想，再加上一点一滴的知识积累，周恩来成了中华人民共和国第一任总理，更成了备受世界人民景仰的一位时代伟人。

【知识点评】

知识点：资源管理策略①

资源管理策略是学习策略中一种常见和重要的策略。学习离不开对学习资源的利用。学习资源是指在教学系统和学习系统所创建的学习环境中，学习者在学习过程中可以利用的一切显现的或潜隐的条件，其主要包括时间管理策略、学习环境管理策略、努力管理策略、寻求支持策略等。

1. 时间管理策略

人生犹如一张大的时间表，每个人都应当根据自己的总体目标，对时间作出总体安排。一个会管理时间的学生，不但善于统筹安排学习时间，而且能够高效利用最佳时间，还能够灵活利用零碎时间。

---

① 摘编自：百度百科［EB/OL］，http：//baike. baidu. com/view/2799396. htm.

首先要学会统筹安排时间。能够做出一个通盘的考虑，对每一天的活动列出一张活动优先表，尽量减少无计划、无节制、无意义的时间安排。在安排活动时，分清哪些事情必须做，哪些事情可做可不做。

其次要学会高效利用最佳时间。能做到在生理功能旺盛、精力充沛的时候，从事最重要、最紧张的学习活动，以便最有效地利用学习时间。如能够根据生物钟安排学习活动。摸索出自己智力周期的高潮期，在此阶段从事难度较高强度较大的学习。或者做到根据自己的工作曲线和模式，安排学习内容，确保状态最佳时学习最重要的内容。

最后是灵活利用零碎时间。零碎时间大多是学习的低效时间，如课余、饭前饭后等。这些时间可以用来处理学习上的杂事，如削铅笔、收拾用具、整理学习环境、整理书包等。也可用来读短篇或看报刊杂志，背诵诗词和外文单词，这实际上等于在进行分散复习。还可利用零碎时间与同学进行讨论和交流。

2. 努力和心境管理策略

系统性的学习大都是需要意志努力的。为了使学生维持自己的意志努力，需要不断地鼓励学生进行自我激励。周恩来从小就立下了“为中华之崛起而读书”的理想，对不断激励他努力学习有重要的动机维持作用。

首先，要挖掘或寻找自己的内在学习动机。好奇心和求知欲可以说是人与生俱来的需要，对此应该加以珍惜。研究表明，人的内在学习动机是可以激发和培养的。如通过参观博物馆、听讲座等，让学生了解某一学科知识在现实生活中的意义，可以激发学生进一步了解相关知识的愿望。或者让学生多与那些热爱并擅长某一学科的老师和同学等来往，也可逐渐使学生产生对这门学科的兴趣。

其次，要树立为掌握而学习的信念。学习目的包括绩效目标和掌握目标，前者是为了追求好成绩，维持或提高自己在别人心中的地位和形象，后者注重自己是否真正掌握，后一目标的持有者敢于迎接学习挑战，克服学习上遇到的困难。要反省自己的学习目标，尽量地朝着掌握目标的方向要求自己努力学习。

最后，要有意识地让自己选择有挑战性的任务。挑战性的任务往往是对个体来说中等难度的任务。研究表明，中等难度的任务比太易或太难任务更有激励作用。一个一心为了外在成绩和效果的人总是设法避免失败带来的丢脸和难堪，他们不是选择容易任务，就是选择特难的任务。而一个一心想着掌握、不断追求成功的人往往挑选中等难度的任务。

3. 环境设置策略

学习环境是可以选择、改善与创设的。好的学习环境比差的学习环境更有利于学习活动的展开。为此首先要注意调节自然条件，如空气流通、温度适宜、光线明亮等。其次要设计好学习的空间，如空间范围、室内布置、用具摆放等因素。如果条件容许，应当有一个相对固定的学习场所，形成一个相对安静的学习环境。还要注意桌面的整洁。各种学习用具要摆放在固定的地方，用完后归还原处。学习时最好将电视机关掉或将电话挂断，以免分心和打乱思绪。

4. 工具利用策略

简单地说，工具利用策略就是可用于学习的一切资源，包括信息、人员、资料、设备和技术等。在对学生进行学习辅导时，指导学生如何充分利用已有的学习资源是十分重要和必要的。

在选择与利用参考资料时，宜精不宜杂。要选择与学习内容相吻合，有较强针对性，具有一定权威性的参考资料。同时也要恰当地使用参考资料，不能完全依赖资料，要有选择性地参考重要内容。

要善于利用图书馆。图书馆是个博大的知识宝库，学习者要学会利用图书馆，使图书馆变为自己的“书房”。例如，可根据个人情况养成在固定时间到图书馆看书，或像周恩来一样养成做读书笔记和摘要的习惯。

现代社会节奏加快，互联网飞速发展。作为一名现代的学生，还要善于利用电脑和网络这一学习工具。例如，通过使用电脑学习各科课程，获取和处理信息，表达思想解决问题等。还要注意克制自己，不要陷入网络游戏等不良陷阱中。

5. 社会性人力资源管理策略

教师和同学是学习的最重要的社会性人力资源，必须善于利用。

教师是学生学习的引路人和促进者。要学会在课余或其他可以利用的时间里，向教师请教、提问，可以得到很多在课堂中得不到的收获。例如，有的教师不善于表达，但如果是一对一的沟通，就可以把自己的东西很好地表达出来。教师虽然不是什么都懂，所给的解答也不一定能保证让人满意，但作为一个知识的相对权威者，起码闻道在先，在学生百思不得其解时，往往可以提供有益地看问题的另一个视角。

同学间的相互合作和讨论也常常有助于彼此相互启发、达成对事物的全面理解。同学间的合作存在许多形式，一种是双方或小组学习同样的内容，相互讨论，彼此提问和回答；另一种是双方或小组共同完成一项任务。此外，同学间还可以相互辅导。小组协作学习等方式早就引起了教育界的重视。不同个性、知识背景的同学，可能对同一问题提出不同的理解。这些对激发大脑、对开启个体的智慧之窗，都有莫大的意义。

【教学建议】

周恩来善于学习，主要表现在“从小立志”和“善于利用资源”两个方面。这个故事可在讲授学习策略时使用，如心境和努力管理策略、工具管理策略等。

故事赏析5：学习要趁“早”

【故事介绍】

图4－7　鲁迅（1881—1936），被称为“民族魂”的著名作家。

图4－8　三味书屋，鲁迅就读五年的书斋。

三味书屋是清末绍兴城一所著名的私塾，鲁迅从十二岁起就到那里学习，并在那里度过了青少年的五年黄金读书时光。

而鲁迅在三味书屋里刻下的“早”字，也成为后人争相传诵的一段佳话。

鲁迅十三岁的时候，有一天为了去给病重的父亲抓药，赶到学校时已经迟到了。看到气喘吁吁的鲁迅，老师以为他是睡懒觉导致了迟到，生气地斥责了他，并告诉鲁迅说：“如果下次再迟到就别来了。”

虽然受了委屈，但鲁迅没有为自己作任何辩解，而是低着头默默回到自己的座位上。迟到就是迟到，尽管老师的责怪不符合事实，但自己知道错在哪里，今后就要注意改正。

第二天早上，鲁迅早早就来到了学校，他在自己书桌的右上角用刀刻了一个“早”字，心里暗暗地许下诺言：以后一定要早起，不能再迟到了。

迟到是没有任何理由的。在以后的日子里，不管家里有什么事情，都再没能成为鲁迅迟到的理由。如果有事情，那就事先计划好，比平时更早地起床。而每当他气喘吁吁地跑进私塾，发现自己没有迟到，都会觉得特别地开心。刻在课桌上的那个“早”字，也总是那么抢眼。虽然很赶很累，但鲁迅告诉自己：“我又一次战胜了困难，又一次实现了自己的诺言。我要做一个信守诺言的人。”

在三味书屋五年的苦读给鲁迅的一生留下了宝贵的财富。那张刻着“早”字的课桌，则成为一个灯塔，一直照耀和激励着鲁迅在人生道路上奋勇前进。十七岁时从三味书屋毕业后，鲁迅考入江南水师学堂，后来又公费到日本留学，学习西医。1906 年后从事文学创作，先后在北京大学、北京师范大学等高校教过书，成为中国新文化运动的倡导者。鲁迅是中国文坛的一位巨人，《鲁迅全集》已被译成五十多种语言在世界上广泛传播。

很多人都知道鲁迅的原名是周树人，鲁迅是其笔名。其第一次使用“鲁迅”这个笔名是在 1918 年《新青年》杂志上发表短篇小说《狂人日记》。对这个笔名，鲁迅向朋友解释，这是取愚鲁而迅速之意。由于自己比较笨拙，做学问或干事情赶不上天分较好的人，为弥补这一缺陷，只有更加勤勉，做事迅速，才能在一定时间内，收到和别人一样的效果。

在鲁迅的写作和人生生涯中，“马上”和“要走快做”的意识一直是他的行为指南。凡事拖不得。鲁迅曾在《马上日记》中写道：“……然而既然答应了，总得想点法。想来想去，觉得感想倒偶尔有一点的，于时接着一懒，便搁下了，忘掉了。如果马上写出，恐怕倒也是杂感一类的东西，于是乎我就决计：一想到，就马上写下来，马上寄出去，算作我的划到薄。”鲁迅先生在逝世的前一个月，还写过一篇叫《死》的文章，说由于生命产生了“为先前所没有的”、对一切事情“要赶快做”的想法。

勤勉、迅速，赶快去做，鲁迅的曾经的人生指南，对于今天不少有拖延综合征倾向的学生来说，仍然具有重大的教育意义。

【知识点评】

知识点1：拖延与学业拖延

拖延症是指以推迟的方式逃避执行任务或做决定的一种特质或行为倾向，是一种自我阻碍和功能紊乱行为。拖延现象现已成为心理学家研究的一个重要课题。《拖延心理学》一书的作者简·博克认为“如果你长期觉得拖延不仅影响到你的工作，而且让你产生负罪感、无法胜任、自我厌恶、紧张和忧郁的感觉，那十有八九可以被称为拖延症了”。

学业拖延是包含认知、情感和行为成分的复杂心理现象。尽管研究者对学业拖延的定义有所不同，但有以下几点共识：学业拖延是一种非理性行为，主要表现为学习者有意地拖延学习任务；学业拖延行为将导致个体产生心理上的不适应感或负罪感。

学业拖延有不同的分类标准和类型。从成因角度来分，学业拖延可分为计划失败型拖延和实施失败型拖延。前者是一种决策拖延，包括认知失败、失去耐心和低能力等；后者是在实施过程中由于各种原因而拖延完成计划的行为。从应对方式的角度来分，学业拖延可分为焦虑型拖延和放松型拖延。前者害怕失败，通过放松来暂时逃避压力，同时伴随着内疚和忧虑。从主观意愿角度来分，主动拖延者喜欢在压力下学习，有意图地拖延，能够及时完成学业任务，对结果感到满意。被动拖延者在压力下学习会紧张，常不由自主地延迟学业任务，任务常无法及时完成，对结果感到不满意①。

拖延是自我控制能力不足的表现之一。从根本上讲，拖延并非是由惰性导致的恶习，也非品行或道德问题，而是由恐惧引起的心理综合征，是一个人跟自身如何相处的问题。拖延的情绪根源涉及内心感受、恐惧、希望、记忆、梦想、怀疑以及压力。但拖延者往往不能识别所有这些活跃于表面现象之下的情绪波动，他们无意识地用拖延来逃避不舒服的感受，来掩蔽心理弱项，从而进行自我保护。

虽然有一些研究表明学业拖延有时对缓解压力和解决困难问题有一定作

① 韩静，张雯．学业拖延研究综述［J］．科教文汇，2011（1）．

用，但多数关于学业拖延的研究阐明了学业拖延的不良后果。例如，学业拖延容易造成考试焦虑和不良的学业成绩，高学业拖延者报告有更多的焦虑，导致学业表现不佳、错失良机，影响身体健康，易患免疫系统的疾病。而且，拖延症总是表现在各种小事上，日积月累将对个人发展造成较大的影响，如有时会使人错失良机。

周树人先生以“鲁迅”为笔名，向拖延挑战，以“凡事不得拖”的心态做好每一件事，最终成为一代文学巨匠。

知识点2：学习的自我监控

学生学习的自我监控，是指学生为了保证学习的成功、提高学习的效果、达到学习的目标，而在进行学习活动的全过程中，将自己正在进行的学习活动作为意识的对象，不断地对其进行的积极、自觉的计划、监察、检查、评价、反馈、控制和调节过程。这个过程主要可分为三大方面：一是对自己学习活动的事先计划和安排；二是对自己实际学习活动的监察、评价、反馈；三是在上面的基础上对自己的学习活动进行调节、修正和控制。

影响学生学习自我监控水平的最主要的个人因素是学生所具有的有关学习活动的各种因素及相互间关系的知识和经验。这里的知识包括：有关主体方面的，如关于自己的兴趣、爱好、能力、认知风格等个性特征的知识以及关于记忆、理解、注意、想象、思维等认知过程的知识；有关学习材料、任务特点方面的，如材料的性质、长度、熟悉性、结构特点、呈现方式、逻辑性等影响学习过程与结果的知识；有关学习自我监控方面的，如学习活动有哪些策略，其优缺点、适用的条件和范围怎样，对于不同的学习活动情境，什么样的学习策略最有效以及为什么等知识。这里的经验是指学生在学习活动中进行自我监控所获得的体验、经历的总和。学生的上述知识和经验不同，其在学习活动中的自我监控水平就会有所不同①。

【教学建议】

鲁迅在书桌上刻下一个“早”字，使用了学习的自我监控，这个故事可在讲解学习策略中的监视策略或自律学习时使用。同时，也要让学生明白自律不仅仅运用在学习中，在生活的各个方面我们都应有自律能力，只有这样才能提高我们的个人能力，让自己过得更充实。

---

① 董奇，周勇．论学生学习的自我监控［J］．北京师范大学学报（社会科学版），1994（1）．

而鲁迅笔名的意义，可在学习拖延症时使用。与我们学习有关的拖延最密的就是学业拖延了，它是指推迟完成与个人学业相关的任务，不能在规定的时间内完成任务。每天都可以抽出点时间复习所学内容，而我们喜欢拖到马上要考试了才去复习，暑假作业我们喜欢拖到暑假马上结束时才去做……通过对拖延危害的讲解，让学生更好地理解对时间的管理，尽量不要拖延。

故事赏析6：创造源自换位思考

【故事介绍】

图4-9　毕昇（约970—1051年），活字印刷技术的发明者。

毕昇是我国著名的发明家，他发明了我国古代四大发明之一——活字版印刷术。北宋淮南路蕲州蕲水县直河乡（今湖北省英山县草盘地镇五桂墩村）人。毕昇发明的胶泥活字印刷术，被认为是世界上最早的活字印刷技术，是我国印刷术发展中的一项根本性的改革，不但为我国文化经济的发展开辟了广阔的道路，也为推动和促进世界各国的文化交流作出了伟大贡献。

毕昇原来是一位印刷铺的工人，专门从事手工印刷。在长期的雕版工作中，毕昇发现雕刻木版虽然也能够印刷书本，但这种技术有很多缺点，其中最麻烦的就是每印一本书都要重新雕一次版，耗时很长，印刷成本又非常大。

再加上中国字形结构复杂，雕刻木版工作确实非常缓慢而费时。那么怎样才能改变这种不理想的现状呢？毕昇经过冥思苦想，想到了用活字版代替雕版的方法。活字版的方法是先制成单字的阳文反文字模，然后按照稿件把单字挑选出来，排列在字盘内，涂墨印刷，印完后再将字模拆出，留待下次排印时再次使用。相对于雕版的不足，活字制版只要事先准备好足够的单个活字，就可随时拼版，制版时间大大加快了。活字版印完后还可以拆版重复使用，且活字比雕版占有的空间小，容易存储和保管。毕昇起初用木料作活字，结果发现由于木料的木纹疏密不一，遇水后容易膨胀变形，与粘药固结后不易去下，后来才改用胶泥作活字。

在成功地发明了活字版后，毕昇向他的师弟们做了演示，并让每个人都掌握这种技术：先将细腻的胶泥制成小型方块，一个个刻上凸面反手字，用火烧硬，按照韵母分别放在木格子里。然后在一块铁板上铺上松香、蜡和纸灰等粘合剂，按照字句段落将一个个字印依次排放，再在四周围上铁框，用火加热。待粘合剂稍微冷却时，就用平板把版面压平，完全冷却后就可以印了。印完后，把印版用火一烘，粘合剂熔化，拆下一个个活字，留着下次排版再用。

活字版的使用，大大提高了印刷的效率，节省了人工，降低了成本。毕昇的一个小师弟算了一下：5 000 多卷的《大藏经》，以前用雕版，必须使用13 万块木板，要花好几年的时间，雕出来后还很占地方。现在用活字版，几个月就能印刷出来了。真的是神了！大家都想知道毕昇是怎么想出这个妙法的。

“是我的两个儿子教我的！”毕昇坦白地说。

“你那两个小儿子？怎么可能？他们只会玩过家家的游戏。”

“你们可别小看这过家家，我就是靠这个得到启发的。”毕昇笑着说，“去年清明前，我带着妻儿回乡祭祖。有一天，我那两个儿子在玩过家家的游戏，我看到他们用泥做成了锅、碗、桌、椅、猪、人，随心所欲地排来排去。这些泥做成的各种东西在我眼前晃来晃去，我眼前忽然一亮：用泥刻成单字印章，不就可以随意排列，排成文章了吗？你们想一想，活字版是不是有点像小孩子玩过家家的游戏啊？”

听了毕昇的话，大家都若有所思。“但是这过家家，谁家孩子都玩过，师兄们都看过，为什么偏偏只有你发明了活字印刷呢？”还是那位小师弟问道。

这时候，印刷铺的老师傅开了口：“那是因为，在你们师兄弟中，毕昇最有心，最喜欢琢磨。他早就整天在寻思提高工效的新方法了！”

【知识点评】

知识点1：创造性思维的主要策略

创造性思维即指有创见的思维。这种思维能够产生新颖的、前所未有的思维成果。创造性思维策略主要有：

1. 头脑风暴法

头脑风暴法也叫集体激励策略，即像暴风骤雨一样给头脑以猛烈的冲击，碰撞出思维的火花。其实质是创造了一种思维相互撞击的“共振效应”情景。头脑风暴法由美国创造学家奥斯本于1939年首次提出，现在已成为无限制的自由联想和讨论的代名词。头脑风暴法又可分为直接头脑风暴法（通常简称为头脑风暴法）和质疑头脑风暴法（也称反头脑风暴法）。前者是专家群体决策尽可能激发创造性，产生尽可能多的设想的方法，后者则是对前者提出的设想、方案逐一质疑，分析其现实可行性的方法。采用头脑风暴法组织群体决策时，要集中有关专家召开专题会议，主持者以明确的方式向所有参与者阐明问题，说明会议的规则，尽力创造融洽轻松的会议气氛。一般不发表意见，以免影响会议的自由气氛。由专家们自由提出尽可能多的方案。

2. 综摄法

综摄法又称为类比思考策略。综摄法是根据两种对象的相似关系受到启发而产生类推的一种解决问题的思考策略。具体说来，是以外部事物或已有的发明成果为媒介，并将它们分成若干要素，对其中的元素进行讨论研究，综合利用激发出来的灵感，来发明新事物或解决问题的方法。综摄法由美国麻省理工大学教授威廉·戈登（W·J·Gordon）于1944年提出。依据类比方面的不同，类比思考策略可以分为形态类比、结构类比和功能类比等。在运用类比解决问题时，一定要注意认真分析对象之间的共有属性，善于发现本质的、主要的、必然的相关性质，以使问题得以成功解决。

3. 对立思考策略

对立思考即指从已有事物、理论或经验等完全对立的角度来思考、使问题得到创造性解决的一种思维方法。其要旨是寻找或设立对立面。有时对立的情形在现实生活中并不存在，但可以在思想实验中将这种对立的极端构思出来。使用对立思考策略通常在心理历程上要经历四个连续的步骤，即树敌——破阵——包摄——建构。树敌指给予限制性条件，以造成一种极例置于原理论的适用范围之外；破阵指从原理论的对立面出发，与原理论相比较，通过质疑、诘难，以暴露原理论的误区或打破旧理论的局限；包摄是从综合思路考虑，提出新假说以把新事实包容进来；建构指在包摄融合的前提下建构一个更为普遍适用的新理论。对立思考法是以违背原理论的规范、违反原理论预期的姿态出现的，是一种打破原有认识局限，突破思维定式的一种有效方法。

4. 转换思考策略

转换思考策略即指通过事物之间的转换，而使本事物最终获得解决的一种方法。在问题解决过程中，有时由于某种原因不能直接通过对原问题的分析综合获得解决的办法，这时就需另辟思路，通过解决其他问题而使原问题获得解决。当我们用常规思路、习惯思路解决问题受阻时，转而想想能否借用解决其他问题的方法解决该问题，这种解决问题的思路就是转换思考策略。这一策略常常可使一些百思不得其解的问题得到解决。曹冲称象、阿基米德为了测得金字塔的高度而在人影和身体一样长时通过测塔影的长度得到金字塔的高度均是运用转换思考策略的实例。在数学学科中的数形转换，用代数方法解决几何问题，或用几何方法解决代数问题也可称得上是这种方法的原理在具体学科中的应用。①

在本故事中，毕昇发明活字印刷术的主要创造性思维策略就是转换思考策略。正如他们的师父所说的，毕昇是他们师兄弟之中最有心的人，他必然每一天都在琢磨提高印刷工效的新方法。由于毕昇有心改进印刷技术，他会细心观察生活中遇到的各种事物，思考分析这些事物能否在改进印刷技术上有用，或考虑生活中的小技巧能否运用到印刷工作中。所以，当他看到自己的儿子在玩过家家时，他又很自然地将这一小孩游戏跟印刷联系起来。终于，这一次他找到了提高印刷技术的方法——活字印刷。

毕昇把小孩自制玩具的方法用到了发明活字印刷中，这正是转换思考策略的运用。

知识点2：发散思维与创造性思维

发散思维是指人们从不同角度、不同途径去设想、探求多种答案，力图使问题获得完满解决的思维方式，又称求异思维或辐射思维。由于发散思维无一定方向和范围，不囿于传统的框架，所以发散思维当中往往有较多的创新成分。有一些创造性思维的测验正是通过测量个体的发散思维的品质进

---

① 摘编自：百度百科［EB/OL］，http：//baike. baidu. com/view/625180. htm.

行的。

吉尔福德发现发散思维具有三个品质，通过对这三个品质的衡量，也可以对一个人的创造性作出一个大概的评价。发散思维的这三个品质是：①流畅性——指智力活动灵活顺畅，反应迅速，创意丰富，能在短时间内生发出数量较多的观念。流畅性是较低层次的发散特征，表现为发散的“个数”。②变通性——指思考方式变化多端，思维产品的种类不拘一格，能举一反三，触类旁通，随机应变，思维不受定势束缚，能产生多种多样的新观点。变通性是较高层次的发散特征，表现为发散的“类别”。③独特性——指对问题提出超乎寻常的、新颖的、独特的见解，即以前所未有的新观点、新角度去反映事物。它最能代表发散思维的本质，是最高层次的发散特征，表现为发散的“新异”、“独到”。

知识点 3：高创造性者的人格特点

推孟（Terman，1925）通过长期的追踪研究，发现高创造性者具有如下人格特点：

（1）完成任务的坚毅精神；

（2）自信而有进取心；

（3）谨慎；

（4）好胜心强。

索里等人认为，高创造性者有如下人格特点：

（1）观念的灵活性，即思想开放；

（2）个人的独立性，即不受习俗限制和约束；

（3）性别角色的相反化，高创造力的男性有女性化的气质，高创造力的女性有男性化的气质；

（4）对暧昧不明事物的容忍，即肯接受不甚明确和复杂的东西；

（5）对错误的容忍，即不怕犯错误而且容忍自己和他人犯错误。

董奇（1993）的研究表明，高创造性者有如下人格特点：

（1）有浓厚的认识兴趣；

（2）情感丰富，富有幽默感；

（3）勇敢、敢冒险；

（4）坚持不懈、百折不挠；

（5）独立性强；

（6）自信、勤奋、进取心强；

（7）自我意识发展迅速；

（8）一丝不苟。

知识点4：创造性的培养

阿瑞提在《创造的秘密》一书中所说："如果我们想在更大范围内去促进创造性，那么，就应当在童年期、青春期、青年期通过教育体系给予这方面更多的保证。"要培养学生的创造性，可从以下措施着手①：

1. 强化创造意识

创造意识是推动创造者进行创造活动的动力。要让学生勤于思考，学会对问题紧抓不放，牛顿在谈到他成功的秘诀时就说："我一直在想，想，想……"同时要培养学生良好的问题意识。如对他人熟视无睹的现象追根求源，对问题始终保持着高度的敏感性。同时还要注意培养学生良好的否定意识。不唯上、不唯书、只唯实，自觉地揭露和批判谬误，使思维更活跃。

2. 巧用酝酿效应

清朝画家郑板桥有诗云："十日不能下一笔，闭门静坐秋萧瑟。忽然兴至风雨来，笔飞墨走精灵出。"这说明创造活动有一个酝酿过程，即当遇到难题虽苦思冥想而仍无法解决时，可将问题暂时搁置，改做其他活动，过几个小时、几天或更长时间，再来解决它，常能收到意想不到的效果。

3. 延缓评论

罗杰斯指出，促进创造性的两个基本条件是心理安全和心理自由。研究表明，要产生新奇的观念至少要在开始阶段抛开评价检查和批判性的判断，允许并鼓励标新立异、异想天开，否则就会阻碍创造性发挥。

为了提高创造水平，就必须给人提供一个宽松的从事创造活动的环境，而延缓评论则不失为一种好办法。为此，教师应做到：

（1）尊重学生提出的任何与众不同的、幼稚的甚至是荒唐的问题；

（2）欣赏学生表现出的与众不同的、具有想象与创造性的观念；

（3）向学生证明他们的观念有价值；

（4）多夸奖学生提出的意见；

（5）对学生的意见有所批评时应解释理由；

（6）给予大量的学习机会。

---

① 摘编自：陈俊．认知心理．见唐红波．心理学［M］．广州：广东语言音像电子出版社，2009.

4. 广开思路

摆脱偏见、广开思路将有助于个体创造性的发挥，为此要做到：

（1）纯化目的。即从最终目的考虑问题。这可避免被一些具体思路限制，从而考虑到许多看似离题较远实际上却可能是高创造性的问题解决办法。就以毕昇要设计一种崭新的印刷术为例，倘若只考虑用什么新方法来排列铅字和把油墨印在纸上，那么想到的可能方法一定局限在狭小范围内。倘若从印刷术的最终目的和基本标志来考虑，思路就可能放宽，就有可能考虑到更多的解决办法。

（2）鼓励发散思维。教师在教学中应尽量避免预先树立是与非、对与错的绝对权威，鼓励学生广开思路，养成遇到问题从多个角度思考的良好习惯，以提高学生的创造力。教师还可结合课堂教学，通过一题多解、一文多写、文章命名等方式对学生有意识地进行创造性训练。

（3）展开讨论，集思广益。“三个臭皮匠，赛过诸葛亮。”在进行创造活动时，一个人冥思苦想，会常感到力不从心。如能有几个人无拘束地讨论，不用担心别人的指责与批评，相互启发，使设想不断地更新、完善，一种新的思维成果或产品就会应运而生。

5. 掌握创造技法

创造技法研究最早诞生于美国，奥斯本于1939年创立的“智力激励法”被视为创造技法的始祖。后来，苏联、英国、日本、德国等也相继开展了有关创造技法研究。研究表明，让学生掌握一定的创造知识和创造技法，有利于提高创造性。

【教学建议】

知识是普遍联系的。知识的分科只是为了方便学生的学习，如果学生固执地把不同学科看作完全分开的不同事物，这必然会有碍于他们创造性思维的培养。所以，在培养学生创造性思维的课堂中，这个故事能有助于教师引导学生认识创造性思维；同时，它还能帮助学生正确地看待知识的分科，使得他们能够有效地统合不同学科的知识以及能够更灵活地运用各学科的技术和方法。

三、教案设计范例

【教案设计范例 1】

开启创造之门

一、活动形式：游戏、故事、讨论

二、活动对象：初中一、二年级

三、活动目标

（一）认知目标：帮助学生树立创新理念，形成创新意识。

（二）能力目标：训练学生积极用脑、灵巧动手的能力；养成学生发散思考、灵活变通的思维习惯。

（三）情感目标：激发学生创新的欲望。

四、活动重点、难点

（一）创造性思维品质的训练，创造性思维习惯的养成。

（二）学生创造性思维训练活动中的积极用脑与灵巧动手的结合训练辅导。

五、活动时间：40 分钟

六、材料准备：报纸、绳子、回形针、PPT 等

七、活动流程

（一）故事导入

一天早上，一位贫困的牧师，为了转移哭闹不止的儿子的注意力，将一幅色彩缤纷的世界地图，撕成许多细小的碎片，丢在地上，并许诺说："小约翰，你如果能拼起这些碎片，我就给你二角五分钱。"

牧师以为这件事会使约翰花费上午的大部分时间，但小约翰却用了不到十分钟便拼好了。

牧师问："孩子，你怎么拼得这么快？"

小约翰很轻松地答道："在地图的另一面是一个人的照片，我把这个人的照片拼在一起，然后把它翻过来。我想，如果这个'人'是正确的，那么这个'世界'也就是正确的。"

牧师微笑着给了儿子二角五分钱。

（二）主题活动

1. 游戏："请你打个结"

左右手分别拿着绳子的两端，打一个结。注意双手不能离开绳子，也不能把自己的手捆在绳子里。

很多同学都是习惯性的把手放在桌子前面摆弄绳子，当我们用习惯性的动作不能解决问题的时候，我们试一下改变习惯，把双手交叉放在胸前，再拿起绳子，试一下。

请做到的同学上台示范。

这个游戏给了我们什么启发？（学生发言）

小结：从活动中可以看到，要解决问题，我们要学会打破常规，跳出思维定式。

这个打破常规对于我们的现实生活有什么意义呢？先请同学们看一张图片（出示司马光砸缸救人的图片），还记得这个故事吗？讲的是司马光砸缸救人，当其他的小朋友都想着怎么把小孩从水里拉出来时，司马光却想到把缸砸烂，让水离开人，最终小孩得救了，这是因为司马光有这种打破常规的创造性思维。在游戏过程中，老师可以对学生进行提醒。游戏结束后请做到的学生上台示范一下。

2. 故事讨论与分析

给学生讲述故事："创造源自换位思考"。

让学生对故事中的毕昇的创新发明进行讨论，并总结主要讨论结果。

3. 想别人所未想——给故事创造幽默的结尾

故事一：一个人去看牙医，当他看到医生拿来的工具时，被吓坏了。医生为了使他安静下来，给他喝了一点酒，病人感觉好多了，随之又要了一杯酒喝了下去。这时医生问他："这次有勇气了吧?"病人在这个时候却大声说：……

问题：病人究竟说了什么？请设计结尾。

故事二：一个犹太商人乘出租车从一个地方到另外一个地方去。途中不巧汽车打滑，一直向前面路边的深渊滑了下去。司机惊恐地喊道："刹车失灵了，我控制不住了，怎么办呀?"犹太商人忙喊：……

问题：犹太商人喊了什么？请设计结尾。

（三）快乐共分享

教师：今天的课同学们很积极、很活跃。那么这节课给了你什么感受和启发呢？请大家来分享一下体会。

（四）教师小结

人的创造力并不是天生的，只要你对自己有信心，有勇气做别人不敢做的事情，并用心去锻炼，你也能走进创造的殿堂，体验创造的快乐。

【教案设计范例2】

事半功倍的学习

一、活动形式：游戏、故事、讨论

二、活动对象：初二年级

三、活动目标

（一）认知目标：帮助学生了解学习策略及其运用的重要性。

（二）能力目标：帮助学生完善学习环节，实践基本的学习策略。

（三）情感目标：激发学生掌握学习策略的动机。

四、活动重点、难点

（一）帮助学生完善学习环节，掌握恰当的学习策略。

（二）激发学生掌握学习策略的动机。

五、活动时间：40分钟

六、材料准备：PPT、投影器、关于学习策略的材料

七、活动流程

（一）导入：故事“会学习的有心人”

（二）主题活动

1. 游戏：“看谁记得快”

材料一

诗歌《蒲公英的遗产》：

秋/蒲公英老了/子女问：有什么遗产？/母亲默默地/在每个孩子头上/戴上了一把远飞的伞

材料二

这几天心里颇不宁静。今晚在院子里坐着乘凉，忽然想起日日走过的荷塘，在这满月的光里，总该另有一番样子吧。

材料三

18　56　91　42　35　46　57　79

19　31　82　66　41　73　59　45

2. 你是如何学习的？

将同学们分成多个组，然后不同的组各自讨论交流：学习策略是否合理？谁的学习策略更好？小组讨论完之后，各组派一个代表上台将讨论结果讲出来。

小结：对同学们列举的学习策略进行总结。然后补充一些同学们没有讲到的策略。

3. 故事讨论分析

分析“会学习的有心人”这个故事中，周恩来总理运用了前面列举的学习策略中的哪个？

（三）分享

教师：即将下课，那么同学们来思考一下这节课给了你什么感受和启发呢？请大家来分享一下体会。

（四）总结

学习方法是因人而异的。借鉴别人的同时更要确定适合自己的方法。

【教案设计范例3】

寻找快乐学习

一、活动形式：游戏、故事、讨论

二、活动对象及特征

活动对象：初一学生

特征：进入中学以后，学习的内容发生了明显的变化。学习的课程门类逐渐增加，内容也逐步加深。学习量的增加和内容的不断加深，加上初中学生心理的波动和生理的变化，使得初中生的学习成绩波动很大，同时出现激烈的分化。

三、活动目标

1. 让学生知道可以快乐地学习，在学习中寻找快乐。

2. 掌握快乐学习的方法。

3. 激发学生学习的兴趣。

四、活动重点、难点

引导学生思考怎样在艰苦的学习中体验快乐的感觉，让学生自己总结出快乐学习的方法。

五、活动时间：40分钟

六、材料准备

准备故事：“天才=刻苦+执著”

七、活动流程

（一）提出问题，引发学生思考

学习是快乐的还是痛苦的？原因是什么？

（二）故事分析

教师讲述菲尔普斯的故事。

提问：菲尔普斯在游泳的过程中是快乐的还是痛苦的？他的成功说明了什么？我们从中学到了什么？

（三）两两讨论

同桌之间根据提出的问题结合菲尔普斯的故事进行讨论。讨论结束后让8名左右学生报告讨论结果。

（四）教师总结快乐学习的策略

兴趣是最好的老师，要满怀兴趣地去学习，这样学习的效果会更好；

新的知识的学习可以满足我们的好奇心，当好奇心得到满足时，我们就会觉得很快乐。

（五）反思

为什么有些同学会认为学习是痛苦的呢？

（六）再次讨论

四人一组根据上述问题进行讨论，探寻学习痛苦的原因。

讨论结束后让5名学生报告讨论结果。

（七）总结

学生感到学习痛苦不是因为学习本身，而是因为自己不喜欢、或者是被迫学习，从而产生了痛苦的体验。

学习本身是快乐的，关键在于培养学习的兴趣，在学习中寻找快乐！

【教案设计范例4】

做时间的主人①

一、活动目的

（一）感觉体验时间长短，增进对时间掌握的能力；

（二）了解时间分配的重要性，爱惜时间，把握光阴。学会合理地利用时间，兼顾及平衡各方面的发展，使自己的校园生活更丰富多彩而快乐；

（三）检视自己的生活方式，觉察自己的时间分配适当与否。初步掌握一些时间分配的技巧，培养规划时间的能力。

二、辅导难点

学会主动对自己的时间分配作适当调整，更好地投入中学的学习生活。

① 本教案设计者：黄翠敏，广州市越秀区第七十九中学，编入本书时有改动。

三、活动形式

团体游戏、小组讨论、团体分享、自我记录、小组分享等

四、活动时间：40 分钟

五、辅导年级：初中

六、活动前准备

（一）准备“时间之星”所需物资：画纸、剪刀、直尺；

（二）准备“时间馅饼”所需的“时间记录单”及“时间分类排行榜”表格；

（三）布置学生在上课前选定一天，详细记录自己当天的生活作息及所花费的时间。要求尽可能将每件事都详细地记录下来，如看电视、吃饭、睡觉、上洗手间、发呆、闲聊等，并填写在个人的“时间记录单”中。

七、辅导内容与步骤

故事和创设情境导入：

讲述故事：“学习要趁‘早’”。

鲁迅把对自己的严格要求淋漓尽致地体现在对时间的珍惜中。今天这节课我们要学习“做时间的主人”。大家都知道时间是这世界上最神奇最重要的东西，它虽然不能被直接地看到、嗅到或触摸到，但是它却每时每刻都在我们的周围，影响着我们做的每一件事情。而且最重要的是，时间一去不复返，无论多少金钱都换不回流逝的时间。那我们要怎么样才能更好地安排与调控自己有限的时间，做时间的主人？在今天这节辅导课上，就让我们先来一次穿越时光隧道的旅行，近距离地感受一下时间吧！

（一）热身活动：时光隧道

活动过程：

全班学生围圈站，安静地闭上眼睛，缓和呼吸，集中精神。在听到教师宣布：“穿越时光隧道旅行现在开始了，我们即将在一分钟后，到达公元 3000 年”后，每个学生都闭着眼睛在心里默数一分钟，然后自动坐下。

【注意事项】

1. 要求所有学生在活动中都要闭上眼睛，用心感受。任何行动均保持在静默状态。

2. 教师要注意观察最先坐下、最慢坐下与时间最准的同学。

【团体分享】

1. 活动进行中，你有什么感受？

2. 平常自己是否能好好把握时间？

【教师小结】

时间对每个人都是很公平的，但一天24小时，能好好把握与不能把握也许会有很不同的结果。接下来我们再来一个小活动，考验一下你是否能把握好时间，做时间的主人。

（二）体验活动："时间之星"

准备物资：

大画纸（每组一张）、剪刀（每组一把）、直尺（每组四把）。

活动过程：

全班学生分小组围圈团坐；运用自己小组的物资，在十三分钟内剪出五十条纸条。然后在教师规定的时间内利用纸条折幸运星。在规定时间内折幸运星最多的小组获胜。

【注意事项】

1. 全班学生分小组进行活动，每组人数约5~8人（可视学生总人数的多少而作更改）；

2. 活动分成两部分进行，均要限时完成。第一部分是剪规定数量的纸条，第二部分是在限定时间折幸运星；

3. 各组不论剪纸条速度快慢，均要在13分钟后才可开始第二部分游戏；

4. 第二部分活动进行2分钟后，教师可用时间不够等理由要求所有小组成员马上停止折星。

【团体分享】

1. 活动过程中，你有什么感受？

2. 你认为教师分配活动各环节的时间是否恰当？

3. 你认为哪一个环节需要多些时间？为什么？

4. 在活动结束时，还有不少纸条未折成幸运星的小组，你们的感受如何？

5. 你有没有试过因时间分配不当而把事情弄得一团糟？

【教师小结】

随着年龄的增长，我们的视野开阔了，看到的听到的多了，要学习的知识与技能增加了，感兴趣想去做的事情变多了，要完成的作业功课变多了，就连要头疼烦恼的事情也变多了，时间越来越不够用。这时只有妥善分配时间，才能兼顾各方面的发展，让自己的学习生活可以快乐而丰富多彩。

明白这个道理后，我们尝试来进行"实战"，看看一天24小时你都在做些什么事情，你有没有牢牢抓住时间，不让它偷偷溜走呢？

（三）实践活动："时间馅饼"

【课前准备】

1. 教师课前准备"时间记录单"和"时间分类排行榜"并分发给学生。

2. 要求每位学生在课前选定一天，详细记录自己当天的生活作息及所花费的时间，尽可能将每件事都详细地记录下来，如看电视、吃饭、睡觉、上洗手间、发呆、闲聊等。

3. 根据自己的"时间记录单"，对时间进行分类统计，如分为做家事、吃饭、睡觉、休闲、家庭作业、课外补习、校内学习、独处等各类，并计算出各类别的花费时间总量，按从大到小的顺序记录在"时间分类排行榜"内。

【活动过程】

分小组比较各自的"时间记录单"与"时间分类排行榜"，用最快速度看看各自的时间分配有何相同与不同之处，各有何优劣，并选出小组公认时间分配较为合理的同学。每小组30秒时间让当选的同学上讲台介绍合理调控时间的"精华版经验"。（可在课后展示该同学的时间记录单，以便更好地与其他同学共享分配时间的经验）

【教师小结】

每个人每天都有24小时的时间，但是有些人可以做很多事，而有些人却是似乎永远都做不完事情。相信只要对自己的时间好好地规划，科学地吃"时间馅饼"，你会发现多出很多时间来做自己喜欢做的事。聪明的你，肯定可以充实而快乐地过每一天。

（四）活动延伸

【教师赠言】

朱自清散文《匆匆》节选。

【课堂总结】

时间是我们自己的，时间也是很有限的，好好反思自己平时用于学习、课外活动、娱乐及休息等各方面的时间是否分配恰当，学会珍惜时间，学习与掌握一些时间分配的技巧，做最佳的时间安排，你可以让自己的生活变得更有效率更丰富多彩，做一个快乐的时间小主人。

【课后实践】

通过今天的活动，你发现自己每天花时间最多的地方是什么？你满意自己平时所做的时间分配吗？你是否可以从记录单里看出时间都花在哪里了，如果希望自己的时间运用得更妥善，有没有办法做一些改变？请你为自己制订一个更合理的时间分配安排表。

附一：时间记录单

你知道你把时间都花在什么地方了吗？走路、看书、睡觉、发呆、聊天、做作业、玩游戏？请试着将一天所做的各项事情记录下来，记得把每一分每一秒所做的事都尽量记录下来喔！

我今天所做的事情与时间分配	
例：6：30	起床
6：30～6：40	刷牙洗脸

附二：时间分类排行榜

你的时间其实都花在哪里了？试着将这一天所做的事情加以分类，并统计各类的总花费时间，按时间多少排列来填写下表。

名次	我做的事情	总共花费时间	完成事情可达到的目的
1			
2			
3			
4			
5			
6			
7			
8			
9			
10			

课件参考资料：

有效管理时间的18种方法①。

陶渊明有诗："盛年不重来，一日难再晨。及时当勉励，岁月不待人。"时间是构成生命的材料，怎么珍惜都不过分。

---

① 摘编自：http：//blog. sina. com. cn/s/blog_ 7571352d0100ws9c. html.

浪费时间的十大原因：

①缺乏明确的目标；

②办事拖延；

③缺乏优先顺序，抓不住重点；

④注重过程不重结果；

⑤做事有头无尾；

⑥缺乏条理与整洁；

⑦不懂得授权；

⑧不会拒绝别人的请求；

⑨盲目行动；

⑩简单事情复杂化。

结合以上浪费时间的原因，提出了18种时间管理的方法：

1. 策略第一

“攻心为上、攻城为下”，时间管理策略总是第一位的。

2. 分清轻重缓急，抓住重点

若干项工作，总有重点工作和非重点工作，要在重点工作上投入大量的时间和精力，否则就会总是感觉时间不够用，工作却没有成效。

3. 马上行动，杜绝拖延

现在该做的事如果一拖再拖，则到完成工作的最后时限必定会手忙脚乱，要么胡乱应付，要么就是牺牲自己的休息时间来加班。

4. 确定明确的目标和行动计划

没有明确的目标，做事就会走很多弯路。确定了目标还要有行动计划，不管是心中的行动想法还是书面的行动计划总需要一个，否则这个目标的实现就是一句空话。

5. 每个人的时间都是有价值的

因为每个人的生命都是由时间组成的，生命是有价值的，故时间也是有价值的，所以才有鲁迅所说的“浪费时间等于谋财害命”的名句。

6. 今日事，今日毕

有了良好的完成工作习惯，时间自然是充分利用，就不存在浪费了。

7. 第一次做好，追求零缺点工作

如果工作不第一次做好，总是存在或多或少的问题，到最后又要返工从头做起而且不知道这次能不能符合要求，时间不是就在一遍遍的重复中浪费掉了吗？

8. 在要求工作时，必须要求时限

这样就既不浪费别人的时间，也不浪费自己的时间。

9. 善于授权

善于授权，是有领导艺术的人的专利，不懂得授权的人会事必躬亲，必然是忙得不可开交。

10. 要有条理与整洁的方法

文件和物品存放有条理，就不会在找东西上浪费时间。

11. 养成快速的节奏感

这样时间的利用率就自然提高，甚至带动别人提高效率。

12. 结果导向，掌控过程

完成任何工作，都有一个结果。我们要做的就是以这个结果为导向，在工作过程中不断调整方向，最终完成这项工作。

13. “猴子管理”

就是把每一项工作都看成是一只猴子，我们要照顾好自己的猴子，且要注意不让别人的猴子成为自己的猴子，要不猴子太多怎么办?

14. 不要让人浪费你的时间

要懂得拒绝，不要在无谓的交往中浪费自己的时间。

15. 善于利用零碎的时间

这一条很重要，不要试图认为有整块的大量时间供你支配，要善于利用零碎的时间。比如我们在制定部门的制度流程的时候，需要全部门人员参与讨论，各人有各自的工作，不可能有整块的时间来进行，这样就要善于利用零碎时间，分开讨论。

16. “第一”胜过更好

“第一”才是最好的。短跑冠军比亚军领先的就是零点零几秒。

17. 记录每天所做的每一件事

个人感觉这是个好习惯，当你坚持一段时间后，你对时间的支配情况就有据可依，改进不良的时间支配方式，从而总结出适合自己的时间管理方法。

18. 业余时间管理

不要忽视业余时间的管理，工作时间管理和业余时间管理是辩证统一的。

四、本主题拓展资料

（一）《伤仲永》

金溪民方仲永，世隶耕。仲永生五年，未尝识书具，忽啼求之。父异焉，借旁近与之，即书诗四句，并自为其名。其诗以养父母、收族为意，传一乡秀才观之。自是指物作诗立就，其文理皆有可观者。邑人奇之，稍稍宾客其父，或以钱币乞之。父利其然也，日扳仲永环谒于邑人，不使学。

余闻之也久。明道中，从先人还家，于舅家见之，十二三矣。令作诗，不能称前时之闻。又七年，还自扬州，复到舅家，问焉，曰："泯然众人矣。"

王子曰：仲永之通悟，受之天也。其受之天也，贤于材人远矣。卒之为众人，则其受于人者不至也。彼其受之天也，如此其贤也，不受之人，且为众人；今夫不受之天，固众人，又不受之人，得为众人而已耶？

译文①：

金溪百姓方仲永，世代以耕田为业。仲永长到五岁的时候，不曾认识书写工具，有一天忽然哭着要它们。他的父亲对此感到诧异，借邻居的书写工具给他，仲永立刻写了四句诗，并且自己题上自己的名字。他的这首诗把赡养父母、和同一宗族的人搞好关系作为内容。其父将此诗传送给全乡的秀才观赏。从此指定物品让仲永写诗他都能立刻完成，诗的文采和道理都有值得观赏的地方。同县的人对此感到非常惊奇，渐渐对他父亲以宾客之礼相待，还有的人用钱求仲永题诗。他的父亲认为这样有利可图，每天带着仲永四处拜访同县的人，不让仲永学习。

我听说这件事很久了。明道年间，我跟从先父回到家乡，在舅舅家里见到他，他已经十二三岁了。让他作诗，写出来的诗不能与从前的名声相称了。又过了七年，我从扬州回来，再次到舅舅家，问起仲永的情况，回答说："仲永的才能已经消失，完全如同常人了。"

王安石说：仲永的通晓、领悟能力是天赋的。他的天资，远远地超过一般有才能的人。最终成为一个平凡的人，则是因为他没有受到后天的教育。像他那样天生聪明，如此有才智的人，没有受到后天的教育，尚且要成为平凡的人；现在那些不是天生聪明，本来就平凡的人，又不接受后天的教育，

① 参照：百度知道［EB/OL］，http：//zhidao. baidu. com/question/90485999. html.

能够成为普通人恐怕（都）不容易吧？

（二）山田本一的故事

日本运动员山田本一在1984年的东京国际马拉松邀请赛中，出人意料地夺得了冠军。在两年后的1986年意大利米兰国际马拉松邀请赛上，山田本一又获得了世界冠军。

如此骄人的成绩，发生在名不见经传、个子矮小的山田本一身上，简直是不可思议的事情。很多人都想知道山田成功的秘诀。而在几度面对记者同样的问题时，山田本一给出的都是同样的答案：我靠的是智慧。

日本人说话向来都不太直接，矮个子的山田本一尤其性情木讷，不善言谈。当时许多人都认为山田本一的回答是在故弄玄虚。要知道马拉松赛是体力和耐力的运动，只要身体素质好又有耐性才有望夺冠，说用智慧取胜难以使人相信。然而成绩就摆在那里，山田的平静表情也平息了世人的怀疑。

10年后，人们通过山田的自传终于解开了这个“智慧”之谜，山田本一告诉世人：“每次比赛之前，我都要乘车把比赛的线路仔细地看一遍，并把沿途比较醒目的标志画下来，比如第一个标志是银行；第二个标志是一棵大树；第三个标志是一座红房子……这样一直画到赛程的终点。比赛开始后，我就以百米的速度奋力地向第一个目标冲去，等到达第一个目标后，我又以同样的速度向第二个目标冲去。40多公里的赛程，就被我分解成这么几个小目标轻松地跑完了……起初，我并不懂这样的道理，我把我的目标定在40多公里外终点线上的那面旗帜上，结果我跑到十几公里时就疲惫不堪了，我被前面那段遥远的路程给吓倒了。”把一个远大的目标分解成一个个小目标，易于实现，同时给自己激励，进而不懈地继续跑下去。这就是山田本一成功的秘诀。

通过目标分解法取得成功的还有不少例子。如亚洲首富李嘉诚通过类似的规划实现了成为亿万富翁的梦想：每年年底存1.4万元，平均每年投资回报率20%，10年后，资产累计到36万元；20年后，资产累计261万元；30年后，资产累计1 655万元；40年后，资产累计拥有1.0281亿元。这和山田本一的马拉松异曲同工，我们每年存1.4万元是很容易的，十年后累计到36万也不难。假如没有阶段性的分解目标，几年后就会逐步感觉渺茫，然后慢慢地不知不觉地放弃……

对于奋斗的人们来说，不应该把注意的焦点放在忧虑目标有多遥远上，而是要学会把大的目标分解成一个个小的目标，然后一步一步走下去。一是因为每走一小步不需要多大勇气和付出，二是每天的一个哪怕是小小的成就，都会让人觉得有进步，喜悦感和成就感就随之而来，在不知不觉的收获和奋斗之间，心中的梦想距离自己也就已经不远了。

（三）如何克服学习过程中的高原现象

学习者在学习过程中常会遇到这么一个阶段，即学习成绩到一定程度时，继续提高的速度减慢，有的人甚至发生停滞不前或倒退的现象，这种现象在心理学中称为“高原现象”。由于学习者不了解它的规律，极易产生急躁和焦虑情绪，结果影响学习成绩的提高。

高原现象是学习过程必须经历的四个阶段之一。研究结果表明，学习者在学习各种新的知识和技能的过程中，一般要经历以下四个阶段：

开始阶段：学习者要了解新事物、熟悉新规律，学习比较费力，因此一开始速度的提高较慢。

迅速提高阶段——学习者初步掌握了该知识和技能的重要规律或找到了窍门后，学习成绩明显提高，并因此受到鼓舞，提高兴趣，树立信心，因而进步很快。

学习高原期——这时由于已经掌握了一些知识，剩下的多是难点，加之精神、心理等多种因素影响，学习进步速度突然放慢，尽管每天的练习也很用心，但成绩提高不大，有时甚至出现成绩下降，总体上处于一种停滞状态。

克服高原阶段——当学习者坚持学习并不断改进探索方法，克服了学习途径上的困难，掌握新的规律或技巧后，学习成绩又开始逐步上升。

克服高原现象的方法很多，下面从学习方法、学习能力和学习动机等几个方面来探讨克服高原现象的方法。

1. 变换学习方法

学习阶段开始时所用的方法，到高原期不一定再适用，所以当到了高原期，学习者要尽早探索适应该阶段的学习方法。另外，学习者的学习方法在使用过程中会逐渐暴露出缺点，学生要不断改进学习方法，克服原有缺点。例如，学习数学时，解题方法仅仅停留在初级阶段的常量代换、套用公式、套题型的方法上，那么进一步解决需要运用空间想象力的问题时就必然有一个不适应的阶段，导致停滞不前，因此学习者此时必须变换学习方法。

2. 提高学习能力

学习能力差，学习质量不高，更容易产生学习停滞现象。传统的“填鸭式”训练使许多学生的能力不全面，形成不良的思维定式，影响思维方式的变化与转换，因而要克服高原现象，学习者必须提高自己的学习能力，用脑琢磨规律。

3. 增强克服困难的意志力

学习者学到一定程度时，会感觉到非常疲劳，学习动机会下降许多，这时就需要学习者坚持下去，保持动力系统，遇到困境时，具有攻关精神和百折不挠的勇气，有顽强的意志力，这样才能克服高原现象。

4. 丰富知识

基础差的学生很容易遇到高原现象。知识基础不牢的学生在学习上"欠债"太多，因而克服"高原现象"的一个重要方法是丰富自己的各种知识，打下扎实的知识基础。

5. 提高心理素质

有些学生在困难面前容易失去信心，因对自己的能力估计不足而灰心，进而影响学习进步，所以学生应注意培养自己的良好心理品质，如增强意志力和耐挫能力等，以良好的学习心态去克服高原现象。①

（四）元认知策略及其测量

在学习的信息加工系统中，存在着一个对信息的执行控制过程，它监视和指导着认知活动的进行，负责评估学习中的问题，确定用什么学习策略来解决问题，评价所选策略的效果，并且改变策略以提高学习效果。这种执行控制就是元认知的功能和活动。简而言之，元认知是指人对自己的认知过程的认知。认知指向客观外界，而元认知指向人自身内部的认知过程，它以认知过程本身的活动为对象。元认知策略是对信息加工过程进行调控的策略，主要的元认知策略有以下几种：

1. 计划监控

计划监控包括学习目标的设置、问题的提出与分析、完成任务的计划等。掌握计划监控的学习者往往是主动的学习者，他们能够自觉地在学习进行前计划学习时间、设置学习目标，学习过程中主动查阅有关资料，学习结束后知道及时复习，对没有弄懂的地方重新学习等。

2. 领会监控

领会监控是指学习者头脑中有明确的领会目标，在整个学习过程中始终注重实现这个目标，并根据这个目标监控学习过程，包括寻找重要细节和要点等。如重新浏览材料、仔细阅读理解有困难的地方或者学完整个材料之后

① 摘编自：冷英．学习心理．见唐红波．心理学[M]．广州：广东语言音像电子出版社，2009.

再回头来看理解有困难的地方等。

3. 策略监控

策略监控是指学习者对自己应用策略情况进行监控，保证策略在学习过程中有效地运用。自我提问法，即通过提供一系列供学习者自我观察、自我监控和自我评价的问题单，不断地促进学生自我反省而提高学习特别是问题解决的能力，是策略监控中最常用的方法。学生通过多次的自我提问，当达到一定的熟练程度后，则可以自动化进行，从而实现有效的策略控制。①

以下是一个关于元认知的测量量表，要求被试对每个句子与自身的符合程度进行自我评价，从自己“从不会这样”到“总是这样”，分四级计分，即1~4分。回答时最好在一个“智力情景”后进行，如被试完成了一次考试或接受了一次智力测试后。要求被试针对自己刚刚结束的智力活动的状态来回答以下问题。

（1）在刚才的解题过程中，我能够意识到自己的思维。

（2）我边做题边检查自己的题做得对不对。

（3）我努力发现考题的重要思想。

（4）我力图弄清测题的目的之后再去答题。

（5）我能意识到什么时候用什么样的思维方法。

（6）我自己检查错误。

（7）我问自己，眼前的题和已知的知识有什么样的联系。

（8）我努力弄清楚测验的要求是什么。

（9）我能意识到需要对自己的思考过程进行筹划。

（10）我几乎总是能知道自己的解答和完全正确有多大距离。

（11）我总是把题目的意思彻底想清楚了才开始答题。

（12）我确信我理解了应该做什么和应该怎样做。

（13）我能意识到我正在进行的思维过程。

（14）我“跟踪”自己的思维过程，必要时我会修改自己的思考方法。

（15）我用了多种思维方法来解决问题。

（16）我自己慎重思考后才作出如何去解题的决定。

（17）我意识到自己在完成一个题目之前总是试图弄懂它。

（18）我一边做题，一边检查自己的准确性。

（19）我在解答题目时，注意选择和组织有关的信息。

---

① 摘编自：冷英．学习心理．见唐红波．心理学[M]．广州：广东语言音像电子出版社，2009.

（20）在解题时，我力图理解这道题。

依据被试得分高低，可分别测查被试的元认知状态。各个维度包括的题项分别是：计划（第 4、8、12、16、20 题）；监视（第 2、6、10、14、18 题）；认知策略（第 3、7、11、15、19 题）；自我意识（1、5、9、13、17 题）。

第五部分 自我意识

一、主题介绍

早在古希腊，奥林匹斯山德尔斐神殿石碑上就出现了一句铭文：认识你自己。这说明人类关注这个问题由来已久。随着年龄的增长，开始步入或已经步入青春期的青少年学生也开始把注意力转向自我。步入青春期的学生可能会特别关注自己的相貌、身材、体重等。有些学生会因为自己长相不够漂亮或者身材矮小等而感到苦恼甚至自卑；也有的学生会因为教师和父母的一句消极评价而耿耿于怀甚至产生逆反心理。其实，这些表现都意味着在青少年学生心中自我意识在成长。在心理学上一般用自我意识的发展来解释这一现象。

自我意识是指一个人对自己身心活动的觉察，即自己对自己的认识，具体包括认识自己的生理状况（如身高、体重、体态等）、心理特征（如兴趣、能力、气质、性格等）以及自己与他人的关系（如自己与周围人们相处的关系，自己在集体中的位置与作用等）。

自我意识主要包括三种心理成分：自我认识、自我体验和自我监控。

1. 自我认识

自我认识是自己对自己身心特征的认识。自我认识在自我意识系统中具有基础地位，属于自我意识中“知”的范畴。自我认识训练的重点有三个：第一，让学生能认识到自己的身体特征和生理状况。第二，认识到自己在集体和社会中的地位及作用。第三，认识到内心的心理活动及其特征。自我认识的核心成分是自我评价，它直接制约着自我体验和自我调控，因此对学生进行自我意识训练，核心应放在提高自我评价能力上。但是由于学生的自我评价能力不高，因此要提高他们的自我评价能力，就应让其学会与同伴进行比较，通过比较作出评价。同时还应学会借助别人的评价来评价自己，学会用一分为二的观点评价自己。

2. 自我体验

自我体验是主体对自身的认识而引发的内心情感体验，如自信、自卑、内疚、羞耻等。自我体验往往与自我认识、自我评价有关，也和自己对社会的规范、价值标准的认识有关。良好的自我体验有助于自我监控的发展。对学生进行自我体验训练，就是让他们拥有自尊感、自信感和自豪感，不自卑，不自傲，不自满，随着年龄增长让他们懂得做错事感到内疚，做坏事感到羞耻。

3. 自我监控

自我监控是自己对自身行为与思想言语的控制，具体表现为两个方面：一是发动作用；二是制止作用，也就是支配某一行为，抑制与该行为无关或有碍于该行为进行的行为。为提高学生的自我监控能力，重点应放在促使发生转变上，即由外控制向内控制转变。学生自我约束能力较低，常常在外界压力和要求下被动地从事实践活动，如只有教师要求做完作业后检查，学生才会进行检查。针对这种现象，教师应教学生学会如何借助于外部压力，发展自我监控能力①。

本章将以几位名人的自我意识发展故事为主，从认识自我、接纳自我和探索自我等角度，来进行自我意识的学习和教育。

二、故事赏析

故事赏析 1：从乞讨者到世界著名集团创始人

【故事介绍】

希尔顿是美国旅馆业巨头，被称为旅店帝王。他曾经是控制美国经济的十大财阀之一。希尔顿在第一次世界大战期间服过兵役，并被派往欧洲战场，战后退伍，之后经营旅馆业。1919 年创建了第一家希尔顿酒店。希尔顿经营旅馆业的座右铭是："你今天对客人微笑了吗?"现在，希尔顿的"旅店帝国"已伸延到全世界，资产发展为数十亿美元。

---

① 摘编自：百度百科［EB/OL］，http：//baike. baidu. com/view/99830. htm.

图5-1　希尔顿，（Conrad N. Hilton，1887-1979），美国旅馆业巨头。

希尔顿年幼时，正好遇到美国历史上百年难遇的经济大萧条时期。身无分文的希尔顿只好四处流浪、乞讨，晚上则随便找一个地方过夜。

有一阵子，接连几个晚上，他都蜷缩在一间大饭店门廊的角落度过寒夜。一天的后半夜，睡梦中的希尔顿被饭店的保安抬了起来，更令人意想不到的是，他被毫不客气地丢到饭店外面的雪地上。希尔顿从睡梦中惊醒，气急败坏地质问保安："我在门廊睡觉妨碍你们了吗？为什么把我丢到雪地里？"

保安答道："明天一大早，我们饭店集团的董事长将要光临饭店。经理认为，你们这些流浪汉躺在门廊有损我们饭店的形象，还可能会引起董事长的指责，所以请你到别的地方睡觉去！"

"董事长是人，我难道就不是人？在这么寒冷的夜晚，就让我在门廊下睡一晚，明天再赶我走也不迟呀？"希尔顿据理力争。

"我们饭店经理交代的，我们只不过是依照命令办事而已。"保安趾高气扬地回答。

"你们给我听着，"希尔顿大声吼道，"你们等着，总有一天，我要开一家比你们饭店更大、更豪华的酒店！"

从此之后，希尔顿这个无家可归的孤儿，牢记着在寒冷的雪夜中所受的屈辱，克勤克俭，发愤图强，终于一手创建了第一家希尔顿酒店。现在，希尔顿酒店遍布世界五大洲的各大城市，成为全球规模最大的酒店之一。①

【知识点评】

知识点1：意志

知（认知）、情（情感）、意（意志）是人类心理活动的三种基本形式，人们认识世界的主观意识过程，通常可以分为三个阶段：

---

① 摘编自：赵一，梁素娟．世界上最经典的心理学故事全集［M］．北京：石油工业出版社，2009.

1. 认知阶段

目的在于解决“是什么”或“什么事实”的问题。只有首先了解事物的外在特性（或外部联系）和内在规律（内在本质），即首先了解事物“是什么东西”，才能对它进行其他方面的深入了解。

2. 评价阶段

目的在于解决“有何用”或“有什么价值”的问题。只有了解事物“是什么东西”以及“对我有何价值”，才能知道如何对它采取正确的处理措施。

3. 意志（或决策）阶段

目的在于解决“怎么办”或“实施什么行为”的问题。就是针对事物的品质特性以及每一品质特性对于人的价值，人将选择一个最合适的行为，以便能够充分有效地利用事物的价值特性。①

在心理学上对意志的定义是人自觉地确定目的，并支配行动，克服困难，实现目的的心理过程。意志是一种特殊的、针对行为活动方面的情感，是人类独有的心理活动形式，它使人类具有高度的主动性和创造性，从而从根本上区别于其他低等动物。意志的品质特性就是意志在对人的行为驱动过程中所表现出的动力特性，它主要取决于主体的行为价值关系变化的动力特性，反映了人的行为价值的目的性、层次性、强度性、外在稳定性、内在稳定性、效能性、细致性等。

在这个故事中，主人公希尔顿在一家大饭店门廊的角落躲避风雪，却被保安驱赶了出去，面对这种状况，希尔顿下定决心要克勤克俭、发奋图强，最终成就了一番大事业。这证明挫折并不是完全消极的，它有利有弊。在某种情况下，它可以激发更大的意志努力，促使人更加坚定地向目标前进。

知识点 2：对待挫折的积极心理防御方式

挫折是指人们在有目的的活动中，遇到无法克服或自以为无法克服的障碍或干扰，使其需要或动机不能得到满足而产生的障碍。心理学上的挫折指的是个体有目的的行为受到阻碍而产生的紧张状态与情绪反应。

挫折包含三个方面，即挫折情景、挫折认知、挫折行为。挫折情景就是使目标不能实现的各种阻碍和干扰的因素；挫折认知，即个体对挫折情景的认知、态度和评价，这是产生挫折和如何对待挫折的关键；挫折行为，即伴随着挫折认知而产生的情绪和行为反应，如愤怒、焦虑和攻击等。

---

① 摘编自：百度百科［EB/OL］，http：//baike.baidu.com/view/17823.htm.

对待挫折的积极心理防御方式主要有代替（包括升华和补偿）、表同和幽默。

1. 代替

个体根据适应社会的需要，以另设的目标代替原有受阻的目标，以新的活动方式来代替原来的活动方式，以弥补心理挫折的损伤，这种防御方式叫代替作用，其表现为升华和补偿。

（1）升华。

这是人将原有的行为或欲望，导向比较积极的方向，使其具有建设性并有利于社会和本人。升华一方面转移实现了原有的欲望以达到内心平衡，同时又创造了积极的价值。例如，有的学生对班里学习优秀者存有嫉妒心理，但又不好表现出来，于是他发奋努力，争取超过其对手，这就是升华的表现。中学生年轻气盛，受挫后容易产生攻击性行为，情绪也极带冲动性。因此，教师应引导学生利用升华的作用，把这种冲动性、攻击性转向带有竞争性的体育活动、学习及兴趣小组中，使之合理化，这样既可以使不正常的情绪得以合理宣泄，又有益于身心健康。

（2）补偿。

补偿是指个人所追求的目标、理想受到挫折，或由于本身的某种缺陷而达不到既定目标时，改变活动方向，以其他可能成功的活动来代替，从而弥补或减轻心理上的不适感。例如，有的同学文科学得较差，于是就奋力攻读数理化，以其优异成绩来补偿文科的差距，以达到心理平衡。可见，补偿是一种积极的适应挫折的方法，它在教育上也是极有价值的。教师及家长们应充分认识它的积极作用，帮助学生利用补偿作用达到“失之东隅，收之桑榆”的目的。

2. 表同

表同又称认同，是与投射相反的表现，指一个人在生活中无法获得成功的满足时，将自己比拟成其他成功的人或以他人自居，借此在心理上分享他人成功之果，来消除个人因挫折而产生焦虑的痛苦。一般情况下，学生表同的对象常常是所爱、所崇拜的偶像。这些偶像所具有的人格特征，又恰恰是自己所缺少的，为此十分遗憾。通过模仿所崇拜偶像的言行来得到内心的满足。可见，表同作用在一定范围内有助于优良人格的发展。教师和家长应鼓励学生通过读名人传记、历史小说，来为自己树立效仿对象；或通过向他们介绍在事业上成功的人物，来唤起学生的表同作用，激发学生向上。但也有少数青少年误把反面人物当作表同对象，这是极为危险的，教师和家长应及时发现，予以纠正和正面引导。

3. 幽默

幽默是指个体遇到挫折、处境困难或尴尬时，用一种奇特、含蓄、双关、讽喻、诙谐、巧合等语言动作的良性刺激，来化解困难，以摆脱内心的失衡状态。幽默恰当，可使人感到愉快，使生活增添情趣和活力，所以是一种积极的防御挫折的方式。①

【教学建议】

该故事可以在讲授意志行动的实施过程中的“挫折”这一节引入，让学生明白挫折在人们的生活中是不可避免的。增强挫折承受力是培养良好意志行为的重要方面。

故事赏析2：金无足赤，人无完人

【故事介绍】

凯丝·达莉是美国著名的歌唱家，她从小喜欢唱歌，并且梦想当一名歌唱演员。然而，美中不足的是达莉的牙齿长得凹凸不平，她常常深感苦恼，不知如何是好，只得尽量掩饰。

一天，达莉在新泽西州的一家夜总会里演出时，一直设法把上唇拉下来盖住牙齿，结果弄巧成拙，洋相百出，达莉哭得很伤心。

达莉后来回忆说，正当她哭得最伤心的时候，台下的一位老太太走到她身边，亲切地对她说：“孩子，你很有音乐天分，坦率地讲，我一直在注意你的演唱，知道你想掩饰的是自己的牙齿。其实，长了这样的牙齿不一定就是丑陋，听着，孩子，观众欣赏的是你的歌声，而不是你的牙齿，他们需要的是你的真实。张开你的嘴吧，孩子，观众看到连你自己都不在乎的话，他们就会对你产生好感的。再说了，孩子，说不定那些你想掩饰起来的牙齿还会给你带来好运呢。”老人的话像一股暖流涌遍达莉的全身，使她倍感振奋。她使劲点了点头，满怀感激地握住老人的手。

凯丝·达莉接受了老太太的忠告，不再去掩饰自己的牙齿。从那时开始，达莉唱歌时心里只想着她的观众，她张大嘴巴，热情而高兴地歌唱，最后达莉成了美国电影界和广播界的一流明星，后来甚至许多喜剧演员还争先模仿

① 摘编自：侯建．中学生常见的心理挫折．中国教师资源网［EB/OL］，2007－02－06.

她的样子。[①]

【知识点评】

知识点1：接纳自我

认识自我往往贯彻我们的一生，更重要的是在认识自我的基础上接纳自我。接纳自我是指个体对自己以及自己所具备的特征所持的一种积极的态度。一般而言，相貌、身材和体重等生理原因、他人的评价、生活经历以及个体归因方式都可能让个体内心不愿意接纳自己。所谓“金无足赤，人无完人”，我们在接受自我、把握自我的同时也要勇敢地接受自我的缺陷。我们可以让自己的优点更显著，或让自己的缺点同时也慢慢地得到收敛和缩小，从而达到扬长避短的目的。凯丝·达莉没有因为丑而完全否定自己，她在看到自己丑的同时也看到了自己动听的歌喉。她要让歌喉更加动听，从而弥补丑陋的缺陷。她充分了解自己，并能十分明智地扬长避短。于是，她成功了。

那么，该如何去接纳自我呢？

1. 走出自卑的沼泽地

自卑当然会对学生产生消极影响，但并不意味着自卑是不可以超越的。首先，教师和父母不要轻易给学生贴上自卑的标签，让他们产生消极的心理暗示。著名的心理学家阿德勒认为，自卑的表达方式有很多种，每个人都用自己独特的方式表达出来，这就是著名的“自卑情结”。可见，有自卑情结并不可怕，关键在于学会面对自卑，把自卑化作自己前进的动力，尽可能减少自卑带来的困扰。

2. 接纳自己的全部，换一个角度看自己

接纳自我就是要接纳自己的所有优点和缺点。学会接纳自我，最重要的是接纳自己的缺点。

在《庄子·大宗师》里记载着一个动人的故事。子祀和子舆是好朋友，有一天，子舆生病，子祀去探望他，见面时，子舆竟对子祀说：“伟大的造物者啊，竟把我变成驼背模样，背上生了五个疮口，而脸因佝偻而低伏到肚脐，两肩隆起，高过头顶，脖颈骨则朝天突起。”子祀问他是不是讨厌这种病，子舆悠闲地说：“不，我为什么要讨厌它呢？假使我的左臂变成一只鸡，我便用它在夜里报晓；假使我的右臂变成弹弓，便用它去打斑鸠来烤了吃；假使我

① 摘编自：王琳．保持平常心［M］．北京：新世界出版社，2005.

的尾椎骨变成车轮，我的精神变成了马，我便可以乘着它遨游，无须另备马车了。再说吧，得是时机，失是顺应，安于时机而顺应变化，哀乐自然不侵入心中来。这就是自古以来的解脱。那些不能自我解脱的人，就要被外物所奴役束缚了。物不能胜天，这是不易的理则，当我改变不了它的时候，我为什么要讨厌它呢？"① 这个故事道出了生活的真正智慧。子舆是真正懂得了"只有接纳自己，才会活得快乐"这个道理！人必须接纳自己，依照自己的本性好好地生活，不盲目羡慕和比较，对自己的生命，乃至对一切众生接纳和欣赏，就会倍加珍惜生命，就能拥有愉快的心境。

知识点 2：暴露缺点效应

阿伦森让被试听大学生才艺表演大赛的录音。录音的上半部分是两位大学生在大赛中的表现。其中一位是能力很强的校刊编辑，他答对了 92% 的难题。另一个是能力一般的校刊校对员，他只答对了 30% 的题目。这个时候请被试评价他们对这两个大学生的喜欢程度，结果大家普遍更喜欢前一位能力较强的大学生。在后面的录音中，被试听到两个大学生犯了一个小错误的叫声："哎呀，不好了，我把咖啡通通泼到我的新衣裳上了！"然后再请被试评价他们对这两个大学生的喜欢程度。结果发现，被试对能力强的大学生的喜欢程度上升，而对能力弱的大学生的喜欢程度下降！②

社会心理学研究结果也表明，对于一个德才俱佳的人来说，适当地暴露自己一些小缺点，不但不会形象受损，而且会使人们更加喜欢他。这就是社会心理学中的"暴露缺点效应"（也叫"犯错误效应"或"白璧微瑕效应"）。

一个人适当地暴露自己一些小的缺点，至少可以达到两个目的：

一是可使人们感到他也是个普通人，因而会觉得他是比较容易相处的。试想，谁愿意和一个完美的人相处呢？那样只会觉得压抑、恐慌和自卑。

二是可使人们感到他的真诚和对人的信任，因而会觉得他是可敬可爱的人。

众所周知，"金无足赤，人无完人"。每个人都有缺点。勇于将自己的缺点暴露可能会使人失望、难受一阵子，但经过这"阵痛"之后，人们对他的缺点的注意力就会下降，反而更多地注意他的优点，感受他的魅力。与此相反，倘若一个人拼命地显示优点，掩盖缺点，开始会给人们好印象，可一旦

① 摘编自：叶万耿．天下是给出来的［M］．北京：新世界出版社，2011.

② 摘编自：卢秀安．现代心理教育［M］．广州：广东高等教育出版社，2002.

缺点暴露后，就会使人们更加难以接受，并给人以虚假猥琐的感觉。这正如一位先哲所说的那样：“一个人往往因为有些缺点，而显得更加可敬可爱。”①

“暴露缺点效应”提示我们，如果你是一个强者，请不要过于包装自己或追求锦上添花，恰当地示弱，适度地暴露一点瑕疵，反而会另辟蹊径赢得更多人的亲近和喜欢。

【教学建议】

教师通过讲授这个故事，首先可以让学生明白在这个世界上并不存在完美的人或者完美的事物，对于自己不要过于苛求，拥有缺点并不是一件可怕的事情；世界上没有十全十美的人，求全，只是一种良好愿望，可是谁见过毫无缺点的“完人”呢？孔子说过：“无求备于一人。”鲁迅也说过：“倘要完全的书，天下可读的书怕要绝无，倘要完全的人，天下配活的人也就有限。”一个人的优点与缺点往往是相互联系的，它们就像一对孪生兄弟，有所长必有所短。我们要悦纳自己的缺点，这样才能更好地成长。其次可以让学生在活动中更加切实体验到自己的力量，看到自己的优点，这往往是更有效的方法。

故事赏析3：肯定自我，塑造自我

【故事介绍】

罗斯福被公认为是美国历史上身体最健康、意志最坚定的领导人。但是，这位卓越的政治家并非生来就如此健康。小时候的罗斯福哮喘病缠身，身体虚弱得甚至无法吹灭床边的蜡烛。回忆童年，罗斯福总会这样形容自己：“一个体弱多病的男孩”和“一段悲惨的时光”。他身体的状况甚至糟糕到让他的父母不敢肯定他是否还可以活下去。

罗斯福明白，要想成为自己理想中的那种人，必须通过磨砺来塑造自己。他将自己称为“自我塑造的人”。正如罗斯福回忆道：“由于既虚弱又笨拙，所以我对自己毫无信心。我需要艰苦地锻炼自己的身体，更需要强化自己的意志和精神。”

罗斯福曾说：“关于我一生经历的各种战役，人们谈论很多。其实，最艰难的一场战役只有我一个人知道，那就是战胜自己的战役……只有通过实践

① 摘编自：百度百科［EB/OL］，http：//baike. baidu. com/view/1296986. htm.

训练，人们才能够真正获得意志力，也只有依靠惯性和反复的自我控制训练，我们的神经才有可能得到完全的控制。从反复努力和反复训练意志的角度而言，意志力的培养在很大程度上就是一种习惯的形成。”罗斯福对意志力的训练贯穿了他的一生，也融入了他的日常活动中。即便是在总统任职期间，他也仍然坚持自己的实践训练。在他入主白宫的那些日子里，就像罗斯福自己所说的那样：“我总是在下午尽量抽出几个小时进行体育锻炼——打网球、骑马，有时也行走在崎岖的乡间小路上。”

罗斯福的果断和坚韧受到了所有人的一致公认。他的果断和坚韧，以及他强烈的责任感，都源自其强大的意志力。历史学家莫里森评论到：“罗斯福的一生，充满了令人惊讶的决断。他的精力和天赋并没有在出生时就得到某种自然而和谐的统一；相反，经过多年持久而大量的意志锻炼之后，它们得到了有效的组织和引导。”①

罗斯福从一个最初并不是一位有决心、有毅力，身体健康、意志坚强的人，在意志力的帮助下通过自我坚定的锻炼最终成为人们眼中的罗斯福，成就了自己的事业！

【知识点评】

知识点1：自我意识与自我概念

自我意识是个体对自己的身心状况及与外部世界相互关系状况的认识和体验。自我意识包括自我认识、自我体验和自我调节。自我意识导致了自我概念的产生，自我概念就是关于自己各方面的不同程度的认识，包括生理自我、心理自我和社会自我，如表5－1所示。

表5－1 自我概念和自我意识关系表

	自我认知	自我评价	自我调节
生理自我	对自己身体、外貌、衣着、风度、家属、所有物等的认识	英俊、漂亮、有吸引力、迷人、自我悦纳	追求外表、物质欲望的满足，维持家庭的利益等

① 摘编自：杰克·霍吉．习惯的力量［M］．吴溪译．北京：当代中国出版社，2007.

（续上表）

	自我认知	自我评价	自我调节
心理自我	对自己的智力、性格、气质、兴趣、能力、记忆、思维等特点的认识	有能力、聪明、优雅、敏感、迟钝、感情丰富、细腻	追求信仰，注意行为符合社会规范，要求智慧与能力的发展
社会自我	对自己的名望、地位、角色、性别、义务、责任、力量的认识	自尊、自信、自爱、自豪、自卑、自怜、自恋	追求名誉地位，与他人竞争，争取得到他人的好感等

一般而言，个体的生理自我会影响到个体的心理自我，从而影响社会自我，因此身体有残疾的人或者较弱小的人（真实的或想象的），往往会认为自己不如他人，比较迟钝和不受欢迎，对自我的评价较低，从而导致其社会自我显示出自卑、自怜的倾向。然而，也并非所有人都是如此。在一些特殊的个案中，如罗斯福的故事中，我们可以清晰地看到，生理自我并不能绝对地决定心理自我和社会自我的发展倾向，如果现实中生理情况无法得以改变，拥有一个强大的心理自我同样可以带来积极正面社会自我的发展。而强大的心理自我又来自于对心理自我的积极认知，随后产生积极自我评价，在这种自我评价的支持下，个体为了继续保证积极的自我评价，会有更多积极的行为来支持正面积极自我认知和自我评价的产生，形成良性的循环。

自我概念的形成有三个阶段：一是从他人对自己的评价中认识自己（镜中自我），二是与他人比较认识自己，三是反省自己的行为结果认识自己。通常情况下，当他人对我们的评价是消极的时候，与他人比较自己处于比较弱小的地位时，个体所做的行为往往是不能达到自己的期望的。但罗斯福的心路历程告诉我们，我们改变不了他人对我们的认识，但通过自我的努力，不断地获得成功，在与他人比较的时候我们能够有机会认识到一个成功的自己，从而有更多的积极去改变的行为，让通过自己努力而成功的结果来提升自我的认知和评价。

因此，自我改变的关键在于心理自我，最重要的是心理自我的认知和评价。

知识点2：意志力与成功——从自我塑造到自我超越

意志力与成功之间的关系几乎是可以不用再论证的，古往今来，无论是中国，还是外国，因为有强大的意志力的个体而取得历史性辉煌成就的事例数不胜数，罗斯福的故事只是其中的一个。

人的行为在很大程度上是由他的意志力决定的，而意志力又取决于人本身，因此归根到底还是人在做选择。在这个问题上，就产生了意志力的一对矛盾：意志力具有引导自我的巨大力量，然而又必须由人来决定怎样发挥这种力量，以及用这一力量来实现什么样的目标。正是这对矛盾，引发了我们对意志自由问题的思考。

那么，又是什么引发了意志力呢？

动机催生意志力。一个充分的理由就构成一种动机，人们认为可用它作为行动的依据。当一个人认可了某一种动机，也就是在这一方面为下定决心提供充足的理由时，那么他就已经选择好了适当的行为来服从意志。但也可能出现这样的情况，很多人似乎认同某种行为的理由，却没有决心去实践。为什么呢？那是因为可能在潜意识当中，有其他理由为不采取行动或采取相反的行动提供了充足的依据。

因此，我们认为意志力的展现有四个相关的步骤①：

第一步，把可能要做的事呈现在脑海中；

第二步，将所要完成之事的动机或理由呈现在脑海中；

第三步，在脑海中阐述充分的理由；

第四步，依据充分的理由来下定决心。

意志永远是自我引导的精神力量。对任何一个健康的人来说，意志力扮演着三种重要的角色：强大的意志力是身体的主人；正确的意志力是心智功能的统帅；完善的意志力是个人道德的导师。因此，意志力是决定我们将去何方，到达何种高度的决定因素。罗斯福正是凭借着强大的意志力，不断地与其他的干扰因素作斗争，从而登上了历史性的高峰。而他强大意志力的来源就起源于一个非常充分的理由：与自我的战争。不断地挑战自我的极限，从而让自己的能力得到越来越大的发挥和充分的锻炼，这份不断超越自我的信念支持着数十年如一日地拥有着坚强心灵和灵活头脑的罗斯福，而这种坚持就是意志力的体现。

在我们的生活中也是如此，或许我们的目的并不是成为历史性的人物，但拥有强大的意志力，可以让我们的生活发生根本性的改变，因为其充分的理由就是：我要让我的生活更好，让我自己更好！在这种充分理由的支持下，

---

① 摘编自：哈德克．意志力训练［M］．北京：中国档案出版社，2002.

个体会根据自己的理想选择各种达到目的的方法，并且当遭遇困难时，能有信心和决心去面对并克服，从而达到自我塑造的目的。人或许无法决定自己的开始，但可以决定自己的结束。意志力并不是天生的，而是可以通过一些特定的方法训练得到的，因此了解一些与生命意志力训练相关的法则有助于我们开展属于我们个人的自我塑造计划。

【教学建议】

本故事可作为自我意识这一章节的一个故事，主要介绍了关于自我意识的一些相关知识，包括："自我意识及自我概念"、"正向自我意识促进人的成长"以及"意志力与成功——从塑造自我到超越自我"。自我意识包括三个结构：自我认识、自我评价以及自我调节。本章节的所有故事的知识点分析均是从这三个方面进行的，有助于帮助学生系统地进行自我意识的教育。本故事的核心是意志力，因此在授课时可围绕此核心展开相关自我意识的教育。

"自我意识及自我概念"是为了让学生对于自我概念有一个更加清晰和明确的认识，让学生以后能够自发地进行自我意识的体验和调节。这部分的分析主要是从自我意识的内容和结构两个方面出发，分析了自我意识是如何生成及发展的。

"意志力与成功——从塑造自我到超越自我"，此点的分析紧紧围绕故事而来，提出一些用以自我训练意志力的方法。教师在授课时，还需要寻找一些其他相对来说更有说服力的例子来证明意志力与成功之间的关系。意志力之所以可以使人成功，更重要的在于坚持，但这里的坚持是发展性的坚持，是对核心的坚持，而非只是行为的刻板，强迫重复行为，要将这二者区分开来。罗斯福虽然也在坚持一些长期的重复行为，如锻炼、不断挑战自我等，这些刻意为之的坚持行为背后更加深沉的原因是要进行自我塑造，从而达到自我的超越。这里的自我超越，意指从量变到质变的一个突破，更重要的是指自我改变。

故事赏析4：玩好自己的牌

【故事介绍】

图5-2　艾森豪威尔（Dwight David Eisenhower，1890—1969），美国总统中的“第一穷”和第一个五星级上将。

艾森豪威尔是美国第34任总统。在美国历届总统中出身“第一穷”，却是美军统率最大战役行动的第一人，美军退役高级将领担任哥伦比亚大学校长的第一人，美国唯一一个当上总统的五星级上将。

一天晚上，在美国的一个普通家庭里，一个小男孩与家人一起玩牌，不过他的牌运很差，结果连续几次都输了。于是，小男孩开始抱怨自己手气不佳、运气不好。这时，男孩的母亲突然停下来，她严肃地对小男孩说：“无论你手中的牌是好是坏，你都必须接受它，并尽自己最大努力玩好自己的牌！”小男孩望着平时和蔼可亲的母亲那严肃认真的面孔，完全愣住了。只听母亲接着说道：“人生也是如此，上帝为每个人发牌，你无法选择牌的好坏，但你可以用好的心态去接受现实，并竭尽全力，让手中的牌发挥出最大的威力，获得最好的结果！”

从此以后，小男孩改变了自己的心态，一直牢记着母亲的教诲，他不再抱怨自己的命运，而是以良好的心态去迎接人生的每一次挑战。就这样，他从得克萨斯州默默无闻的农村走了出来，一步步成为陆军中校、盟军统帅、美国总统。这个小男孩，就是美国第34任总统——艾森豪威尔。①

【故事链接】

艾森豪威尔为后人津津乐道的是他的“十字时间计划”（见图5-3）。即画一个十字，分成四个象限，分别是重要紧急的，重要不紧急的，不重要紧急的，不重要不紧急的，把自己要做的事都放进去，然后先做重要而紧急那一象限中的事，这样一来，艾森豪威尔的工作生活效率大大提高。②

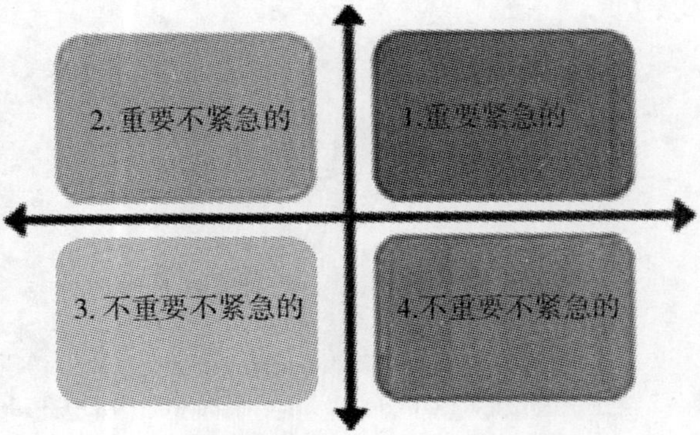

图5-3 艾森豪威尔的“十字时间计划”

【知识点评】

知识点1：耐挫力

所谓耐挫力，是指当个体遇到挫折时，能积极自主地摆脱困境并使其心理和行为免于失常的能力。耐挫力强，则可以化解挫折带来的影响，尽力克服困难，积极解决问题，创造性地完成任务，从而增进知识和才干，培养坚强的意志、克服困难的能力，形成积极向上、坚韧不拔的个性特征；耐挫力弱，则会消极悲观，丧失信心，失去前进的动力和目标，对个体发展产生消极的影响，形成不良的个性。③

艾森豪威尔总统在小的时候，面对打牌这些小小的挫折都无法以平常心对待，很难想象这样的他长大后怎么处理那些对历史、对人类有极大影响的

① 摘编自：李津．生气不如争气［M］．北京：海潮出版社，2005.

② 摘编自：百度百科［EB/OL］，http：//baike. baidu. com/view/14698. htm.

③ 摘编自：百度百科［EB/OL］，http：//baike. baidu. com/view/5020405. htm.

国际性事件，怎么带领自己的士兵上战场杀敌，因为输不起的人难成大事。

耐挫力是坚强自我的一种表现，是一个人能够正视自己所面对的挫折，并且不被挫折所影响，能够客观地分析情况，寻找合理且合适的解决方法。那么如何提高自我的耐挫力呢？关键是要发展积极反应，防止消极反应。首先要确定适当的目标，减少因目标太高而造成不必要的挫折；其次要建立正确的挫折观。要懂得人生道路的曲折，认识挫折的客观必然性，要有充分的思想准备，勇于面对现实，正确分析挫折原因，增强耐挫力；再次要改变引起挫折的情境，如改变环境的心理氛围；另外还要正确对待受挫折的人。对遭受挫折的团体成员，管理者应采取适当的方法帮助他们；最后可以求助于心理咨询，请心理专家帮助受挫折者分析挫折原因，排解消极情绪，提高适应能力。

知识点 2：乐观者，才快乐——选择自我观

积极心理学著作《打破墨菲法则》中说："乐观与快乐并不是一回事。快乐是一种体验，而乐观是一种信念。"

艾森豪威尔总统的母亲看到了现象背后的本质：虽然我们可能一直很倒霉（无法决定上帝发给我们的牌），但如果有一个好的心态去面对、接受这些现实，并竭尽全力让手中的牌发挥最大威力，同样能获得好结果。这才是真正的乐观，一种自己必然会获得好结果的信念。在这种信念的促使下，人们不会再只被动地等待上帝发好牌，而是会尽力去好好利用自己手中的牌，为自己创造"好牌"，因此人也会更积极、更珍惜自己的每一次经历。

心理学的实验研究表明，个体在拥有乐观积极心态的情况下，较之于那些拥有悲观消极心态的个体而言，身体更加健康，思维更加敏捷，同时寿命也更长。当对自我进行定义的时候，自我观是可以选择的，选择不同的自我观，就代表拥有了不同的思维方式。是如向日葵般向往光明，还是如苔藓般喜于阴湿，都是个体可以选择的，当拥有了那样的思维方式，个体自然也就拥有了那样的自我观。拥有乐观信念的个体，他们对于挫折的态度和应对方式都与拥有悲观信念的个体有很大的不同。前者会更快地从挫折的消极情绪中解脱出来，更加积极主动地思考解决的办法，而后者则会陷在挫折的情绪中不能自拔，觉得挫折是不可克服的，从而在以后的生活中也变得更加畏首畏尾。

知识点 3：如何在受挫后让心理健康起来

面对挫折，我们能做些什么？除了要有积极的反应，还要保持健康的心理状态，健康的心理状态就好像是心理的免疫系统，能够有效地抵御外界的各种负性的病毒的侵袭。要想拥有一个健康的心灵，免疫系统发挥着巨大的功用。那么如何让自己的心理健康起来呢？如何建立我们内心的免疫系统呢？下面，我们来介绍一些受挫后的心理对策，从而让自己心理健康起来。

1. 倾诉法

即将自己的心理痛苦向他人倾诉，以减轻或消除心理压力。受挫后，如果将失望焦虑的情绪封锁在心里，会凝聚成一种失控力，它可能会摧毁机体的正常机能。适度倾诉，可以将失控力随着语言的倾诉逐步转化出去。

2. 优势比较法

当遭遇挫折时，不妨去想那些比自己受挫更大、困难更多、处境更差的人。通过挫折程度比较，将自己的失控情绪逐步转化为平心静气。同时，寻找分析自己没有受挫感的方面，找出自己的优势点，强化优势感，从而增强耐挫力。

3. 转移法

当一个人遇到困难挫折时，如考试失败、与同事关系紧张、任务过重等，一时又无法解决这些问题，就应顺其自然地接受所面临的困境和问题，同时把注意力转移到其他方面，如去散心、聊天、娱乐、旅游等，以淡化困境，遗忘烦恼，使紧张的情绪松弛下来。这种有意识的转移，可使情绪压力得以缓解。

4. 两分法

当人面对困境而沮丧时，不妨从两个方面来认识问题，即一分为二地看问题，认知正确了，情绪就会相应发生变化。当我们处于逆境之时，运用一分为二的方法调节自我，从不好之中找出好事，就能减轻压力，摆脱烦恼。

5. 升华法

如幽默对紧张和压力过大的人便是一副松弛剂。当一个人紧张不安时，适当幽默一下，可以应付紧张尴尬局面，使情绪恢复正常。其次，幽默使人开怀大笑，有助于肌肉放松，缓解压力，恢复正常心态，使人从压力中解脱出来。

【教学建议】

该故事围绕自我意识的三个维度分析了三个主题的内容，包括耐挫力、乐观信念以及心理调适方法。这三个主题是以挫折为核心的，因此本故事最适合用于讲述关于挫折及面对挫折应有的心态，但每个主题仍可以单独讲解，可以实现拆合均可的作用。

本章后面附有心理耐挫力问卷，用于帮助学生直观地了解自己耐挫力的水平。也可以作为课前的一个前测，了解一下班内学生耐挫力的大致水平，以确定授课时的重点。

“乐观心态”主题可以作为心理培养的内容，在教育学生区分乐观与快乐时引入，要让学生明白乐观是一种信念，而快乐只是一种情绪体验。虽然在遭遇不幸的时候，任何人都会产生痛苦的情绪体验，但乐观者更不容易因失去希望而放弃努力，而往往是由于对希望的坚持，决定了人生的方向。

“心理调适方法”是针对“提高耐挫力”而提出的，主要介绍了一些可以提高自己耐挫力的方法，比较直观有效，可以让学生在课堂内练习，或者作为简单的内容介绍给学生，以便学生在课后能够有一些有效的方法来应对挫折。

故事赏析5：只选一把椅子

【故事介绍】

图5-4　帕瓦罗蒂（Luciano Pavarotti，1935—2007），世界著名的男高音歌唱家。

鲁契亚诺·帕瓦罗蒂是世界著名的意大利男高音歌唱家，曾经的世界三大男高音歌唱家之一。帕瓦罗蒂具有十分漂亮的音色，在两个八度以上的整个音域里，所有音均能迸射出明亮、晶莹的光辉。被一般男高音视为畏途的“高音C”他也能唱得清畅、圆润而富于穿透力，被誉为“高音C之王”。

帕瓦罗蒂有着一副天生的好嗓子，自幼就与歌声结伴。当年帕瓦罗蒂刚刚从师范学校毕业时，不知道自己应该如何选择前程。因为一同毕业的同学们大多选择做教师，觉得这就是自己在师范学校专业学习的目标，因此选择教师这个职业是理所当然的。帕瓦罗蒂虽然也热爱教育事业，但在学习过程中他发现自己更喜欢歌唱。无法抉择的帕瓦罗蒂于是去请教父亲："爸爸，您认为我是当教师好，还是做歌唱家好呢？"

同样酷爱音乐的父亲却没有直接回答他的问题，而是对他说：

"假如你想同时坐在两把椅子上，很可能会从椅子中间掉下去。生活要求你，只能选一把椅子坐上去。"

听完父亲的话，帕瓦罗蒂经过深思熟虑，终于选了一把自己更喜欢的椅子——做歌唱家。

然而做歌唱家是不像"想做歌唱家"那么容易，在经过七年的努力和失败之后，帕瓦罗蒂才得以首次登台亮相；又过了七年，他终于登上了大都会歌剧院的华美舞台；再后来，他成为世界著名歌王。在这个过程中，当初跟帕瓦罗蒂一同从师范学校毕业的同学可能都已经取得成功，或者成为富有的商人，或者成为受人尊敬的教师，而当时的帕瓦罗蒂还是一个默默无闻的小歌手。在努力成为一名歌唱家的奋斗过程中，帕瓦罗蒂也曾怀疑过自己当初的选择，但这时候他耳边总会响起父亲那句"只能选择一把椅子"的回答，于是他坚定了自己的信心，并最终取得了人生的成就，成了活跃于国际歌剧舞台上的最佳男高音。当被问及成功的秘诀时，帕瓦罗蒂说："我的成功在于我在不断的选择中选对了自己施展才华的方向，我觉得一个人如何去展现他的才华，就在于他要选对人生奋斗的方向。"

【知识点评】

知识点1：如何在社会中进行自我定位

故事中的帕瓦罗蒂曾面临着这样的问题：是应该选择自己熟悉的教师工作，还是要选择自己喜欢的工作？这二者也是很多人需要面对的问题。如果我们要在这个世界找到适合自己的舞台，要得到社会的承认，就必须在面对真实自我的基础上给自己一个合理的定位。帕瓦罗蒂的父亲给他的"只能选择一把椅子"的命题并非是要他进行艰难的自我选择，而是告诉他"你要学会了解自己，知道自己适合坐哪把椅子"。

自我定位在我们的生活、工作中起着非常大的作用，小则关系到专业的选择，大则关系到人生的发展。"高度决定视野"，自我定位的高低会直接影响个体的行为方式和思维方式，同时合理的自我定位也代表更加了解自我，尊重自我的个性倾向，从而充分发挥自己的天赋之能，就如帕瓦罗蒂一样。那么，如何给自己一个合理的定位呢？

首先，不要迷失自己。世界上没有完全相同的两片树叶，你有你的特色，我有我的色彩。任何时候都不要因为自己与别人不同，或者潮流的席卷就随波逐流，迷失自己。

其次，你必须知道你想要什么。我们都是有着个性特色的个体，因为占据了不同的“位子”，所以也各有各的风景。能真正活出自己的特色，找到自己“位子”的人是最幸福的人，从心灵的角度去衡量也应该是最自由、最幸福的人。所以，我们都应该有自己的定位，知道自己的路该如何走，而不应为别人的意见所左右。

最后，喜欢的才是合理的。无论你在什么时候给自己定位，都必须有你自己的尺度和标准。你必须知道你是否喜欢自己的这一选择，在决定了作出这样的选择之后，你是否能够全力以赴地为之奋斗到底。否则，即使你选择了也只会是一种浪费。

知识点2：社会认同

大多数人看完这个故事后，印象最深刻的可能是帕瓦罗蒂如何坚持自己理想的过程，而很少注意到他作选择的过程。在他从师范学校毕业后，面临着一个大家都可能会遭遇到选择的冲突：是应该走大家都认为对的路，还是走自己喜欢走的路？这里涉及一个我们社会心理学里的一个内容：社会认同。

社会认同无处不在，跟风赶潮流，如看到人们抢购也跟着去抢购，外语热，等等，这些都是由社会认同引起的。采取的人越多，我们就会觉得这种行为越正确。有一个经典的行为实验大家可以去尝试：站在一条人来人往的人行道上，盯着天空或某一座高楼看上一分钟。在这一段时间里，估计不会发生什么事情——大部分从你身旁走过的人都不会看你一眼，实际上绝对不会有人停下来跟你一起盯着看。第二天，你带上四个朋友一起到昨天那个地方，一起往上看。不出60秒，就会有一群过路人停下来，伸着脖子，跟你们几个人一起往天上看。即使是那些没有加入你们的行人，也无法抵抗那种至少往上瞄一眼的压力。如果你的实验结果与纽约三位社会心理学家的实验结果一样的话，即80%的行人都会抬头仰望你和你的朋友们注视着的那一片天空，如图5－5所示。

图5-5　社会认同行为实验

这样的结果，既可以用人类的好奇心来解释，也可以用人类共同的恐惧——不愿意自己跟别人不一样——来解释。

社会认同的本质是我们进行是非判断的标准之一，就是看别人怎么样，尤其是当我们要决定什么是正确行为的时候，认为大多数人采取的行为才是正确的行为，按照这种方法去做往往都能行得通。从社会适应的角度，这是有益的，但这也是它致命的缺陷。年轻的帕瓦罗蒂当时也必然面临了这个问题，他的同学们都自然地认为既然是师范毕业，必然是去当教师，以前的人是这样做的，以后的人当然也应该这样做。可是他的兴趣在歌唱，这是一条与众不同的道路。那么他将如何选择呢？

现在我们明白了为什么他会有这种矛盾，那么应该如何解决呢？大家都这么做，自己在这两者之间又应该怎么抉择呢？帕瓦罗蒂的父亲显然更明白这道理，而不为儿子作选择，让他自由选择并且为自己的选择负责——“生活要求你，只能选一把椅子坐上去”。其实，选择大家都这么做的，或者选择自己喜欢的事业，这都不是真正决定自己最后是否成功的因素。更加重要的是，一旦选择了就要矢志不渝地坚持下去，不动摇，不怀疑。如果你选的是一条大多数人都在走的路，可能坚持下去不成问题，但如何把大家都做的事做更好则是更关键的方面；若你选择是少数人但自己喜欢走的路，那么如何有效地排除他人的影响则是更为重要的方面。

这个故事重点在于告诉人们两点：首先，选择自己想走的路可能压力会更大，但取得的成就非凡；其次，选择大家都走的路会相对轻松，但脱颖而出更难。但这二者之间并不是绝对对立的，有些事可能大家都会做，而自己也非常喜欢，这就是职业与兴趣的很好结合。只不过，大多数情况下我们没有办法实现这种完全的结合，但至少可以寻找那重叠的部分，然后在这个方面继续努力地深入下去。

【教学建议】

“在社会中，如何进行自我定位”，一方面向学生介绍自我定位的重要性，另一方面也可以介绍一些进行自我定位的方法。这些方法相对来说比较简单，只是一个方向性的指导，如果需要一些操作性很强的方法，则需要再参考其他的资料。

“社会认同”部分主要介绍了帕瓦罗蒂在选择时之所以面临选择困难的原因，说明社会因素可能影响个人的自我评价，从而影响自己的选择。这些社会因素是每个人在面对决策的时候都会遭遇的，让学生了解这些因素，对于学生今后进行自我抉择、确定人生发展有积极的作用。本故事可在指导学生应该如何选择时引入，特别是提醒学生注意“在大家都这样做”和“自己喜欢这样做”之间怎么去取得一个认知上的平衡。同时，也需要提出坚持的可贵性。但需要提醒学生注意区分“幻想”和“理想”之间的差别，社会认同并不分好坏，但如果为了突出自己的个性而过分强调选择自己喜欢的，最后可能由于希望越大而导致失望越大，从而失去信心。在实现个人目标的过程中，总是伴随着无数的失败和挫折，在“选择一把椅子”的时候也要考虑到可能为之付出的代价，切不可盲目乐观，只看到可能得到的成功，而忽略了其中潜在的风险。社会认同的价值就在于将自己的处境与其他同种境况下的人进行比较，寻找一个更合理的目标去奋斗。

故事赏析6：超越自卑

【故事介绍】

图5-6　阿德勒（Alfred Adler，1870—1937），个体心理学的创始人。

阿德勒是一位著名的奥地利心理学家。他的学说以“自卑感”与“创造性自我”为中心，并强调“社会意识”，主要概念是创造性自我、生活风格、假想的目的论、追求优越、自卑感、补偿和社会兴趣。阿德勒被誉为个体心理学创始人，人本主义心理学的先驱，现代自我心理学之父。他建立了精神分析学派内部第一个反对弗洛伊德的心理学体系，由生物学定向的本我转向社会文化定向的自我心理学，对后来西方心理学的发展具有重要的意义。

阿德勒从小家庭富裕，生活闲适，但是他却认为自己的童年生活并不快乐，不快乐的原因来自他的哥哥，阿德勒觉得自己不管怎样努力都赶不上哥哥的成就。阿德勒曾说自己的童年生活笼罩在对死亡的恐惧和对自己虚弱的身体而感到愤怒的阴影里。阿德勒4岁才会走路，又患佝偻病，因此无法进行体育活动。阿德勒在身体健康的哥哥面前总感到自卑，觉得自己又矮又丑，样样不如哥哥。进学校读书后，开始他的成绩很差，以至于老师觉得他明显不具备从事其他工作的能力，因而向他的父母建议及早训练他做个鞋匠才是明智之举。正如阿德勒后来的回忆，他的生活目标就是要克服儿童时期对死亡的恐惧。

1907年，阿德勒发表了有关由缺陷引起的自卑感及其补偿的论文，而使其为人熟知。他认为，由身体缺陷或其他原因所引起的自卑，一方面它能摧毁一个人，使人自甘堕落或产生精神病；但是另一方面，它也能使人发奋图强，力求振作，以补偿自己的弱点。例如，古代希腊的戴蒙斯赛因斯（Demosthenes）原先患有口吃，经过数年苦练最后成为著名演说家；罗斯福总统，患有小儿麻痹症，其奋斗事迹，更是家喻户晓。有时候一个人一方面的缺陷也会使他在另一方面寻求补偿。例如，尼采身体羸弱，可是他却弃剑就笔，写下了不朽的“权力意志与超人哲学”。[①] 可以说，世界上已经有无数读者从阿德勒的名作《超越自卑》中重新找到了自己生活的意义，成功地跨越了自卑感的局限。

“金无足赤，人无完人。”阿德勒认为其实我们每个人都有不同程度的自卑感，只是一些人因为自卑停滞不前，而另一些人却不向自卑低头而勇往直前。其实，自卑感是一个人在追求优越地位时的一种正常的情感体验。一个积极的人，当他的努力在某方面受到阻挠时，他应该在另一方面找到新的出路，获取优越感。

阿德勒的一生，可以说是不断地超越自卑，走向成功的一生。阿德勒的个体心理学正被越来越多的人熟知、喜爱、传播。在美洲，“阿德勒心理学协会”会定期出版业务通讯和《个体心理学季刊》。在北美和欧洲，有30多个训练机构和100多个专业的阿德勒组织。国际上也有个体心理学联合会，定期开会，讨论交流个体心理学的最新进展。

【知识点评】

知识点1：自我经历与未来选择

从阿德勒的经历中，我们可以看到童年经历对于未来的选择有非常重大的影响。根据著名心理学家弗洛伊德的理论，童年经历决定了人格的发展。阿德勒的童年经历：自卑、弱小、受病痛折磨、不受重视，因此他充分感到自卑对他的折磨。他为了对抗自卑所带来的心灵的弱势而采取了一系列的措施，包括希望自己成为可以控制病痛的医师，成为可以让心灵变得强大的心理学家。

---

① 摘编自：百度百科［EB/OL］，http：//baike. baidu. com/view/149075. htm.

阿德勒的故事只是其中一个事例，其实我们所有的人都会如此，受童年经历的影响而选择不同的人生。例如，小时候很内向的人，因为向往成为外向者而不断尝试，最终成为著名的社交家。这样的事例数不胜数。当我们在做某个选择，设定某个目标时，也深受童年经历的影响。

那么，是否我们不要受到童年经历的影响而成为一个完全客观的人是最好的选择呢？当然不是，我们每个人之所以有不同的性格和行为方式正是由于童年的经历，将我们培养成了不同的人，才让这个人类社会这么丰富多彩，这么生机勃勃。而且，童年经历的影响并非都是不好的，应该剔除的。阿德勒正因为他童年经历对他的影响，让他有自我超越的动力，从而达到身与心的完全认同，实现自我超越，同时也为人类文化创造了一笔巨大的财富。其《自卑与超越》一书对心理学界，乃至哲学界都有非常重大的影响，从某些方面解释了自卑的积极作用，以及我们应当如何正确、有效地面对自卑的消极作用，将自卑化作人生进步的动力。

知识点2：自我接纳——客观而积极面对自我

自我接纳，是人对自身以及自身所具有特征的一种积极的态度，也就是能欣然接受现实自我的态度。自我接纳是一个人客观而积极面对自己的状态，即不盲目乐观，也不盲目悲观，我们要始终相信，上帝在关上一扇门的同时，也会打开一扇窗。

知识点3：自卑与超越

阿德勒根据自己的童年经历，并结合其他心理学理论写出了名噪一时的《自卑与超越》，从此成为世界著名的心理学家，这就是一个超越的典型。在阿德勒的理论中，所谓自卑情结是指这样一种情况：当一个人面对一个他无法适当对付的问题时，他表示绝对无法解决这个问题，这时出现的情绪就是自卑情绪。由这个定义，我们可以看出：愤怒和眼泪以及道歉一样，都可能是自卑情结的表现。所以，虽然看上去有些人是表现得很愤怒或者很无所谓，但都可能是自卑感导致的一种回避。

所谓超越，并不是要个人从此以后不再自卑。阿德勒的理论告诉我们，我们一生都会因为各种各样的事情而自卑，但之所以有不同的结局，那是因为面对自卑我们选择了不同的应对方式。阿德勒虽然饱受自卑折磨之苦，但敢于面对自己的自卑，并接纳自卑，将自卑看作是一种动力，而不是对抗它、逃避它、厌弃它，这样的人会更加主动、积极地寻找可以平衡自卑的方法，也因此能够学习到更多的新技能和新知识，从而丰富自己的人生并开拓新的人生局面。正是由于这种选择的不同，从而拥有了不同的人生。

同样的道理，有些人虽然也希望自己能够受到他人的认同和赞扬，但知道人总是会有过失的，对于他人的批评或者指责所持的心态更加开放，虽然也觉得很难堪和没面子，但也意识到这是自己做得不足的地方，还需要在这方面多加学习和钻研，用这种开放的心态去面对自己的问题，就能更加主动和明确地想办法解决问题，而不是做一只把头埋进沙漠的鸵鸟，以为“看不见就是不存在”。这也是面对问题和困境最积极最有效的解决办法。

【教学建议】

本故事的核心是自卑，围绕自卑与自我意识有关的三大主题分别为早期经历与未来选择、自我接纳、自卑与超越。这三个主题也分别对应了自我意识的三大结构：自我认识、自我评价及自我调节。授课时可将“自卑”作为主要的核心观点。在点评过程中，除了说明自卑可能产生的原因外，还可说明应对自卑的办法：自我接纳。最后说明了自卑的积极作用：实现自我超越。这是授课时可作为参考的一条逻辑主线。此外，还可以分开将每个主题单独作为知识点讲解，也可与其他故事的知识点进行结合。

“自我经历与未来选择”主要是要引发学生对于早期经历，特别是童年经历对于自我现在的影响的关注，是增加自知的一个方式，从而提高对自我的意识和觉醒程度。同时，也会引发学生的思考，自己现在的样子（或好，或不好）也许并不是自己本来的样子，而是因为早期的经验影响了自己的发展，为开展心理培养课打下基础。

“自我接纳——客观而积极地面对自我”是从自我评价的角度说明自卑的原因之一是由于无法自我接纳，无法自我接纳又是由于不自爱。提醒学生注意对自己的评价是否客观，或者对于自我的态度是否积极。通过这种方式，让学生能够有意识地监控对自我的评价，并且从理论的角度解释了自我接纳的积极作用，让学生能够并且敢于进行自我接纳的尝试。

“自卑与超越”是阿德勒理论的核心，如果只讲理论会非常枯燥，因此建议在讲授时从个人性格引入，特别要针对于有自卑倾向的学生，提出自卑存在的合理和可贵，并且让学生理性地对待自卑情绪，而不产生盲目攀比、自惭形秽的行为和情绪，同时激发学生超越自我的欲望。在阿德勒的理论中，自卑本身是不分好坏的，而重要的是对于自卑的态度。有很多人会为了掩盖自己的自卑从而为自己戴上一个虚伪的、自负的面具，也有些人只是在忍受自卑之苦，而没有勇气去面对自卑。在授课过程中，教师需要稍微给学生多一些鼓励，让学生把对自卑的关注点放在“自己有不足，所以我需要改善”上，而非“自己有不足，所以我不能”上，从而为学生超越自卑作一个积极的暗示。

三、教案设计范例

【教案设计范例 1】

了解自我，认识自我①

一、课程目的

（一）促进学生更深入、细致地了解自我，认识自我。

（二）帮助学生学习从接受他人的反馈等多角度了解自我，认识自我，树立更加客观的自我形象。

（三）帮助学生正确地认识和评价自己。

二、课程准备

A4 纸、图针、笔、音乐《少女的祈祷》和《爱的罗曼史》。

三、课程实施

（一）课程引入

1. 教师导入

讲述故事：“金无足赤，人无完人”。

提问：这个故事说明了什么？你是如何了解自我，认识自我的呢？

2. 教师小结

不要盲目地拿别人当做自己的镜子，以为自己比身边的人聪明就满足，或者觉得自己不如别人就沮丧。了解自己，认识自己，要从自己内在开始！

（二）心理学堂：自我与自我认识

正确的自我认识对我们的发展是非常重要的。我们应该从哪些方面，通过哪些途径才能获得一个客观全面的自我认识呢？

1. 自我的内涵

人的自我包括三个方面：

（1）生理自我（如自己的年龄、身高、体重、外貌、声音等）。

---

① 本教案设计者：曾艳，浙江省温州八中，编入本书时有改动。

我长得很高，我很重，我的眼睛很漂亮等。

(2) 心理自我（如自己的智力、情绪、性格、气质、兴趣爱好、道德观和人生观等)。

我爱笑，我有点自卑，我能力强。

(3) 社会自我（如自己在团体中的地位、角色、与他人的关系等)

别人怎样评价我，我和别人相处愉快吗。

2. 了解自我、认识自我的途径

介绍“周哈里窗”理论，根据自己和别人是否了解自己，可以将一个人对自己的认识分为四个领域。在个体的自我意识中，其实只有两个层次，即开放层次和隐藏层次。个体有意识地、有选择地决定哪些可以让别人知道，哪些不可以让别人知道。如果我们更多地表露自我，隐藏层次就会缩小，开放层次就会扩大。在同我们交往的对象的意识中，也有两个层次，即开放层次和盲点层次。他们可以选择是否告诉我们他们对我们的看法，如果他们更多地同我们交流他们对我们的看法（反馈），那么盲点层次自然缩小，开放层次自然扩大。

要真正了解自己，就应该扩大公众我，坦露隐私我，缩小盲点我，发现未知我。

认识自我有两个基本途径：

(1) 自我反省。

(2) 他人评价（如同学、朋友、父母、老师等)。

(三) 主题活动：照镜子（心镜)

目的：强化自我认识，简单反思对自己的了解。（背景音乐：《少女的祈祷》)。

指导语：了解自我、认识自我，其实就是在不断地自我反省。这样不仅可以帮助我们不断地增进自我了解，而且还可以帮助我们知道在哪些方面可以更好地完善自己，对自己的发展大有好处。现在我们做一个活动：照镜子。这个镜子不是悬在我们的面前，而是藏在我们的心里，叫心镜。

活动一：照镜子

1. 请大家闭上眼睛，想象头脑中有一面镜子（心镜)，你一边照镜子，一边在音乐声中冥想：你看到镜子中的你了吗？镜子中的你是什么样的？镜子中的你是什么表情？漂亮吗？快乐吗？独立吗？人际关系怎样？有哪些优点或优势？还有哪些不足或缺点？镜子里的你需要什么？

2. 讨论与交流：将你看到的心镜中的你和大家一块分享；说一说你对镜

子中的你的总体评价是什么。

活动二：请在我背上留言

目的：多角度地了解自我、认识自我，获得客观真实的自我认识（背景歌曲《爱的罗曼史》）。

指导语：刚才我们是自己对自己照镜子，得到的是自画像。但大家发现没有，在镜中我们只能看到我们的正面，模模糊糊地看到我们的侧面，而看不清楚我们的背面。也就是说，我们身上存在一些优点或不足，我们自己是不知道的，需要借助别人的眼光来发现。“以人为镜，可以明得失”。别人对我们的评价，叫“他画像”。只有把这两方面信息汇总、整合起来，才能得到一个相对客观、真实的我。

同学们想不想知道别人眼中的你是什么样的呢？下面我们的活动是：请在我背上留言。

1. 每个人一张纸，在纸的最上面一行写下自己的姓名，相互帮助用大头针把纸固定在自己的后背上，然后在同学的后背上写留言，可以在教室内走动。留言过程中，同学们不能说话，要用非语言形式进行交流，留言内容是你对这个人的认识，包括优点、缺点以及建议（写出个人风格），还可以写上自己最想对他说的一句话，不用记名，直到活动结束后才可以把纸揭下来。

大家都希望能得到真实中肯的评价和建议，那我们来个“合约”：本着真诚、客观、负责的态度对待这个活动，好吗？

（一段时间以后，请大家坐下，取下自己背上的纸）

2. 讨论与交流：

教师：看看别人给自己写了什么。

请思考：

（1）你对自己的评价和别人眼中的你是否一致？哪些方面比较相同，哪些方面存在很大差异？

（2）为什么会出现不一致？它是你认知的盲点吗？（确实是你自己过去没有察觉的一些内容）这些盲点内容你自己认可吗？（有些可能是同学误解了你，有些可能无法确定。如果你无法确定，请再用一周的时间尝试进一步求证）

（3）通过这次自我探索之旅，并通过我们师生间的双向互动交流，相信大家对自己有了更好的认识与了解。参加这次活动，你有什么感想和收获？（请几位特别有感触的同学同全班一块分享他的想法）

（四）收获园：总结全课

同学们，对自己进行全面客观的认识，需要我们平时不断地努力。如果我们平时能有意识地对自我进行分析，建立积极的自我概念，既知道自己的优点是什么，并因此感到自豪和自信，也了解自己的缺点何在，且不会因为自己的缺点而否定自己。充分地利用自己的优势，有意识地弥补自己的不足，我们就能更好地发展自我。老师衷心希望大家在今后的日子里共同努力，进一步“了解自我”、“认识自我”，为自己的腾飞奠定良好的基础。

【教案设计范例 2】

肯定自我，塑造自我

一、教学内容

（一）教学内容所属主题：自我意识

（二）适合年级：初中二年级以上

（三）所使用的故事：“肯定自我，塑造自我”

（四）学时：45 分钟

二、教学设计

（一）教学目标

通过对罗斯福成功经验的分析和介绍，向学生传达意志力的重要性，并介绍一些培养意志力的方法。

（二）内容分析

本课程中重点是介绍意志力的培养方法，难点在于引发学生的共鸣，明确意志力的重要性。意志力在人生发展过程中，特别是青少年时期有特殊的作用，有助于学生在学业及其他方面提高自我要求，增加自我成就的欲望和能力，促进其拥有积极向上、健康发展的人生观和奋斗观。

（三）学情分析

初二以上的学生开始具有自我意识，并且对于自我的发展极其关注，在此时给予自我意识方面知识的传授，有助于学生发展良好的自我意识，形成客观自我评价，建立健康的自我调节机制，让其能更好地度过青春期自我同一性混乱的时期。

（四）设计思路

说明案例设计者是如何根据本教学主题及其教学目标确定教学指导思想，设计教学方法的。

三、教学过程描述

采用下述的表格式描述，尽量采用写实的方式描述教学过程的真实情景，尽量将教学中的关键环节以及教学过程中某些值得注意和思考的现象和事件描述清楚。

教学环节及时间	教师活动	学生活动	对学生学习过程的观察和考查，以及设计意图
引起兴趣	引导学生回忆“曾经坚持过的事情，无论成功与否”，但记下学生坚持并成功完成的事情	用5分钟回忆，并将该记忆写下：时间、地点、坚持的时间、结果	1. 让学生直观体验坚持所产生的情绪体验 2. 让学生对课程产生兴趣
引导思考	让学生回忆，在坚持这件事时是抱着什么样的目的，成功后有什么样的体验。让学生自己分析为什么能够坚持，坚持的背后有什么动力	学生回答：10分钟	让学生对于意志力有一个直观的体验
呈现案例	用生动的方式向学生讲述故事“肯定自我，塑造自我”	学生听讲：10分钟	
学生讨论	罗斯福之所以能够成为一位伟大的总统，一位令人钦佩的人，原因是什么？他通过什么样的方法改造了自己	学生讨论并回答：10分钟	
深化主题	提出自我训练的重要性，意志力的重要性，结合学生的回答说明意志力训练的一些方法	学生听讲：10分钟	将主题提升，并介绍合适的意志力训练方法

【教案设计范例3】

我能行！[①]

一、活动目的

（一）消除、降低学生的自卑心理。

（二）让学生了解自信者的表现。

（三）使学生初步掌握培养、增强自信心的方法。

二、教学难点

（一）介绍自信者的特征。

（二）激发学生勇敢表达自我。

三、教学重点

培养自信心的方法。

四、活动形式

心理游戏、心情实验、讲故事、讨论、小组合作活动。

五、活动准备

（一）讲授“认识自我”一课，作为本课的基础。

（二）对学生进行团体活动分组。

（三）准备多媒体课件、案例、学生走路照片、录像、彩色卡纸。

六、活动时间：1课时

七、辅导年级：初一年级

八、辅导内容与步骤

（一）导入

热身游戏：“闪电反应”

3种规则：“相同”、“相反”、“对角线”，请学生上讲台示范，请最终的胜利者谈谈成功的经验。（通过有趣的游戏营造生动活泼的课堂氛围，激发学生内心感受，引出本课主题——“自信”。）

（二）克服自卑心理

1. 什么是自卑心理

通过讲述阿德勒超越自卑的故事，引导学生思考和讨论什么是自卑心理。

教师总结：自卑就是还未开始做某件事时就否定自己、断定自己不行的情绪，它对我们的学习、生活会造成许多的负面影响。

① 本教案设计者：彭宇，深圳市福田区红岭中学，编入本书时有改动。

2. 自卑的危害

请学生举例：自卑会带给我们哪些不良影响？（例如，失去很多机会、性格封闭内向、没有朋友、悲观消极……）

教师归纳：自卑心理让我们感到自己什么也做不成，悲观失望、消极处事。若长期如此，十分不利于我们的健康成长。因此，我们更需要冲破自卑的束缚，克服自卑，培养自信的心理品质。要彻底消除自卑，就必须分析自卑产生的原因，才能对症下药。

3. 自卑产生的原因

学生讨论：产生自卑的原因有哪些？（例如，失败的经历、误会、对自己的能力认识不足……）

教师补充案例："关于狗鱼的实验"

有一种鱼叫做"狗鱼"。狗鱼很富有攻击性，喜欢攻击一些小鱼。科学家们做了这样一个实验：把狗鱼和小鱼放在同一个玻璃缸里，在两者中间隔上一层透明玻璃。狗鱼一开始就试图攻击小鱼，但是每次都撞在玻璃上。慢慢地，它放弃了攻击。后来，实验人员拿走了中间的玻璃，这时狗鱼仍没有攻击小鱼——这个现象被叫作"狗鱼综合症"。

教师引发学生思考：这是为什么？

学生讨论，教师归纳总结。

（三）课堂活动："赞美的礼物"

1. 准备活动：请每位同学写出一位自己最欣赏的同班同学，在纸上列出他的优点。教师宣读纸条上的描述，同学们猜测写的是谁。

2. 深化活动：在我们的班级中，你有没有仔细去观察和学习别人的优点？有没有真诚地去赞扬你的同学？或许你也不清楚自己的优点，或许你不曾被同学赞扬过……现在，请你在纸上写出你的同桌最突出的优点，作为一份赞美的礼物，然后彼此交换。

（播放3分钟音乐，分发彩色卡纸，学生在纸上写，教师巡视辅导）

（之后，教师请一些学生起立宣读句子，谈体会）

3. 教师总结：通过刚才的活动，我们可以认识到，一些你认为平常的地方，在别人眼中，那就是你的优点，是你值得自信的地方。我们每个人都有自己的优点等待被挖掘、被重视，我们每个人都应该自信，相信自己会做得更好！

（四）培养自信

（学生先讨论，提出一些已知的培养自信的方法，教师再进行引导）

1. 自信者的特点

小组讨论：自信的人，有怎样的动作、神态、性格等。

（展示学生走路的照片、录像，引起学生兴趣，引导讨论，教师归纳）

外貌和表情是：微笑、精神抖擞、眉毛扬起来、眼睛炯炯有神……

举止和态度是：昂首挺胸、正视对方、自然舒展、热情友好、大方、活泼……

个人品质是：果断、真诚、勇敢、守信、虚心、可靠、幽默、理智、责任感……

心情和体会是：愉快、轻松、开朗、舒适、平静、安稳……

2. 培养自信的方法

（1）行为改变。

心情实验：

先让学生假装没有精神、困倦、懒散；然后教师数“1、2、3”，学生立即做出神采奕奕、精神抖擞的样子，双眼放光，面带微笑。之后再重新回到困倦状态，重复这个转换过程两次。

（请学生谈谈游戏后的感受，数1、2、3后，感觉有什么不同？有什么启发？）

心理学家告诉我们，身体的动作是心灵活动的结果。改变姿势与速度，可以改变心态。

我们可以运用一些行动来帮助自己提高信心，例如：

a. 练习当众发言，争取第一个发言。

b. 练习面带微笑，正视别人。

c. 走路抬头挺胸，速度提高25%，视线稍向上，微扬下颌等。

（2）积极的自我暗示

心理学家罗伯特·安东尼认为，将自己的每一条优点都列出来，用赞美的眼光去看它们，经常看，最好能背下来。通过集中注意于自己的优点，你将在心理上树立信心：你是一个有价值、有能力、与众不同的人。

集中注意于优点和长处，对自己是一种积极暗示，有利于成功。例如，我们刚学会骑自行车时，如果看见路上有一块砖，常常会眼睛盯着砖，心里想着千万别撞上去，结果往往就会撞上去。但如果我们把目光投向砖头以外的路上，心里想着一定要骑到没有砖的路上，结果大多不会撞到砖上去。这就是消极暗示和积极暗示的不同作用。罗伯特·安东尼的这段话可以帮助我们在生活、学习和工作中学会积极暗示。

积极的语言暗示：每天在入睡前的几分钟或清晨刚睡醒在床上时，重复一些你想达到的目标，如“我很喜欢英语”、“这次考试我会发挥得很棒”、“我是一个自信的人”，等等。在自我暗示时，注意做到以下几个方面：

以现在时态而不是将来时态进行肯定：

我将来会很优秀。×

我现在开始争取优秀。√

要在积极的方式中进行肯定：

我再也不偷懒了。×

我越来越勤奋了。√

简短、有力。

相信你正在说/写的这句话。

课堂练习：“自我暗示语”小组接力赛

小组成员每人说一句自我暗示语，要求用现在时、用肯定语气、简短有力。(全班鼓掌)

拓展练习：“自信宣言”

学生自愿发言，发表自己的自信宣言“我相信自己能__________！

我对自己的__________有信心！请大家支持我！”(全班鼓掌)

(五) 总结与课后活动

1. 总结本课，与大家共勉

人之所以努力是因为有目标；人之所以勤奋是因为有方向；人之所以执著是因为有希望；人之所以幸福是因为在进步；人之所以伟大是因为在提高；人之所以快乐是因为我们依旧在人生路上一起成长。

2. 课后活动：“自信工程”

(自信的提高，要基于自己实际能力的提高，要落实到行动)

自信工程	
现在的我——→自信的帆船——→以后的我	
1. __________	1. __________
2. __________	2. __________
3. __________	3. __________
	工程负责人：________
	时间：__________

【教案设计范例4】

做最好的自己[1]

一、设计理念

中学阶段是人的自我意识形成的时期，这时学生能否正确认识自己，找到自己的优缺点，从而树立自信心，直接影响着学生健康个性与健康心理的养成，这对其学习、成长、立业都起着巨大的作用。在这次团体心理辅导活动中，我们将通过游戏活动、学生讨论反思、实践训练和集体朗诵等形式来帮助中学生认识自我，找到自己的优缺点，培养学生树立自信心，让学生努力做最好的自己。

二、活动目的

（一）让学生发现每个人都有各自的特点，都是独一无二的。

（二）让学生认识自己的优点，增进自我接纳。

（三）让学生发挥自身的优势，寻求自信的支撑点，做最好的自己。

三、辅导重点：让学生认识自己的优点，增强自我接纳能力。

四、辅导难点：让学生敢于在全体同学面前展示自己的风采

五、活动形式：游戏活动、讨论反思、实践训练、集体朗诵

六、活动用具：多媒体课件、印泥、卡片、纸箱

七、活动时间：50 分钟

八、辅导年级：高二年级

九、辅导内容与步骤

（一）引入课题

以“我的手印”活动导入。

首先，教师让学生在书本空白处用印泥印下自己的手印，并与小组里的每个同学进行对比，看看有没有两个相同的手印。然后教师提问：从刚才的活动中，你发现了有两个相同的手印吗？

教师小结：俗话说“一种米养百种人，人人都不同”；西方也有句格言：“世界上没有完全相同的两片树叶！”从刚才的活动中，我们也可发现这一点：没有完全相同的两个手印！是啊，每一个人都不同，都是独一无二的个体，既然这样，就让我们正确认识自己，找到自身的优缺点，扬长避短，努力做个最好的自己吧！

---

① 本教案编写者：许敏，韶关市浈江区第七中学，编入本书时有改动。

（二）让学生正确认识自己，培养自信心

1. 讲述故事："玩好自己的牌"

拓展故事1：德国伟大的作曲家贝多芬，他的一生遭受到数不清的磨难：贫困，几乎沦为乞丐；双耳失聪，对他的打击更为深重，他痛苦地把自己关在房子里不愿与世人见面。然而，他最终重新振作起来，发出了"要扼住命运的咽喉，它绝不能使我屈服"的坚强呼声，以他的自信和毅力创作出《第九交响曲》等辉煌作品，获得了极大的成功，病残反而磨砺了他的意志，激发了他的进取精神。

拓展故事2：中国体坛名将刘翔，在田径赛场上，没有人会认为，亚洲人可以在速度上与黑人有一拼，并且不少亚洲人自己都接受这一想法。但是刘翔对此说"不"，凭着他的自信和不懈的毅力，在2004年的雅典奥运会中，他以打破世界纪录的成绩夺得了110米栏的金牌，打破了黑人垄断田径赛场的神话，之后他又以骄人的成绩，在体坛创造了一个又一个奇迹。

教师小结：古今中外的名人之所以能够成就大业，其中一个重要的原因，就是能够正确认识自己，树立自信心。

2. 通过游戏让学生正确认识和评价自己

游戏内容：教师把每个学生的名字写在卡片上，放在一个纸箱里，被抽到的同学要按照人品、个性、学习能力、交际能力、文娱才能、体育强项、动手能力等几个方面总结自己的优点与缺点，然后其他同学对他进行补充。结果，有的同学找到了十多条自己的优点，而有的同学自己只找到一两条优点，反而别的同学为他找到更多的优点。

教师总结：由此可见，每个同学身上都有许多自己没有发现的优点或潜能。假如我们不去积极地认识和评价自己，发掘自己的优点和长处，而是经常把注意力盯在自己的缺点上，消极地对待自己，那就极有可能使自己信心不足或产生自卑。

3. 让学生完成句子："虽然我__________，但是我__________。"

教师总结："虽然"是一种缺憾，"但是"却流露出你自信的力量，播种下希望的种子。我们要珍惜并表现自己的优点，设法改进自己的缺点，相信"天生我材必有用"。

4. 通过自信训练培养学生的自信心

自信是成功的支点。自信心并不是人一生出来就有的，而是要靠同学们在日常生活的点滴实践中训练出来的，为此我们进行几个简单而有效的自信心训练：

训练1：让学生先正视同桌的眼睛30秒钟，然后再与教师对视。

训练2：请学生走上讲台，当众表演一个节目，可高歌一曲、自演舞蹈、说个笑话、即兴演讲等。

训练3：让学生学会微笑，展示自信的面孔。

训练结束后让学生选出表现最自信的10名同学，评其为“自信学生”，并当场进行奖励。

（三）学生自我探索

学生反省：

1. 在我的优点中，哪些已经得到了充分的发展？我是如何在学习和生活中利用和发挥这些优势的？

2. 哪些优点很容易被我所忽视，哪些优点还可以在以后的学习和生活中得以充分发挥？这样的状况到底对我产生什么影响呢？

教师总结：

1. 我们每个人身上都有着许多非常珍贵的东西。有些人善于发现并能善于利用这些东西，因此他们有了各种各样的成功，也塑造了一个自信的自己。也有些人没有注意到它们，更不用说充分利用了，因此他们更容易遭受到挫折，也降低了自己的信心。

2. 自信不是我们一出生就具备的，而是生活中逐渐形成的，它需要在实实在在的行动中加以巩固和升华。气球能不能升起，不在于它的颜色、形状与大小，而是在于气球内是不是充满了氢气；同样，一个人能不能成功，不决定于他的种族、出身，关键是他心中有没有自信。

（四）集体配乐朗诵小诗

你也是一道风景

也许你想成为太阳，可你却只是一颗星辰；
也许你想成为大树，可你却只是一棵小草；
于是，你很自卑。
很自卑的你总以为命运在捉弄自己。
其实，你不必这样：
欣赏别人的时候，一切都好；
审视自己的时候，却总是很糟。
和别人一样，你也是一道风景，也有阳光，也有空气，也有寒来暑往，甚至有别人未曾见过的一棵春草，别人未曾听过的一阵虫鸣……

不必总是欣赏别人，也欣赏一下自己吧，你会发现，天空一样高远，大地一样广大。

人生道路上本来就没有输赢，只要你努力了，你就能做最好的自己！

（五）教师寄语

古人云："天生我材必有用。"希望同学们能勇敢、自信地面对人生中的困难与挫折，坚信"风雨过后见彩虹"，用自己的努力和汗水去开创绚丽的人生。

（六）教学建议

此次团体心理辅导课，重在通过游戏活动、实践训练、探讨反思的形式让学生成为活动的主角，使学生充分认识自己的优缺点，体悟到自信是成功的支点，是不断前进的源泉，学会在实践中如何树立自信心；没有自信心的人，如同航船失去动力，如同泄了气的皮球，难以有所作为。在人生道路上，我们应该播撒自信的种子，让它在我们的心田生根发芽，绿树成荫，做最好的自己，在自信这棵大树的相伴相随下，成就伟业，演绎出精彩的人生。自信心的树立并不是通过一两节心理辅导课就可以树立起来的，而是要学生通过不断训练，由外及内地潜能萌生才能逐渐形成，这一过程将伴随着自卑与自负的困扰。因此，学生自信心的树立，要通过教师经常性的团体心理辅导和学生自身不断训练、积累才能逐步形成。

四、本主题拓展资料

（一）接纳自我①

生命轻柔地走着，从孩提到少年，从少年到青年，从青年到中年……每每蓦然回首，你是不是会惊喜发现，自己的成长，那曾经走过的地方竟然留下了一道道回味无穷的风景线。当然，也许你会沮丧，一切都似乎不尽如人意。这就要看你的心态，这就可以衡量自我接纳的程度。

接纳自我是从珍爱自己，欣赏自我开始的。曾经有位朋友写信说："我既没有如花似玉的相貌，也没有智慧超人的天赋；既没有薪酬高的工作和职位，也没有祖传富贵的家业；动荡的年代让我失去了读书深造的机会，拜金的今

① http://blog.zol.com.cn/703/article_702467.html.

朝更令我举步维艰。我不知道自己还有什么，我根本无法在这世界上生存……”我看了她的文字之后很是悲伤，这位朋友把自己看得一无是处，而这也许就是她不幸命运的根源。

并不是每个人都愿意或者能够通过内心改变来接纳自己的身体和容貌，并不是每个人都能坦率地接纳自己并鼓励自己成长；并不是每个人经历了就拥有了经验和财富。当我们处于较严重的抑郁状态，自我评价就很低，认为自己长得丑，认为自己不如人，认为自己每况愈下。某些神经系统疾病或者严重情绪障碍会导致知觉障碍，在这种情况下，就会缺乏正确和理性的逻辑思维和审美意识，可能产生对事物的偏执的想法，认为自己就是长得丑，认为自己最倒霉，认为世界和自己过不去。还有一类被称为自恋性人格障碍者，永远追求完美，苛刻挑剔，在任何方面都很难满意，当然就永远不会有满意的生活感受。还有一些人没有自己的立场，过分在意别人的评价，也会陷入痛苦的追逐和模仿生活中。

实际上，每个人都是一道风景，或平凡或美丽；每个人都编撰着自己的故事，或委婉转折，或平平淡淡。珍爱、欣赏，使风景更优美；珍爱、欣赏，使故事更动听。用珍爱欣赏眼光品评自己，你只需要转换一个角度，平常的相貌中自有亮点，平凡的人生中也不乏快乐之处。一帆风顺当然很好，可是经历苦难而不倒的人更令人赞叹。成功的喜悦，屡败屡战的斗志，更是弥足珍贵的。人生自古多磨难，但是只要你学会欣赏自己，你就会觉得幸福其实是那么的平易近人。

人生有很多种幸福，但有一种幸福最令人难忘，那就是得到真诚的鼓励和真正的欣赏。鼓励和欣赏（哪怕是暗示）可以帮助我们了解自己、振奋自我、战胜自我，获得自信，从而更加勇敢地面对生活。

你是不是很期待身边的人欣赏你呢？你是不是会因别人的不够关注而对自己失去信心呢？但是，现实的复杂性往往给生活涂抹上层层神秘的色彩，很多事情多多少少存在一些不可预知性。人们并不会专注于我们，得来的赞美和认同我们只能说那是一种缘分，与其在茫茫人海中去寻找那份难得的快乐，为什么放弃自己对自己的赞美和鼓励呢？那是最确定的，也是最重要的。

也许我们不能环游宇宙，那就做一颗不知名的卫星，一样是在宇宙中翱翔；也许我们不是常青的松柏，那就做一棵小草，同样以自己的绿色装点四季；也许我们做不了伟人，那就做实在的自我，平凡但拥有幸福的人生。关键是必须珍惜自己，认同自我，做好自己。不要总是欣赏别人，更不要因这种欣赏而否定自我。也来欣赏一下自己吧，你会发现，你的天空一样广阔，自己也可以有非同一般的活法。最简单的让自己幸福的方法就是学会自我欣赏、自我鼓励，才能自我完善，从点点滴滴的自我完善中获得快乐。

闲暇之余，静静地欣赏自己，你会发现真实的自己，天真可爱。人生道路上，有一段没有芳馨的鲜花为我们添香，却有心中希望的浪花为我们激荡；有一刻没有雷鸣的掌声为我们喝彩，却有恒久的追求为我们领航；尽管人生的航程波涛汹涌，征程上理想的风帆却依旧高扬。沿着自己的航线，趟过岁月的河流，驶向幸福的远方。无须改变什么，也无须挑剔什么，自己就是自己——世界上独一无二的自己。原本很美，很独特——当然，你愿意不懈努力！

欣赏自己吧，再不要怨声载道，也不要灰心丧气。无人为我们鼓掌的时候，自己给自己鼓励；无人为我们拭泪的时候，自己给自己安慰。抖落昨日的疲惫与无奈，抚去经历的伤痛和泪水，心有阳光，每一天的生活都灿烂！

（二）心理耐挫力问卷①

心理耐挫力问卷，共有30题，以“是”和“否”作答。计分的办法是：总分数在0~12分之间说明心理耐挫力差；13~20分之间说明心理耐挫力一般；21~30分之间说明心理耐挫力强。

此问卷每个项目有两个答案：“是”、“否”，问卷中所有的问题都没有正确和错误之分，请仔细阅读每一项，在最适合你本人情况的那一项打“√”。

1. 你认为自己是个弱者吗？	是	否
2. 你是否喜欢冒险和刺激？	是	否
3. 你生活在使你感到快乐和温暖的班级里吗？	是	否
4. 如果现在就去睡，你是否会担心自己会睡不着？	是	否
5. 生病时你依旧乐观吗？	是	否
6. 你是否认为家人需要你？	是	否
7. 晚睡两小时会使你第二天明显地精神不振吗？	是	否
8. 看完惊险片后很长一段时间内，你一直觉得心有余悸吗？	是	否
9. 你常常觉得活得很累吗？	是	否
10. 你是否有一些无话不谈的知心朋友？	是	否
11. 当考试成绩不理想时，你会感到非常沮丧吗？	是	否

① 谢炳清，伍自强，秦秀清．大学生心理健康教程［M］．武汉：华中科技大学出版社，2004.

（续上表）

12. 你认为自己健壮吗？	是	否
13. 当你与某个同学闹意见后，你一直无法消除相处时的尴尬吗？	是	否
14. 大部分时间你对未来充满信心吗？	是	否
15. 你有一个关心、爱护你的家吗？	是	否
16. 当在课堂上回答不出问题时，你在课后还会久久地感到烦恼吗？	是	否
17. 每到一个新地方，你是否常会出现：吃不下饭、睡不着觉、头晕、拉肚子等？	是	否
18. 即使在困难时，你还是相信困难终将过去的？	是	否
19. 你明显偏食吗？	是	否
20. 当你与父母发生不愉快时，你是否想过离家出走？	是	否
21. 你是否每周至少进行一次你所喜欢的体育活动，如打球、游戏、登山等？	是	否
22. 你觉得自己有些神经衰弱吗？	是	否
23. 你认为你的老师喜欢你吗？	是	否
24. 心情不愉快时，你的饭量与平时差不多吗？	是	否
25. 看到苍蝇、蟑螂等东西，你感到害怕吗？	是	否
26. 你相信自己能战胜任何挫折吗？	是	否
27. 你是否常常与同学交流看法？	是	否
28. 你常因想心事而躺在床上久久不能入睡吗？	是	否
29. 在人多的场合或陌生人面前说话，你是否感到窘迫？	是	否
30. 你是否认为你受到的挫折与其他人相比根本算不了什么？	是	否

第六部分 职业规划

一、主题介绍

（一）职业规划的定义与类型

职业规划是职业生涯规划的简称。职业生涯就是一个人终生的工作经历。职业生涯规划是指一个人对自己职业发展道路的设想和计划，是一个人根据自身的兴趣、特点将自己定位在一个最能发挥自身长处的位置并最大限度地实现自我价值。要做好职业规划，个体首先要对个人特点进行分析，再对所在的组织环境和社会环境进行分析，再根据分析结果制定一个人的事业奋斗目标，选择实现这一事业目标的职业，编制相应的工作、教育和培训的行动计划，并对每一步骤的时间、顺序和方向作出合理的安排。

按照规划时间跨度的时间长短，职业生涯规划可分为人生规划、长期规划、中期规划和短期规划等四种类型①。

1. 人生规划

整个职业生涯的规划，时间跨度大约 40 年，如规划成为一个有数亿资产的公司董事，成为业界知名的专家等。

2. 长期规划

约 10 年的规划，主要设定较长远的目标，如规划 30 岁时成为一家中型公司的部门经理，规划 40 岁时成为一家大型公司的副总经理等。

3. 中期规划

一般为 2 ~5 年内的目标与任务，如规划到不同业务部门做经理或从大型

---

① 王瑞明. 职业心理. 见唐红波. 心理学［M］. 广州：广东省语言音像电子出版社，2009.

公司部门经理到小公司做总经理等。

4. 短期规划

2年以内的规划，主要是确定近期目标，规划近期完成的任务，如今后2年对专业知识的学习，2年内要掌握哪些业务知识等。

（二）职业规划的基本原则

职业规划的基本原则可以概括为四个“选择”①。

1. “择己所爱”

兴趣是最好的老师，也是成功之母。如果能够从事一项喜欢的工作，那么工作本身就能给人一种满足感，职业生涯也会从此变得妙趣横生。调查表明，兴趣与成功几率有着明显的正相关性。在设计自己的职业生涯时，务必注意考虑自己的特点，珍惜自己的兴趣，选择自己所喜欢的职业。

2. “择己所长”

任何职业都要求从业者掌握一定的技能，具备一定的能力条件。因为一个人一生中不能将所有技能都全部掌握，所以必须在进行职业选择时择己所长，从而有利于发挥自己的优势。运用比较优势原理充分分析别人与自己，尽量选择冲突较少的优势行业。

3. “择世所需”

社会的需求不断演化着，旧的需求在不断消失，新的需求在不断产生，新的职业也在不断产生。在设计自己的职业生涯时一定要分析社会需求，择世所需。目光要长远，能够准确地预测未来行业或者职业发展方向，再作出选择。

4. “择己所利”

职业是个人谋生的手段，其目的在于追求个人幸福。所以在择业时，首先应考虑自己的预期收益——个人幸福最大化。明智的选择是在由收入、社会地位、成就感和工作付出等变量组成的函数中找出一个最大值。这就是选择职业生涯中的收益最大化原则。

（三）职业生涯的发展阶段

孔子曰：“吾十有五而志于学，三十而立，四十而不惑，五十而知天命，六十而耳顺，七十而从心所欲、不逾矩。”一个人在不同的年龄阶段所要完成

① 摘编自：百度百科［EB/OL］，http：//baike. baidu. com/view/281140. htm.

的任务是不同的。在一个人的一生中，大体要经历五个职业阶段①：

1. 成长阶段

成长阶段大体上可以界定在一个人出生到15岁左右。在这个阶段里，个人通过对家庭成员、朋友和教师的认同以及与他们之间的相互作用，逐渐建立起自我的概念。在这一阶段的一开始，角色扮演是极为重要的。儿童通过尝试各种不同的行为方式，建立起了一个独特的自我概念或个性。到这一阶段结束时，进入青春期的青少年就开始对各种可选择的职业进行带有某种现实性的思考了。

2. 探索阶段

该阶段大约发生于一个人的15~24岁之间。在这一时期中，个人将认真地探索各种可能的职业选择，并试图将自己的职业选择与个人兴趣和能力匹配起来。在这一阶段的开始时期，他们往往作出一些带有试验性质的较为宽泛的职业选择。然而随着个人对所选择职业以及对自我的进一步了解，他们的这种最初选择往往会被重新界定。到了这一阶段结束的时候，一个看上去比较恰当的职业就已经被选定，他们也已经做好了开始工作的准备。

3. 确立阶段

确立阶段大约发生在一个人的24~45岁左右，它是大多数人工作生命周期中的核心部分。有些时候，个人在这期间能够找到合适的职业并随之全力以赴地投入到有助于在此职业中取得永久发展的各种活动中去。人们通常愿意早早地就将自己锁定在某一已经选定的职业上。然而在多数情况下，处于这一阶段的人们仍然在不断地尝试与自己最初的职业选择所不同的各种能力和理想。

确立阶段本身由三个子阶段构成。首先是尝试阶段。该阶段大约发生在一个人的25~30岁之间。这一阶段中，个人确定当前所选择的职业是否适合自己，如果不适合，个人就会准备进行一些变化。其次是稳定阶段。到了30~40岁的时候，人们通常就进入稳定子阶段。在这一阶段，人们往往已经定下了较为坚定的职业目标，并制定了较为明确的职业计划来确定自己晋升的潜力、工作调换的必要性以及为实现这些目标需要开展哪些教育活动，等等。确立阶段的最后一个阶段是职业中期危机阶段。在30~45岁之间的某个时段上，人们可能会进入一个职业中期危机阶段。在这一阶段，人们往往会根据

① 摘编自：王瑞明．职业心理．见唐红波．心理学［M］．广州：广东省语言音像电子出版社，2009.

自己最初的理想和目标对自己的职业进步情况作一次重要的重新评价。他们有可能会发现，自己并没有朝着自己所梦想的目标靠近，或者在已经完成了他们自己所预定的任务之后才发现，自己过去的梦想并不是自己所想要的全部东西。

4. 维持阶段

到了45~65岁这一阶段，许多人就很简单地进入了维持阶段。在这一阶段的后期阶段，人们一般都已经在自己的工作领域中为自己创立了一席之地，因而他们的大多数精力主要就放在保持这一位置上了。

5. 下降阶段

当退休临近的时候，人们就不得不面临下降阶段了。这一阶段的人都要面临这样一种情况：接受权力和责任减少的现实，学会接受一种新角色，学会成为年轻人的良师益友。再接下去，就是几乎每个人都不可避免地要面对退休，这时人们所面临的选择就是如何去打发原来用在工作上的时间。

（四）职业规划的要点

职业生涯规划要求根据自身的兴趣、特点，将自己定位在一个最能发挥自己长处的位置，选择最适合自己能力的事业，为此要注意以下问题①：

1. 注意内外因的最佳匹配

职业规划就是找到内外因的最佳匹配点和今后各个阶段的发展平台。

2. 职业定位要“准”

包括行业定位、方向定位、职位定位、薪酬定位等很多项。例如，定位IT行业，那么方向是软件还是硬件，是销售还是技术，是基本程序员还是工程师？

3. 善于把握市场大脉搏

这是规划是否成功的基本保证。如果所选择的职业自己既感兴趣又符合能力要求，但社会没有需求或需求极少，未来就业机会渺茫，这样的职业生涯规划其起步就是失败的。

4. 善于从小事、从最具体的职业岗位做起

只要这种小事、具体事与自己的最终职业目标一致，有利于个人职业目标的实现，都可以选择确定为自己的最初职业岗位。

① 摘编自：百度百科［EB/OL］，http：//baike. baidu. com/view/281140. htm.

（五）了解自己的职业兴趣

高尔基曾经说过："如果工作是快乐的，那么人生就是乐园；如果工作是强制的，那么人生就是地狱。"兴趣给人的活动过程带来的乐趣由此可见一斑。相信每个人都希望能够找到自己感兴趣的职业。

怎样寻找这份快乐的工作呢？要实现这一愿望，除了外部条件的许可外，最先要做的是知道自己喜欢做哪方面的工作、适合做哪方面的工作，即首先应该了解自己的职业兴趣所在。我们不可能在数以千计的职业中，去找寻自己所感兴趣的职业。但我们可以先将庞杂的职业归为若干数量有限、适合操作的职业群，然后再去发现自己感兴趣的职业群。

在职业群分类的研究中，影响较大并且已得到广泛认可的，当属美国职业指导专家约翰·霍兰德（John L·Holland）于 1959 年提出的职业兴趣理论（或称人格类型理论）。职业兴趣理论认为，人的人格类型、兴趣与职业密切相关。兴趣是人们活动的巨大动力，具有职业兴趣的职业可以提高人们的积极性，促使人们积极地、愉快地从事该职业，并且职业兴趣与人格之间存在很高的相关性。霍兰德职业兴趣理论的核心假设是：人可以分为现实型、研究型、社会型、传统型、企业型、艺术型等六大类型，这六种类型的人具有不同的典型特征，每种类型的人对相应职业类型感兴趣。职业环境也可以分成相应的同样名称的六大类，人格与职业环境的匹配是形成职业满意度、成就感的基础。

霍兰德人格类型理论的核心内容包括四个基本观点：

1. 多数人都适用于六种类型中的某个类型，并且这六种人格类型是在个人与其周围环境的相互作用中形成的。

2. 人们所生活的环境，同样可以划分为带有上述六种特征的环境模型，各种环境是由同一人格类型的人所占据的。

3. 人们寻求能发展自己技能和能力的环境，而且要寻求能发展他们态度和价值观的环境。这也就是人们求职时的主要目标之一。

4. 人的行为是由个人的人格和环境相互作用所决定的。

我们在后面的拓展资料中，编入了霍兰德职业兴趣测验（Holland Vocational Preference Inventory）。该测验即是以霍兰德的职业兴趣理论为基础而编制，现在有很多职业兴趣类测验基本上都是以此测验为母本编制的，在世界范围内得到广泛使用。

二、故事赏析

故事赏析 1：认真做自己

【故事介绍】

蔡志忠是一位台湾的漫画家。初中没有毕业的他，靠着对漫画创作的天分和一腔热忱，闯出了自己独有的人生道路：读初二时辍学，15 岁开始从事漫画创作；当兵退伍后，进入光启社（台北的一家电视公司）从事美术指导工作，1976 年成立龙卡通公司，1971 年出任光启社电视美术指导；1977 年白手起家创立远东卡通公司；1981 年，另创龙卡通公司，拍摄了《七彩卡通老夫子》、《乌龙院》等卡通电影（《老夫子》获金马奖最佳卡通电影长片奖）；1983 年开始在各报刊发表四格漫画作品，并在新加坡、马来西亚、香港、日本的报刊长期连载；1984 年自组个人漫画工作室；1985 年当选为台湾十大杰出青年之一；1999 年获荷兰克劳斯王子基金会奖；其创作的《庄子说》、《老子说》等经典漫画为很多人了解中国文化的精髓提供了一个很好的渠道，已经被翻译成二十几种国家的文字。

蔡志忠 15 岁那年，身上仅带着以前投漫画稿赚来的 250 元稿费，只身到台北画漫画赚钱谋生。尽管在找工作时遇到了学历的阻碍，但他没有被吓倒。如光启社的招聘广告上写着应聘者必须是“大学相关科系毕业”，蔡志忠没有理会这项学历限制而参加应征的行列，勇敢地去应聘，那是因为他相信自己的实力，结果蔡志忠击败了另外 29 名应征的大学毕业生，被光启社录用从事美术指导工作。

在台北立足之后的蔡志忠，此后在漫画界的表现如异军突起，一发不可收拾，创建了一系列辉煌的成绩。尤其是他的《庄子说》和《老子说》系列不但在国内广为传阅，更译成世界各国文字向国外输出，画漫画也完全解决了蔡志忠的生活问题，他一度是全台湾纳税额最高的作家（这是他一直引以为荣的一件事）。

在这个文凭至上的社会，是什么使得这位初中都没有毕业的年轻人有勇气出来闯荡并顺利开拓出了自己的人生道路？我们可以从以下蔡志忠接受采访时的回答知道想要的答案：

"做人最重要的就是要了解自己。有人适合做总统，有人适合扫地。如果适合扫地的人以做总统为人生目标，那只会一生痛苦不堪，受尽挫折。"

"从三岁半开始，我就在做人生最高的思考。那时候就立志成为漫画家。四岁半我已经找准了人生的方向，就是要画画。15岁向出版社投稿，拿到稿费后的那天晚上跟我爸妈说，爸爸，明天我去台北。不是问他可不可以，而是告知他。他说去干什么？我说去画漫画。他说找到职业了吗？我说找到了。第二天我就拎着皮箱到台北了。"

"我常常说，我坐在马桶读的书比别人读的书都多。我不是要读文凭，我是要知道一些事，而不是去换作文凭，这是很重要的。包括到今天，都还没有因为我的文凭不是大学毕业，或者是没有得到硕士、博士而影响了我的生活。"

"人没有梦想就像蝴蝶没有翅膀，世界上最厉害的人，没有人不是一两岁就决定自己要做什么的。乔丹三岁半就开始在后院打篮球！我们不可能到了大学毕业以后，还不知道自己要做什么。我们应该很早就知道，我会什么，我喜欢什么，我要做什么，做自己喜欢的，做自己最想做的是最可能成功的。"

"做自己能够的，做自己想要的，完全没有任何辛苦，我想说，当我进入一种状态，在做喜欢做的事情，蚊子咬了整条腿，我根本都没有感觉。常常有记者跟我说，你作了很大的贡献，我说我没有。"

从以上蔡志忠的话语，我们可以看到梦想和信念的力量，我们也看到生涯规划对一个人的重要性。而这一切的根基，在于一个人首先要了解自己。世界球王"黑珍珠"贝利也曾经说："我天生是踢球的，就像贝多芬天生是音乐家一样。"

了解自己，做自己喜欢又擅长做的事情，活得自在，在认真地做自己的同时，也给周围的人带来了快乐，谁敢否定这是一种成功的人生？

【知识点评】

知识点1：自我认识与职业规划

成功有效的职业规划包括五个步骤：

1. 客观的自我认识和评价，进行准确定位；
2. 评估职业定位，确定目标；
3. 择优选择目标路径和方法；

4. 制定行动策略，终身学习；

5. 与时俱进，灵活调整目标和方法。

在这五个步骤中，客观的自我认识和评价是科学进行职业生涯规划的前提，是成功就业的一个关键性问题。错误、狭窄、扭曲的自我认知是职业规划失败的主要原因，如现在有些学生总有一种自负感，对自己期望很高。不少学生认识自我的内容片面，缺乏综合性。很多学生只分析了个人的兴趣、特长及优缺点，没有涉及个人的情感、意志、受挫折能力、职业价值取向，以及职业的适应性等。我们应该教育学生对自己的所学专业、工作能力、爱好特长和优势劣势等有一个完整把握，不断调整自己原有的不切实际的就业取向，使自己的心理定位与择业目标要求相一致。这样才能在就业过程中发挥优势，找到较满意的工作岗位。同时还要教育学生在工作中要从小事做起，克服好高骛远的毛病，使自己的求职愿望与社会需求及时对接。同时，还要有针对性地引导学生全面地了解社会，客观地分析自己的处境，养成积极进取，努力刻苦的习惯。

知识点2：影响职业生涯规划的个人因素

影响职业生涯的个人因素包括性格、兴趣和能力。①

1. 性格

职业心理学的研究表明，不同的职业对于就业者有不同的性格要求。虽然每个人的性格不可能百分之百地适合某种职业，但人们可以根据自己的职业倾向来培养、发展相应的职业性格。绝大部分职业都同时与几种性格类型特点相吻合，而一个人也同时具有几种职业性格类型的特征。在进行实际的职业取向时，应根据个人的性格与职业要求，具体情况具体处理，不能一概而论。

2. 兴趣

兴趣对职业生涯的发展至关重要，所以兴趣自然是职业选择应考虑的重要因素之一。一种兴趣类型可以对应多种职业，而每个人往往又同时具有其中几种兴趣类型的特征。

3. 能力

事业发展和具有卓越能力之间有着不容置疑的直接关系。卓越的能力，

① 摘编自：王瑞明．职业心理．见唐红波．心理学［M］．广州：广东省语言音像电子出版社，2009.

不是抽象的素质，而是通过职业角色得以表现的。例如，交响乐团的指挥，其能力显然和一名出色的科技人员或一名优秀的飞机驾驶员不同。能力是一个人完成任务的前提条件，是影响工作效果的基本因素。因此，了解自己的能力倾向及不同职业的能力要求，对合理地进行职业选择具有重要意义。

【教学建议】

一方面，通过对于蔡志忠故事的介绍，希望学生可以更好地理解自我认识及其意义，产生形成良好自我认识的意识。另一方面，在教学过程中教师应引导学生了解自己的能力倾向及不同职业的能力要求，使学生能合理地进行职业规划。

故事赏析2：学会“华丽地转身”

【故事介绍】

图6－2　济慈（1795—1821），英国著名诗人。

济慈是英国19世纪杰出的浪漫主义诗人，他在英国文坛的地位可与拜伦、雪莱齐名，其诗作拥有广泛的读者和影响。济慈自幼喜爱文学，由于家境窘困，不满16岁就离校学医。他的父母在他青少年时便相继去世，过早失去父母给济慈留下了永远的悲伤。1810 年，济慈被送去当药剂师的学徒。五年后济慈考入伦敦的一所医学院，但不到一年，济慈便放弃了从医的志愿，而专心于写作诗歌。济慈很早就尝试写作诗歌，他早期的作品多是一些仿作。1817 年，济慈的第一本诗集出版。这本诗集受到了一些好评，但也受到一些极为苛刻的攻击性的评论。疾病与经济上的问题一直困扰着济慈，但他却令人惊讶地写出了大量的优秀作品，其中包括《圣艾格尼丝之夜》《秋颂》《夜莺颂》和《致秋天》等名作，表现出诗人对大自然的强烈感受和热爱，赢得了巨大声誉。1821 年 2 月 23 日，济慈因肺结核严重恶化逝世，年仅 26 岁。他的墓志铭写着：Here lies one whose name was written in water（此地长眠者，声名水上书）①。

济慈在发现自己有写诗的才能之后，当机立断地放弃了一贯学医的道路，全身心投入到诗歌的创造中。虽然济慈在人世间只活了二十六岁，但卓越的诗歌才华为人类留下了永远的精神财富。如果济慈不能正确认识自己，没有找准自己的位置，那么英国至多不过增加了一位普通的医生，而世界诗歌史上则肯定要失去一颗耀眼的明星。

【知识点评】

知识点 1：自我监控训练

自我监控是自己对自身行为与思想言语的控制，在个体的学习和成长中起着非常重要的作用，对学生的自我监控能力的培养具有重大意义。

1. 出声思维训练

出声思维训练是日常学习和教学过程中进行自我监控能力训练的一种好方法。通过这种自言自语的方式描述自己的思维过程，使不被直接观察到的心理过程清楚地呈现出来。可以通过给出一道题目或者让学生阅读某材料后，提出教学要求，目标修订、策略选择、结果评价、进程控制等都由学生自己掌控；还可通过学生自我提问，同学间合作等方式；或者是通过一些技能的学习，如评价、联想、类推等来强化自我监控训练。

2. 自我监控技能的循序化训练

将监控的基本技能分成若干小步并固定为一定的程序，要求学生按此反复进行训练，久而久之，学生就能自觉地熟练地运用这些技能。这种程序化

① 摘编自．个人简历网［CB/OL］，http：//www. gerenjianli. com.

训练也可以和出声训练有效地结合起来，譬如我们经常会说“首先……接着……再……最后……”等。

在培养自我监控能力时，要注意以下几点：

首先，训练与教学要同步进行。教学者要对教学内容很熟悉，接着对各个环节的思维策略及解决方法有所明白，最后安排不同的训练方式。只有这样，才能保证学生在掌握知识的同时可以训练到其自我监控的能力。

其次，要充分发挥个体的主体作用。营造良好的民主气氛，给学生提供进行自我监控的机会，让学生充分的把主动性和能动性结合起来，让他们自己确立学习目标，规划学习进程，选择适宜的方法或进行自我进步的评价。

最后，要明确自我监控能力形成的实质。从内化观来看，监控能力的训练是一个不断实践监控和技能以及策略的内化过程，不断地由他控转为自控，这需要在活动中进行。

知识点 2：转行需要智慧

俗话说：“树挪死，人挪活。”当一个职场人感觉无法在原行业继续发展时，就会想到转行。那么，应该如何转换职业，寻求新的职业方向和目标呢？

1. 分析自我、正确选择

自我分析的内容主要包括了解自己的性格、兴趣、能力、气质、意志等，找出自身的特点、优势、劣势，只有对自己有清晰的认识，才能确定求职的方向和目标。在职业定位不清、目标不明确的情况下盲目转行，可能进一步影响自己的职业发展。

2. 合理评估、确定方向

通过自我分析只是对自身有了清晰的认识，而要做到人岗匹配，还必须对自己感兴趣的岗位有充分的认识，主要包括对这个岗位所处的内外环境的分析。具体来说，内环境包含了该岗位的具体职责范围、升职空间等，而外环境包含了企业所处行业的发展现状，企业的文化、制度等，通过合理评估这些环境对个人发展的利弊，最终确定大致的职业转换方向。

3. 明确目标、积极实施

西方有一句谚语：“如果你不知道自己要到哪儿去，通常你哪儿也去不了。”同样，一个人在进行职业转换时，不能确立新的目标，就可能什么也干不好。因此，进行职业转换，最首要的问题是要明白自己准备往哪里去，即确立新的职业目标。知道了自己能力的优劣势，性格的主要特点后，就要根据个人情况和市场提供的机会果断地作出选择，把计划付诸实施①。

知识点3：学会果断作出选择

人的一生是在选择之中度过的。选择是人生最重要的技能之一；选择，往往会影响人的一生。你选择了飞翔，总能看到蓝天；你选择了远航，总能感受大海。在人生中，也因你不同的选择，而开放出不同的生命之花。

学会选择需要培养一种意志的品质，那就是果断性。即不冒失也不优柔寡断。果断需要个体善于当机立断、毫不犹豫地作出行为决策。果断反映了意志的行为价值的效能，个体越是果断，越会快速作出选择、编制行为方案并及时采取行动。

那么，应该如何培养学生意志的果断性呢？

首先，家长和教师要学会尊重学生，相信学生。其次，家长要给学生创造实践的机会，让他们在实践中领略成功和失败的经验。通过实践活动，不仅仅可以使学生获得知识，同时可以有效培养他们的意志力。再次，要充分利用榜样的作用。教师要能够选择良好的榜样，让学生学习榜样的意志品质，同样可以有效地达到意志果断性的培养目标。最后，要对学生的行为及时作出反馈。正确时要给予表扬，希望可以强化巩固该行为，失误时也可以及时发现并作出修正，培养学生良好的行为方式和意志行为。

【教学建议】

该故事可以用于引导学生要善于监控自己的行为，并作出适当的规划和选择。教师应该引导学生进行有效的自我监控，发现自己的选择在不合适的时候要及时给予改正，这样也不失为一种成功。另外还要强调行动的果断性，鼓励学生在准备好的时刻及时有效地抓住机会，达到目标行为；但同时，我们也要让学生克服优柔寡断和草率莽撞的行为方式。

---

① 摘编自：陈骏．转行切忌盲目［J］．成才与就业，2011（19）．

故事赏析3："没有人只靠从众而成功"

【故事介绍】

图6-3 吉姆·罗杰斯（Jim Rogers，1942—），国际著名的投资家。

吉姆·罗杰斯，出生于美国亚拉巴马州，是当代国际著名的投资家和金融学教授，被称为投资界的传奇人物。巴菲特（全球著名投资商）评价其"对市场大趋势的把握无人能及"。罗杰斯5岁开始做第一笔生意（在棒球场捡瓶子卖钱）。获得奖学金上耶鲁大学，毕业后到牛津大学贝列尔学院深造，在那里作为赛艇队的舵手，并创造了自己的第一个吉尼斯纪录。1970年，他和索罗斯共同创立全球闻名的量子基金，其投资回报率高达4 200%，而同期标准普尔指数的增长还不到47%①。

在接受一次访问时，一个记者问及罗杰斯的辉煌投资史，罗杰斯介绍了自己的一次投资经历：在我非常年轻的时候，有一年，我判断股市将要崩盘。在美国，你可以通过卖空来赚钱。后来确实如我所料，股市大跌，金融机构纷纷破产，一瞬间我的资金翻了三倍，当时我觉得自己实在是太聪明了。尝了甜头后，我判断市场将进一步下跌，但在集中了所有资金大力卖空时，股市却上涨了。最后只能斩仓，账户里一分不剩。我当时穷得把自己的摩托车都卖掉了。事后，我发觉自己当时根本不清楚自己在做什么，自己对股市继

① 摘编自：豆瓣网［EB/OL］，http：/ /book. douban. com/subject/3300884；百度百科［EB/OL］，http：//baike. baidu. com/view/776570. htm.

续下跌的判断其实没有任何研究作为支撑，于是才幡然醒悟：获得成功后往往会被胜利冲昏头脑，这时候尤其需要平静的思考。

1984年，当外界极少关注、极少了解的股市暴跌到1961年的一半时，罗杰斯亲往奥地利实地考查。经过缜密的调查研究后，他认定机会到来，于是大量购买了奥地利企业的股票、债券。第二年，奥地利股市起死回生，奥地利股市指数在暴涨中上升了145%，罗杰斯大有收获，因此美名远播，被人敬称为“奥地利股市之父”。

罗杰斯在投资方面给大家提出了这样的建议：“每个人应该找到适合自己的投资方式。我本人比较喜欢那些无人关注的、股价便宜的股票。但是作出背离大众的选择是需要勇气的，而且我认为最重要的是扎实的研究和分析。”确实，罗杰斯的成功并非偶然，他一直脚踏实地地干，从来没有因为市场的一时波动而随意改变自己的初衷。

罗杰斯认为自己成功有两个主要原因：一是勤奋，一是独立思考。他说：“我并不觉得自己聪明，但我确实非常、非常、非常勤奋地工作。如果你能非常努力地工作，也很热爱自己的工作，就有成功的可能。”他还说：“我总是发现自己埋头苦读很有用处。我发现，如果我只按照自己所理解的行事，既容易又有利可图，而不是要别人告诉我该怎么做。”

“没有人只靠从众而成功。”罗杰斯从来都不重视华尔街的证券分析家。他认为，这些人随大流，而事实上没有人能靠随大流而发财。罗杰斯说：“每个人都必须找到自己成功的方式，这种方式不是政府所引导的，也不是任何咨询机构所能提供的，必须自己去寻找。”

【故事拓展】

罗杰斯不但是个聪明成功的投资家，而且也是一个善于规划自己人生的人。当他在10年内赚够一生所用的财富时，37岁的罗杰斯决定退休，但并没有赋闲在家。在继续管理自己的投资组合的同时，在哥伦比亚大学商学院研究生院做教授，并担任WCBS电视台《杜瑞福斯圆桌会议》（The Drevfus Roundtable）与金融新闻网FNN《获利动机》（The Profit Motive）两个节目的主持人。与此同时开始实施自己人生的梦想：驾驶摩托车环游世界（他曾在1980年代驾驶摩托车在中国旅游），期间跨越了六大洲，行程超过10万英里，创造了他的第二项吉尼斯纪录。这一经历还成为罗杰斯创作第一本书《投资骑士》（1994年出版）的蓝本。而从1999至2002年的千禧大探险是罗杰斯的第三项吉尼斯纪录，他携带妻子跨越了116个国家（其中大约有15个国家仍然处于内战之中），行程15.2万英里。在第二本书《风险投资家环球游记》里，罗杰斯记录了这一不可思议的冒险之旅。目前，他和妻女定居新加坡，除了为媒体撰稿外，还到世界各地巡回演讲①。

【知识点评】

知识点1：认知风格

认知风格与认知能力不同，是指个人所偏好的信息加工方式，也叫做认知方式。认知风格一旦形成就难以消退，甚至可以维持一生；认知风格仅仅是一种习惯方式，没有性质好坏和水平高低之分。认知风格既包括个体知觉、记忆、思维等认知过程方面的差异，又包括个体态度、动机等人格形成和认知能力与认知功能方面的差异。有关认知风格的研究始于20世纪40年代格式塔学派的早期研究。至20世纪六七十年代，大量的认知风格结构被提出和验证，现在认知风格已经是教育和管理领域的一个关键概念。由于个体的认知风格不同，教师应在日常教学与管理中针对不同类型的学生采用不同的方式与对策。

认知风格的类型，主要有以下的三种划分方式。

1. 场独立性与场依存性

威特金（Witkin，1940）在一系列研究中发现，个体的认知风格可以有场独立性和场依存性之分，这里所说的“场”就是个体所处的外部环境。场独立性的个体在认知加工时更多依靠自己的意识和判断作出决定，心理分化水平较高，是比较独立的人。但场独立性者在与他人相处的时候，可能很少对他人所处情境和心情有所觉察，因为他们仍将更多的注意投放在自己的内部。场依存性的个体在认知加工时更多以“场”即外部环境作为依赖，心理分化水平较低，在表现为独立性较差的同时，又体现出在与别人交往时能更好考虑对方感受的优点。场独立性和场依存性的差异表现在很多心理活动中。这两种认知风格在某些方面可以各自表现出自己的优势：在人际交往中，场依存性个体则占有优势；在解决问题的灵活性上，场独立性个体则占据了一定的优势。

2. 冲动型与沉思型

卡根（Gagan，1964）等人根据对问题思考的速度不同而区分出“冲动”

① 摘编自：百度百科［EB/OL］，http：//baike. baidu. com/view/776570. htm.

与“沉思”这两种认知风格：冲动型的个体反应快但准确性差，面对问题时总是急于求成，缺乏对问题的全面分析和考虑，总是急于表达出自己的意见，善于采用整体性信息加工策略；沉思型个体则是反应慢但准确性高，这种认知风格的人总是在深思熟虑后才会表达自己的意见，以速度换取事情的精准性，善于采用细节性加工策略。在元认知知识、认知策略以及学习能力上，两种认知风格的个体会表现出较大的差异：沉思型个体会使用更多的元认知知识和认知策略，且很擅长阅读学习，而冲动型个体则恰恰与沉思型个体相反，他们更加擅长于整体性任务的信息加工。

3. 同时性与继时性

达斯（Daset，1975）等根据脑功能的研究区分出了同时性和继时性的认知风格。他们认为具有左脑优势的个体有继时性加工的风格，而具有右脑优势的个体则有同时性加工的风格。继时性加工的特点在于当面对问题时，个体能够一步一步分析问题，每一步都只考虑一个假设或者一个属性，提出的假设在时间上有明显的前后顺序，在第一个假设成立后再进行第二个问题的验证，这样依次前进，一环扣一环，直到找到答案；而同时性加工的特点则在于当个体面对问题时能够采用并列式的方式，同时兼顾多种假设和可能，思维发散，力求花最少的步骤尽快地解决问题。这种认知风格同样只是认知方式的差异，而不是加工水平的差异，且这种认知风格的差异在性别上有所表现：女性更加擅长继时性加工，而男性则更加擅长同时性加工。

经研究发现，当学习方式和认知方式相匹配的时候，个体的学习则好，若是不匹配，则学习成绩就可能很一般。有关研究还表明，个体的认知风格是在学习过程中慢慢形成的，即认知风格可以通过训练得到改变。这就提示我们，要有意识地对儿童的认知方式进行训练，同时在教育教学时要考虑儿童的认知风格，采取不同的教育教学方式，采用不同的启发方式等。

知识点 2：从众与个性

从众是一个普遍的社会现象。从心理学的角度来看，从众是指在群体压力下，个体在认知、判断、信念与行为等方面资源与群体中多数人保持一致的现象。影响从众行为的因素主要有群体因素、个体人格因素和所处情景等。在一定程度上，从众可以使得个体与社会更为融洽，从而促进社会规范和共同价值观的形成和发展，使得个体可以更好地适应社会生活。但从众具有一定的消极作用，个体如果凡事依靠从众，那么这个人就会事事缺乏思考，失去了主动性和独立性，在思维出现惰性的同时，个体也失去了应有的个性。

个性是一个人的整体精神面貌，心理学上讲的个性是指个体具有一定倾向性的心理特征的总和，即个性心理，它是一个人的思想、行为和情感的特有模式，是区别于他人的稳定而统一的心理品质。正如世界上没有完全相同的两片树叶一样，世界上也没有完全一样个性的两个人。一般而言，个性具有如下特征①：

1. 人格的独特性

人格的独特性是指人与人之间没有完全相同的心理面貌，每个人的兴趣爱好、志向理想、认知方式、情感意志等各有各的特点。这是因为人格是在遗传、环境和学习等因素的影响下形成和发展起来的，这些因素及其相互作用对每个人都不可能完全相同。人格的独特性并不否定人们之间存在着某些共同点。也正是由于人格受到遗传、环境和学习的影响，对每一个具体的人来说，他的处世态度和行为方式都不可避免地会与他所处的环境保持某种一致性，从而表现出某些相同的人格特征。

2. 人格的稳定性

人格的稳定性是指一个人的人格特征在时间、空间上都具有相当的一致性和普遍性。经研究表明，一个人从小到大，其人格特征具有高度的一致性，其中以智力的一致性最高，其次是内外倾、情绪稳定性和对冲动的控制，最后是政治态度、自我价值感和生活满意度。同时，同一种人格特征在不同的年龄阶段或场合也会有不同的表现，如高焦虑这种人格特征，在青少年时期可能表现为考试前的极度紧张，在成年时期可能表现为对工作任务的过度担忧和缺乏信心，在老年时可能表现为对死亡和疾病的极度恐惧。当然，人格也有可塑性。一些对个人具有重大意义的事件，都有可能引起人格的相应改变。

3. 人格的整体性

人格的整体性是指人格是由多种心理成分构成的整体，受自我意识的调控，具有内在的一致性。例如，人的认知、情绪情感和意志行为是相互联系、相互制约的，假如其中一个环节发生了变化，那么其他部分也会发生变化。人格的整体性是一个人获得健全人格的基础和表征。人格若缺乏整体性，就好比一个失去了指挥的管弦乐团，虽然每个人都在努力弹奏，却不能没有和谐、完美的演奏效果。一个人的知觉、记忆、思维、情绪情感和意志等心理机能若失去意识的控制，他的行为也会变得混乱而不可理喻。所以，当一个人的人格结构各方面和谐一致时，他的人格就是健康的，反之，就会出现严

---

① 摘编自：曹梅静．人格心理．见唐红波．心理学［M］．广州：广东语言音像电子出版社，2009.

重问题，甚至造成人格分裂。

4. 人格的社会性

人格的社会性指人格是在社会化过程中形成和发展的，离开了人类社会的环境和影响，人就不可能从动物变成社会的成员。社会化是指个人在与他人的交往中掌握行为规范、积累社会经验、获得自我的过程。人是生物实体，也是社会实体。人格的社会性是在人类社会生活条件下才能形成的，通过社会化形成的人格的社会性，与个人所处的文化传统、社会制度、民族和家庭模式等有着密切的关系。人们的许多人格特征，如自尊或自卑、勇敢或怯懦、诚实或虚伪，等等，都是在适应社会环境的过程中，通过整合对自己的各种认识而逐渐形成的。也就是说，人既是社会化的对象，也是社会化的结果。

在个性和从众之间，我们应该学会选取一个平衡点，既使得自己的个性得以维持，也要不违反社会规范。

【教学建议】

本故事可以在讲授性格差异时使用，鼓励学生发现自己的特点。一方面，认知风格上的差异也是个性的一种，教师要努力发现学生的性格特点并给予培养，而不能以一概全，抹杀学生的特性和自主性。另一方面，教师应该教导学生学习并理解从众和个性的差别，告诫学生在保持个性重要性的同时也要强调社会规范的意义。

故事赏析4：走出人生的低谷

【故事介绍】

人的一生就是由无数个片段组成的，每一个片段都需要自己用心去体验，苦乐自知，不能改变的是面对逆境时的那份执著。“你站在这繁华的街上，找不到你该去的方向，在寻找你曾拥有的力量，你曾拥有一些英雄的梦想，好像黑夜里面温暖的灯光，怎能没有了希望和力量，只能够挺胸勇往直前……”（许巍《那一年》中的歌词）。

对于许巍，喜欢音乐的人不会觉得陌生。他是当今内地流行音乐界的知名人物之一。许巍从16岁开始练习吉他，17岁时凭着对音乐的热爱和追求，背着一把吉他独闯四方。其作词作曲的《执着》曾经走红大江南北，首张个人专辑《在别处》在没有任何宣传的情况下，销售量达50万张，获一九九七年度最佳专辑奖。1998 年，许巍作为流行乐界仅有的两位作者之一，其作品和崔健一起被选入中国当代诗歌文选。其专辑《时光·漫步》在“华语传媒音乐大奖”第四季评奖中，获得了 3 项大奖。2002 年，许巍夺得中国最佳创作歌手称号，《完美生活》等还入选各大颁奖典礼的十大金曲。2003 年，在第三届音乐风云榜颁奖礼上，获得 11 项提名并最终夺得包括“最佳摇滚乐歌手”、“最佳摇滚乐专辑”等在内的四项大奖。

虽然没有大红大紫，但许巍已经走出一条属于自己的星光之路，证明了自己在中国原创音乐圈里的实力。实际上，许巍走过的道路并不平坦，在取得了成绩之后，也经历了人生的低谷。第一张专辑《在别处》发行的成功使许巍成为一位无可争议的音乐风云人物。但好景不长，在第二张专辑《那一年》录制时，由于公司混乱，杂务缠身，长期的熬夜，精神的萎靡，让许巍走到了崩溃的边缘。而且之后的日子陷入更为困窘的境地。正如许巍在歌里唱的那样：“这么多年，你还在不停奔跑，眼看着明天依然虚无缥缈，在生存面前那纯洁的理想，原来是那么脆弱不堪。”当时的许巍在北京，没有钱花，没地方住，也没有盼头。不好混时只好回到西安老家。回到故乡的许巍，不愿见父母，不愿见亲友，常常一个人孤独地坐着。有时，坐在马路边，望着车水马龙，目光呆滞。许巍不知道自己的音乐方向在哪里，不知道生活方向在哪里，似乎也没有人能改变这一切。

所幸的是，家人和朋友总在关心和支持着许巍。老朋友安慰他：“你是被摇滚迷惑了，以为摇滚就是颓废，以为生活就是痛苦，其实根本不是。音乐是要让自己快乐，也要让别人快乐。你成名太早，这样的落差使你无法接受。如果你知道你是一个普通人了，你去关注普通人的生活，转个身，感觉就不一样了！”老朋友的话如同一针清醒剂注进了许巍的体内，促使许巍开始自省。许巍把目光投向了四周，并且不断地明白了普通人的心态——为了生活，承受着痛苦，也渴望着幸福。他给自己安排了一个健康的生活时间表，每天准时起床，坚持锻炼，再读历史，读佛经，然后去练琴，写音乐。他要写饱含希望、充满光明、富有力量的歌。因为，这时的许巍已经变得视野开阔和心胸豁达，他更多想到的是，还有很多人需要温暖、鼓励和关怀。

许巍渐渐走出了阴影，并最终在一个朋友的帮助下，与新公司签约，踏上了新的音乐之旅……艰难的三年总算熬尽，许巍呈给了世人第三张专辑——《时光·漫步》。歌曲的风格，与之前的那种绝望、愤怒、不尽的喧闹，更是大相径庭，取而代之的是柔和、舒服、淡淡的忧伤。2009 年 1 月 11 日，北京流行音乐典礼上，许巍大获全胜，将“年度最佳创作歌手”、“年度最佳专辑”、“年度金曲”等一个个大奖收入囊中。那天，许巍站在舞台上，脸上散发着前所未有的灿烂之光。

在几经浮沉之后，许巍做到了对一切的坦然面对——“我更关注每一天的生活，希望自己可以健康、正常、不极端，并且踏踏实实的。”①

【知识点评】

知识点1：挫折感及对挫折的自我防卫

在日常生活和学习工作中，常常会碰到各种各样的困难和障碍，产生挫折的体验。挫折感是指人们在追求某种目标的活动过程中，受到阻碍或干扰，致使目标不能实现时所产生的紧张、焦虑、抑郁、愤怒等消极的情绪体验。

个体遭受挫折后必然会有所表现，以减少挫折带来的不安和紧张感，这被称为自我防卫。自我防卫方式有积极的、消极的、也有妥协的。

1. 积极的自我防卫方式

这是在理智的指导下采取的自我防卫形式。当个体因为自身的缺陷或社会环境的客观原因而不能达到目标时，放弃原有目标，以另一方面的成功来加以补偿。这一内容在前面主题中已作介绍，在此不再赘述。

2. 消极的自我防卫方式

消极的自我防卫方式是非理智的自我防卫方式。其主要包括：第一，攻击。攻击是个体受到挫折后，引发内心的愤怒或不满，从而表现出种种敌意行为，包括直接攻击和转向攻击。直接攻击是指个体在受到挫折后，愤怒的情绪直接指向造成挫折的人或物。转向攻击是指因各种原因无法对直接对象进行攻击，而把攻击对象转向自己或无关的人或物上。第二，倒退。个体在受到挫折的时候，表现出与自己年龄不相称的幼稚行为，或者以幼稚而简单的方式来应付挫折情境，这就是倒退。第三，固执。个体受挫后，不去分析原因，而是盲目重复某种无效动作。这并不是坚持或毅力，因为个体明明知道无论如何都不能实现目标，却单纯重复无效动作。第四，厌世。个体遭到挫折后，产生厌世轻生的念头，甚至付诸行动。

3. 妥协的自我防卫方式

妥协的自我防卫方式是指个体采取一种折中的办法来对待其所遇到的挫折，以消除心理上的不平衡。其主要包括：第一，合理化效应。给自己的失

① 摘编自：百度文库［EB/OL］，http：//wenku.baidu.com/view/e16cf3140b4e767f5acfce21.html.

败或挫折一种“合理化”的解释，又称文饰作用。虽然这些理由是不全面、不客观甚至不合逻辑的，但当事人却以这些理由来安慰自己，以减少挫折感。第二，自我整饰。个体遭受挫折后，表面上不动声色，把烦恼、苦闷通通埋藏在内心深处，掩盖自己的真实情绪，同时显示自己的长处，以弥补失败所带来的自尊心上的挫折，减轻心理压力。第三，转嫁。个体把责任推给他人或外界环境，以减轻自己的焦虑与不安，也就是寻找替罪羊。转嫁可能会导致人际矛盾和冲突，所以也常被看成消极的自我防卫方式。

知识点 2：对挫折感的科学心理调适

挫折感是一种消极的情绪体验，处理得不好，可能会导致各种心理和行为问题。那如何对挫折感进行心理调适呢？

1. 积极认识挫折

首先，要认识到挫折的不可避免性。要有承受挫折的思想准备，这样在遭受挫折时就会有克服困难的勇气，而不是怨天尤人。其次，要认识到挫折的积极意义。挫折对心理的影响固然有消极的一面，但也有积极的一面，如可以提高认识水平、增强个体情绪反应的能力、增强个体的挫折承受力。

2. 理智分析挫折

面对挫折，要客观、全面地分析目标是否恰当、方法是否可行、阻力来自何方、今后应如何行动，要善于从失败中总结经验教训，对自身的某些不足进行纠正，并积极开始新的行动。在对挫折的分析中，要特别注意分析是否有合理的目标、恰当的策略和足够的努力。

3. 主动调节情绪

挫折感会伴随着各种消极的情绪体验，要主动加以调节，可以通过宣泄、放松、转移注意力等各种方法缓解或消除这些消极情绪。

知识点 3：社会支持与挫折承受能力

社会支持指个人在自己的社会关系网络中所能获得的、来自他人的物质和精神上的帮助和支援。心理学界对社会支持的研究始于 20 世纪 60 年代，研究者在探求生活压力对人们身心健康影响的过程中发现了“社会支持”这一重要变量的存在。20 世纪 70 年代，“社会支持”首次作为专业概念登上了精神病学的文献中，其作用和机制自此受到更为广泛深入的探讨。

社会支持是个体从社区、社会网络或从亲戚朋友获得的物质或精神帮助。社会支持是个体经历被爱、有价值感和他人所需要的一种信息，是一种在社会环境中促进人类发展的力量或因素。一个完备的社会支持系统包括亲人、朋友、同学、同事、邻里、老师、上下级、合作伙伴，等等，还包括由陌生人组成的各种社会服务机构。每一种系统都承担着不同功能：亲人给我们物质和精神上的帮助，朋友较多承担着情感支持，而同事及合作伙伴则能与我们进行业务上的交流。

对于陷入困境的人而言，社会支持犹如雪中送炭，带来持久的温暖、安全以及重振生活的信心、勇气和力量。那些与我们分享生活甘苦的人，给我们的生活增添了阳光。他们的存在，提升了我们的幸福感和成就感，使我们的人生变得完满。研究表明，社会支持能缓和个体受挫后的消极情绪，从而影响个体面对挫折时采取积极的行为应对方式；能更多地利用社会支持的人心理更健康，挫折承受力强。当个人周围有可以信任的人关心、照顾、爱护自己时，就能增强克服挫折的毅力和信心，积极勇敢地对待挫折，保持良好的行为，从而表现出较高挫折承受力。社会支持的积极效应主要是通过缓冲挫折时间对身心状况的消极影响实现的。得到的社会支持越多，体验到的支持越强烈，就越有可能采取积极的方式应对压力。因此，有必要开展一些实实在在的活动，向学生提供系统的社会支持，一方面帮助学生提高挫折的耐受力，另一方面鼓励学生用积极向上的心态应对压力。

社会关系网是每个人都拥有的，但社会支持力量却因人而异。这是因为社会支持是需要主体自身去营造和争取的。为了提高面对挫折时的耐受力，自己就要有在平时做好准备工作的意识，其中一个重要的步骤是蓄积自己的社会支持资源。要认识到有社会关系网并不一定就有社会支持系统，社会关系网基本上是与生俱来的客观存在，社会支持系统则需要人去努力建立并维护，否则，即使在亲人这种天生最为密切的血缘关系中也有可能得不到支持。认为花费时间和精力去建立人际关系网络意义不大的人，可以说是忽略了心灵的终极追求。不管一个人怎样看待人生目标，怎样看待成就，他最终需要的还是获得精神上的满足和自我价值的认可。与其用不断取得的成就来取代不安全感，不如先学习从良好的人际关系中获得温暖、爱、归属与安全感，因为这是人类内心深处最需要的慰藉。

【教学建议】

本故事主要探讨的是个体的自我体验以及如何应对挫折，自我体验可以不断地向积极方向培养，并且对个体的自我意识的发展有着重大作用。另外，教师不妨教给学生关于挫折的基本知识以及应对方式，使他们在今后面对挫折时更有勇气，能够更好地应对挫折。

故事赏析5：不服输的“小天王”

【故事介绍】

周杰伦是新一代的著名艺人，作为台湾华语流行歌手、著名音乐人、音乐创作家、作曲家、作词人、制作人以及电影艺人等而广为国内青少年所熟知。其唱片亚洲总销量超过3 100万张，有“亚洲流行天王”之称，音乐突破原有亚洲音乐主题、形式，融合多元的音乐素材，开创了华语流行音乐“中国风”的先声，为亚洲流行乐坛翻开了新的一页。他被认为是2000年后亚洲流行乐坛最具革命性与指标性创作歌手。

周杰伦3岁即开始学钢琴，缘于其母亲发现了他表现出的非凡音乐天赋和不一般的兴趣后。母亲的“棍棒教育”使周杰伦弹得一手好琴，但也使得他从小就不爱讲话，性格孤僻，学习成绩也一直不好。14岁时周杰伦经历父母离异的事件，高中毕业后又没有考上大学，父母的离异与联考的失败曾让周杰伦大受挫折。1996年高中毕业后，周杰伦应聘到一家餐馆当了名服务生。每天的工作就是把厨师做好的菜送到餐厅，再由女服务员传到客人面前。尽管工作上的烦心事不少，但周杰伦对音乐的爱好却有增无减，几乎把所有的钱都花在了买磁带上。有一次由于听歌不小心把一盘热菜洒在女服务员的身上，结果被餐厅经理扣了半个月的工资。在餐厅工作时，周杰伦小露音乐特长，为客人弹奏钢琴曲。

1997年，周杰伦报名参加了当地电视台的一个娱乐节目——《超猛新人王》，被该节目主持人吴宗宪安排表演钢琴伴奏，周杰伦在参赛时没有把钢琴演奏的工作做好，却被吴宗宪发现了其作曲的才华。吴宗宪邀请周杰伦辞职后到音乐公司写歌。刚进音乐公司时，周杰伦的职务是个任何杂事都得做的音乐制作助理，包括每天帮同事买盒饭。尽管周杰伦性格不太合群，但他总是很勤快，对人也非常诚恳友善。有一次，公司为一位香港大牌歌星制作唱片。由于录音棚的人多，又比较分散，没办法数清一共有多少人要吃盒饭。为了不落下一个人，那天他从中午12点钟到下午3点钟，在快餐店和录音棚间来来回回跑了四五趟。

后来吴宗宪给周杰伦配备了一间名为阿尔发音乐工作室的办公室，让他专心创作歌曲。当时的月薪只有5 000台币，但周杰伦却在这个小小的空间里找到了放飞音乐梦想的感觉。开始时，周杰伦创作的歌词总是怪怪的，音乐圈内几乎没有人喜欢，因此总被吴宗宪否定掉。看着自己满怀热情创作出来的歌曲被随意地放到一边，甚至连看都不看就被揉成一团丢进身边的垃圾筒里，周杰伦受到很大的打击，但他什么话也没有说，转身离开了老板的办公室。回到阿尔发音乐工作室，他的眼泪才禁不住流了出来……这位不服输的年轻人知道，放弃就意味着自己炒了自己的鱿鱼。于是，他继续创作，第二天、第三天……他以每天一首歌的速度进行创作。一连七天，吴宗宪每天早上八点钟上班时，总能准时见到周杰伦的作品。终于，他被这位小伙子的天赋和勤奋深深地感动了，答应找歌手演唱他创作的歌曲。

得到吴宗宪的支持并不意味着就万事大吉了。当吴宗宪把周杰伦创作的歌曲推荐给当时的天王级歌星和火爆华语歌坛的大歌星时，却都被毫不犹豫地拒绝了。一次次的失败，终于使一直渴望在歌曲创作方面有所成就的周杰伦迷茫了，他甚至怀疑自己的音乐之路到底还能走多远……

就在周杰伦的创作热情受到沉重打击的时候，他的老板吴宗宪给了他极大的鼓励。长期从事音乐制作的吴宗宪看到了周杰伦对音乐独特的理解力。于是，他决定给这个才华横溢的小伙子另一次机会——让他自己走上舞台，演唱自己创作的歌曲。有一天，吴宗宪告诉周杰伦："如果可以在10天内写出50首歌，而且可以从中挑出10首好的歌曲，那么我就帮你出唱片。"这一新的任务让周杰伦兴奋不已，他知道老板给他的机会也许就这一次了。接下来，周杰伦就呆在音乐室里开始创作。那段时间，他几乎是一首接一首地创作，每写完一首，就像生下一个孩子一样，高兴得不得了。而每当他疲惫的时候，就在房间的某个角落里打个盹儿，醒来之后继续下一首歌曲的创作。就这样，仅仅10天时间，周杰伦拿出了50首歌曲，而且每一首都写得漂漂亮亮，谱得工工整整。面对这种惊人的创作速度，吴宗宪无话可说了。接着，他从周杰伦创作的歌曲中挑选出了10首，准备制成唱片发行。

经过大半年时间的精心制作，周杰伦的第一张专辑——《杰伦》制作出来了。这张用周杰伦的血汗换来的第一张专辑，在2001年初刚一上市就被歌迷抢购一空。在当年的台湾流行音乐大评选中，他一举夺得"台湾流行音乐金曲奖的最佳流行音乐演唱专辑"、"最佳制作人"和"最佳作曲人"等三项大奖。同年的年末，周杰伦第二张专辑《范特西》横空出世，并再次风靡了整个华语歌坛。2002年初，在第八届全球华语音乐榜中榜评选过程中，周杰伦又一举获得2001年度"最受欢迎男歌手"奖。仿佛一夜之间，华语流行歌坛几乎被周杰伦一个人的声音统治了。其纯正的音乐曲风，桀骜不驯的外表和“莫须有”的绯闻都使他成为年青一代歌迷热烈追捧的焦点。这位出道不到一年的年轻人俨然成了台湾乃至整个华语歌坛超重量级的“小天王”。

从一名餐厅服务员成长为家喻户晓的当红歌手，周杰伦在接受美国《时代》杂志专访时说：“明星梦并不是遥不可及的。其实，任何人都可以做，只要你肯努力。我之所以能有今天，就是我不服输的结果。”①

【资料拓展】

周杰伦最感人的28句歌词②：

最美的爱情，回忆里待续。——《退后》

学着放弃你，是因为太爱你。——《安静》

你走之后，酒暖回忆思念瘦。——《东风破》

岁月在墙上剥落，看见小时候。——《东风破》

美丽的白发，幸福总发芽。——《听妈妈的话》

海鸟跟鱼相爱，只是一场意外。——《珊瑚海》

你的笑容已泛黄，花落人断肠。——《菊花台》

而我为你隐姓埋名，在月光下弹琴。——《夜曲》

心里的雨倾盆地下，也沾不湿她的发。——《心雨》

我用漂亮的押韵，形容被掠夺一空的爱情。——《夜曲》

喜欢在人潮中你只属于我的那画面。——《爱在西元前》

怎么了？你累了。说好的幸福呢？——《说好的幸福呢》

谢谢你让我听见，因为我在等待永远。——《白色风车》

全都是我不对。细数惭愧，我伤你几回。——《一路向北》

想念若隐若现。去年的冬天，我们笑得很甜。——《借口》

风筝在阴天搁浅，我拉着线，复习你给的温柔。——《搁浅》

缓缓飘落的枫叶像思念，我要的只是你在我身边。——《枫》

分不清你是友情，还是错过的爱情。——《蒲公英的约定》

断了的弦再怎么连，我的感觉你已听不见。——《断了的弦》

睡意又不知躲到哪去，转身孤单已躺在身边。——《回到过去》

也许时间是一种解药，也是我现在所服下的毒药。——《彩虹》

最美的不是下雨天，是曾与你躲过雨的屋檐。——《不能说的秘密》

---

① 摘编自：杨光．杰出的周杰伦［J］．校园歌声，2011（9）．

② 卢尘逸．周杰伦最感人的28句歌词［J］．初中生博览，2011（4）．

窗台蝴蝶像诗里纷飞的美丽章节，你是我唯一想要的了解。——《七里香》

能不能给我一首歌的时间，紧紧地把那拥抱变成永远。——《给我一首歌的时间》

一片云掉落在我面前，捏成你的形状，随风跟着我，一口一口吃掉忧愁。——《星晴》

沉默年代，或许不该太遥远地相爱。琴声何来？生死难猜，用一生去等待。——《千里之外》

看着那白色的蜻蜓，在空中忘了前进。还能不能重新编织脑海中起毛球的记忆？——《黑色毛衣》

知道分手后你不难过，你比从前快乐。那祝福的话叫我如何能够说出口？——《你比从前快乐》

【知识点评】

知识点1：意志的品质

个体的意志水平是各不相同的，有强有弱。对于个体意志品质的评价，可以主要从以下四个方面进行考察。

1. 自觉性

自觉性是指能否深刻地认识到行动目的的正确性和重要性，并主动支配自己的行动使之符合目的的意志品质。与自觉性相反的意志品质是盲从和独断。盲从的人没有主见，极易受他人的影响，独断则表现为盲目地拒绝他人的意见或劝告。自觉性还表现为个体不受周围人的压力而随意改变自己的认识和信念，而是坚持自己的信念，独立采取决定并执行决定。

2. 果断性

果断性是指个体能够在已有的客观条件和认知基础上及时有效地作出有效的决定，并保证这些决定的顺利实施。具有果断性品质的人，善于审时度势，具体问题具体分析，洞察问题所在并迅速作出反应。与果断性相反的意志品质是优柔寡断和草率决定。优柔寡断者的显著特点是无休止的动机冲突；草率决定是指对任何事情总是不加思考，凭着一时的冲动作出决定。意志的果断性必须建立在自觉性的基础之上，而优柔寡断、草率决定往往是由于行动的目的性不强引起的。

3. 坚韧性

坚韧性也称为顽强性，表现为长时间甚至是由始至终坚持自己的决定并坚持不懈地为实施这个决定而努力。具有坚定性品质的人，能够在阻碍和困难面前不退缩不动摇，坚持自己的方向。与坚韧性相反的意志品质是动摇性和顽固、执拗。动摇性是一遇到困难便怀疑预定目的，不加分析地放弃对预定目的的追求。顽固、执拗是对自己的行为没有理智的认识而一意孤行。这种人不能客观地认识形势，尽管事实证明他的行动是错误的，但他仍然一成不变，自以为是。

4. 自制性

自制性指个体善于掌握和支配自己的行动的能力。在意志行动的过程中，自制力是很重要的，它既表现为对原有计划实施的坚持，也表现为对自己的自我控制，既不懦弱也不任性，是意志品质的一个重要方面。有自制力的人，能够驾驭自我，克服自己的欲望和情绪的干扰；也能够在复杂和困难的情况下保持冷静的态度；必要时还可以为了实现远大的目标而忍受疼痛、饥饿、困乏、屈辱等各种艰难困苦。与自制性相反的意志品质是冲动性。冲动性是指不善于控制自己的情绪，对自己言行的约束力较差，意气用事，容易受外界的引诱或干扰而做出违反纪律甚至有违社会道德的行为①。

中学生的身心发展还没有完全成熟，情绪还不太稳定，又缺乏社会生活经验，缺乏对事物的深刻的认识能力，故中学生的意志水平还有待进一步培养和提高。培养意志力的过程，大多要配合一个计划实施的过程，使人能够习惯于利用计划管理自己。要确定目标并明确目标，接着为目标的实现准备一切资料和准备，把目标划分为各个子目标，各个击破，以实现目标。周杰伦在面对重重困难时，并未放弃自己的理想，而是坚持下来，这是一个典型的意志行动。在他出道之前，他坚持自己的创作，确定自己的目标，即使是自己的歌曲不受到别人的关注，他仍然坚持，这是坚定性的表现。同时，他的行动也是有计划的，长年累月的积累，不断的创作也给他后来的成功奠定了基础。

知识点2：心态决定命运

心态反映了一个人对事物的思想状态和观点。每个人在日常生活中都可能遇到各种烦恼、矛盾和困难，对于人生来说，挫折和失败是不可避免的。但面对同样的困难和挫折，不同的心态就可能导致不同的人生结局——成功和失败。成功者始终保持积极的心态，能在狂风暴雨中看到美丽的彩虹，不

① 摘编自：刘学兰．情意心理．见唐红波．心理学［M］．广州：广东语言音像电子出版社，2009.

断调整自我，奋发进取，最终登上成功的巅峰；失败者则持一种消极悲观的心态，限制了自身潜能的发挥，人生最终走向灰暗的境地。在屡屡的失败中，周杰伦能够走出自己的天地，关键在于他能够及时地调整好自己的心态。

既然良好的心态对个人至关重要，那么应该如何培养良好的心态呢？

1. 改变态度

我们不能改变事情，但是我们可以改变对该事情的态度。一个人因为发生的事情所受到的伤害，不如他对事情的看法更严重，人对事情的看法比事情更重要。

2. 怀抱感恩

一个懂得知恩、感恩和报恩的人，将永远生活在亲情和友情中，否则就会形单影只。一个真诚的微笑，一个发自内心的祝福，常常胜过千言万语。

3. 享受过程

生命是一个过程，不是一个结果。达到目标我们会高兴，而失败了我们可能会悲伤，但比悲伤或者失败更为重要的是我们经历了奋斗的过程。

4. 保持自我

自己的命运把握在自己手里。凡事要有自己的主见，认真做自己，尽自己最大努力去做力所能及的事情；同时不要过分要求完美，有时候缺陷也是一种进步的空间。

5. 求知进取

学习是人类进步的阶梯，求知是人类发展的动力。当觉得自己无所事事时，应立即调整自己，积极进取和学习的目标，否则就会被抑郁和苦闷吞噬。

6. 放松自己

压力大时要学会弯曲。现代社会机会增多，压力也随之增大，我们要学会放松，给自己一个良好的心情，再次工作时可能会收到更好的效果。

7. 从容淡定

面对社会变迁和物欲世界，恪守心灵净土，坦然面对云卷云舒，不用小人的卑劣折磨自己，也不用能人的成就贬低自己，活出真实的自己最温暖。

周杰伦在面对困难和挫折时保持良好的心态，他活在当下，享受奋斗过程，始终保持淡然的心态，长期坚持下来，最终成为炙手可热的歌手，实现了自己的梦想。

知识点3：培养良好的意志品质

意志品质是在后天的实践活动中培养而成的。意志品质的培养一方面有赖于教师的正确引导，另一方面也有赖于自己的积极实践和主动磨炼。

1. 志向确定法

崇高的理想产生巨大的毅力。一个具有崇高理想的人，能始终坚持正确的方向，能不断激励自己战胜挫折和克服困难，能果断地作出有益于社会和人民的选择，能有效地控制自己的情绪和约束自己的言行。因此要树立远大的理想和正确的世界观、人生观，要把自己的学习同社会的发展、人类的进步、民族的振兴和国家的富强联系起来。在确定目标时要记住：明确的目标比模糊的目标好；现实的目标比不现实的目标好；有挑战性的目标比无挑战性的目标好。

2. 积极实践法

坚强的意志是在克服困难的实践活动中发展起来的。正如孟子所说："天将降大任于斯人也，必先苦其心智，劳其筋骨，饿其体肤，空乏其身，行拂乱其所为，所以动心忍性，增益其所不能。"对于学生来说，学习是最主要的实践活动，也是培养意志的主要途径。要取得好的学习成绩，必须付出艰苦的努力。在学习中，学生要根据自己的实际情况确定适当的目标，制定可行的学习计划并严格执行；要克服各种内外干扰，抵御各种诱惑；要承受各种由考试、难题等造成的压力。除了学习之外，还要主动参加社团活动、假期社会实践等各种课外实践活动，在丰富的实践活动中锻炼自己。

3. 集体熏陶法

优秀的集体具有明确的目标、健全的组织机构、严格的规范、良好的风气和正确的舆论。对学生来说，学校和班级是最基本最重要的集体，对培养意志品质具有重要意义。集体的舆论和风气往往是一种强大的督促力量。这种力量有时会胜过教师的千言万语，胜过父母的苦口婆心。在良好的学校集体和班集体中，同学们能团结互助，每个人都珍惜集体的荣誉，尊重集体的意见，努力为集体争光。这种对集体的义务感和荣誉感有助于自制、刚毅、勇敢等意志品质的形成。同时，良好的集体往往有严格的规范，执行着严格的纪律，而学会严守纪律，坚决不做违反纪律的事，这本身就是最好的意志锻炼。

4. 榜样激励法

英国著名教育家洛克在《教育漫话》中曾指出："务必接受一个毋庸置疑的真理——无论给儿童什么样的教育，无论每日给他什么样聪明而文雅的训练，对他们的行为能产生最大影响的依然是他周围的同伴，是他看护人的行动的榜样。"榜样示范具有潜移默化、激励调节的作用。榜样可以是著名的科学家、艺术家、政治家、劳动模范、革命先烈以及文艺作品中的优秀人物等，也可以是同龄人中的杰出代表；可以是和学生处在不同时空的人，也可以是学生身边的人。要善于从周围的生活中、从熟悉的人群中选取典型，树立坚强意志的榜样。

榜样不仅要真实、可信、亲切，还要有针对性。学生心目中往往都有自己的偶像，年龄、性别不同，其偶像也有差异。如果偶像能成为学习的榜样，二者统一，则效果最佳；如果不一致甚至存在矛盾，应该逐步转化。

5. 自我锻炼法

在培养学生良好意志品质的过程中，他人的影响、集体的熏陶、榜样的示范等，都必须通过学生的自我锻炼才能真正起作用。进行意志的自我锻炼要注意两点：首先，要善于掌握自己的目的和计划，做到切实可行，一旦作出决定就要坚持到底，不能半途而废；其次，要养成自我检查、自我监督和自我批评的习惯，要能够发现自己意志上的优点并加以发扬，发现自己意志上的缺点而加以克服。①

【教学建议】

本故事是一个励志故事，告诉学生不要轻言放弃。一方面，它告诉我们关于意志品质的知识，既可以教育学生学习意志品质，同时也可以引导学生避免一些冲动、依赖行为；另一方面，它告诉我们要拥有良好的心态，心态决定命运，以良好的心态面对今天和明天，我们将会收到成功的礼物。

三、教案设计范例

【教案设计范例1】

设计自己的职业生涯②

一、教学目的

（一）知识目标

通过教学使学生了解职业生涯计划的意义和内容，并运用所学的知识设计在校的学习生活和未来的求职计划。让学生了解求职有哪些途径，能根据自身的情况选择合适的方式。

---

① 摘编自：刘学兰．情意心理．见唐红波．心理学［M］．广州：广东语言音像电子出版社，2009.

② 参考自：百度文库［EB/OL］，http：//wenku. baidu. com/view/854572ceda38376baf1fae2d. html.

（二）能力目标

培养学生根据社会需要、职业需求和个人特点进行职业生涯设计的能力。

（三）德育目标

使学生树立正确的职业理想，培养学生树立正确的择业观念，引导学生奋发向上，为未来的职业生涯奠定坚实的基础。

二、授课时数

90 分钟

三、教学过程

（一）基本定义的认识

1. 什么是职业

职业是人们在社会中所从事的作为主要生活来源的工作。

职业生涯是一个人一生的职业经历。

2. 什么是职业生涯设计

职业生涯设计是个人根据社会经济发展需要，也就是就业环境和本人实际情况，制订未来职业发展规划。它是对个人职业前途的展望。

（二）职业生涯设计的意义

讲述故事："认真做自己"。

让大家思考蔡志忠的成才原因，进而思考职业生涯规划的意义。

"如果不做职业生涯规划，你离挨饿只有三天。"（徐小平，中国职业生涯规划、人生设计专家）

与学生讨论，让学生举例，最后归纳出职业生涯规划的意义：

1. 有利于指导在校学习。

2. 有利于实现职业理想。

3. 有利于适应社会经济发展需要。

（三）怎样进行职业生涯设计？（教学重点）

设计一个成功的职业生涯规划，应把握以下四点：

1. 分析自身条件

要想成为职业生涯的成功者，就必须根据自身条件来确定奋斗目标，要做到"知己"和"知彼"。

（1）认识自我。

A. 了解"现在的我"、"我是谁"

请每组指定一个同学用十几句话描述一下自己的特点，包括自己的气质、性格、兴趣、特长、能力、身体条件、学习基础、学习习惯、家庭条件等。

请其他同学指出优势和不足。

我的 { 优势："我还行"
不足："有差距" }

B. 测"明天的我"

在"现在的我"的基础上，确定通过自己的努力预计可以达到的程度，因为"明天的我"并不是胡思乱想。这既是确定职业生涯目标的重要依据，也是实现目标的具体实施和安排的基础。

我的 { 优势：如何发挥
不足：如何弥补 }

(2) 认识现实（分析自己所处的环境和变化趋势）。

分析了自身条件后，是否可以确定职业目标呢？不可以，我们还要考虑到其他因素，这就是认识现实。

学生分组分析如下问题：

第一组：影响计算机行业的环境因素

第二组：计算机行业需求分析

第三组：计算机专业对应职业岗位能力分析

(3) 认识自身条件与职业需求的差距。

通过上述学生的分析结果，使我们对现实情况有了清楚的认识，也认识到了自己与职业需求之间的差距。这种差距不仅包括知识上的，还包括素质上、道德上的差距。我们只有把自己的实际情况与现实很好地结合起来，才能作出正确的职业生涯规划，并且要根据现实变化不断加以调整。

在充分认识自我与现实后，下一步就该考虑往哪一条路线发展了，也就是要确定职业目标。

2. 确定职业目标

让学生大致说一下自己的职业目标，并进行点评。

职业目标可以是具体的职业，也可以是个方向、范围。例如，有的学生想做设计师，就是一个方向性的职业目标，有的学生想做广告设计师，就是一个具体的职业理想。我们所确定的职业目标，必须要明确，要符合实际。因此，像有的学生确定的职业目标比较空泛，这样就不利于下一步规划发展阶段和制定实现措施。

3. 规划发展阶段

列宁说："要向大的目标走去，就得从小的目标开始。"

职业理想应该有远期目标，也应该有近期目标。（举例）职业理想应通过一个一个具体目标分步实现。

讨论：大学生职业生涯规划大赛的职业生涯设计

（学生讨论，教师点评）

分析几个发展阶段以及各个阶段实现目标的措施，分析阶段目标的特点。此案例对我们的启示。

4. 制定实现措施

目标变成现实，需要为之付出实实在在的努力。围绕目标的实现，制定具体措施，并有时间安排，这是职业生涯设计的重要内容。

具体措施是根据“现在的我”变成“明天的我”之间的差距制定措施，不但应该具体，而且要有标准。

时间安排包括两个方面：一是什么时候达到这个目标，即目标的实现应该有期限；二是什么时候落实达到目标所采取的各项措施，即任务完成的时间落实。

学生讨论并填写下表：（教师点评）

第一阶段	第二阶段	第三阶段

（四）选择求职途径

1. 请学生先列举求职有哪些途径。

2. 介绍常用的几种求职途径：

（1）通过招聘会求职；

（2）通过网上求职；

（3）通过求助亲友求职；

（4）通过电话求职；

（5）通过职业介绍所中介机构求职；

（6）通过实习单位求职；

（7）通过招聘广告求职；

……

（五）本课小结

（学生总结）

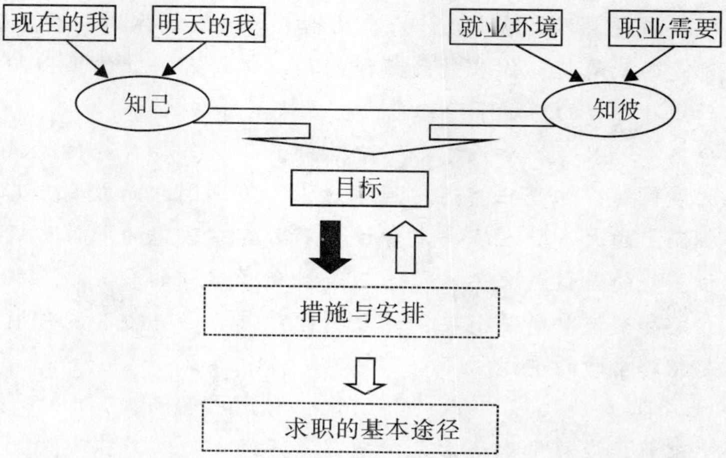

板书设计：

一、职业生涯设计 { 是什么？ 为什么？ 怎样做？

各内容要点

小结（如上图）

课后作业：

根据自身条件和社会需求，制定自己的职业目标，并以此规划出自己的发展阶段以及每阶段的实施措施。

要求：

1. 方向要正确；
2. 目标要明确、符合实际；
3. 内容要翔实；
4. 措施要具体，可操作性强；
5. 形式新颖，要求使用电子版设计。

附：

常见的求职方式

1. 招聘会求职

会前准备。会前重点要做好三件事：首先是定位，问问自己想干什么，能干什么等。其次是写一份简历，精明而充分地展示自己的能力，暗藏着对工作的渴望和自信。再次是要设计好自己的衣着。假如你到一家大公司应聘，工作人员都是西装笔挺，你衣着太随便的话，招聘者给你的第一印象分一定不会高，而且在那样的环境下，你自己也会缺乏自信。

进入会场。进入会场要注意：不要焦躁，寻找目标，等待时机。假如你找到单位的展位时，这里正挤得水泄不通，千万别因此而放弃，其实这儿的职位对一拥而上的大多数人不一定合适。不必担心理想的职位被捷足先登者抢走，单位要找的是最适合的人，而不是按先来后到的顺序选人的。还要注意，自我介绍和交谈要简明扼要，应表明你对该公司兴趣和胜任所聘岗位的信心，引起招聘主管的重视。

2. 网上求职

在网上求职，应避免十个常见问题：漫不经心地四处张贴简历；把简历贴在附件里；冗长的电子邮件和应征信；激怒网友；把所有的“蛋”都放在网络的一个“篮子”里；同时在一家公司应征数个职位；随意在简历上列出证明人；大量邮寄简历。

网上求职既方便又现代，因此才有越来越多人在网上求职和招聘。但是，网上求职的一个最大弊病，就是只见其文，不见其人，尽管贴上照片，也难有面试的互动力和感染力。因此，如选择网上求职，一定要记住：不要在“虚拟空间”谈你的本事，而是争取见面。

3. 求助亲友求职

向家属和朋友寻求帮助是求职的一条最重要的途径。通过亲友求职是所有求职渠道中最为自然、亲近的方式。无论你的家人、亲属，还是朋友、同学都是你熟悉的人，向熟悉的人寻求帮助，应该比向陌生人、陌生机构寻求帮助容易得多，也方便得多。一方面，由于你与亲友之间紧密关系，彼此比较熟悉，另一方面，亲友对你有一定的义务和责任感，这样的帮助往往比较可靠。值得注意的是，当你向亲友寻求帮助成为可能时，不应马上产生依赖心理，不再在其他方面努力。还应记住：万万不可认为他们应该为你做事，要以自己为主，借助他人一臂之力。

4. 电话求职

电话联系对于工作态度比较严谨的单位或者专业性比较强的单位效果较差，除非你具有比较特殊的优势或某种特别技能，而你又探知他们正在寻找你这样的人。另外，如果一则招聘启事中的应聘要求、岗位说明、薪资等均较为详细或者标注有“谢绝来访”，求职电话就没有必要打，否则会弄巧成拙。

使用公用电话时，要注意周围环境，在嘈杂的大马路或热热闹闹的店里都不适合，除了听不清楚之外，也会容易让人产生焦躁情绪。选择好通话时间有讲究。星期一一上班打电话，吃饭、午休时间拨电话，临下班前半小时通电话，一般效果都不好。求职电话也不应打到当事人家里。如果在上班后一小时左右打求职电话，一般效果会比较理想。

5. 通过招聘广告求职

大量搜索报纸招聘广告是一条有效的求职途径。首先是舍得花时间大量搜集，各种公开发行的报纸有专门的人才版，职业介绍服务中心、人才交流中心也都印有独自散发的小报，这些都要搜集在册。其次要归类整理。按照职业或岗位进行归纳整理，罗列一起，保证层次清楚，查询方便。最后是寻找最佳目标。根据广告时间、招聘条件进行详细分析，去粗取精，选定目标。要给自己至少制定出两套方案，同时去试。

通过招聘广告求职，有很高的成功率，但关键还要看是否在第一时间获得相关信息，看是否善于分析其中奥秘。职业指导专家建议，采用这种方法求职要做到三字："量"——大量获取信息；"细"——仔细剖析；"快"——迅速出击。

6. 通过实习单位求职

抓住实习单位的机会，努力表现，如果双方合适，省心省力，当然是最简洁的求职方式。同时，经过一段时间的实习，对单位的领导、同事及各方面的情况都有些了解，正式进入后也便于工作的继续开展。

实习期间，努力表现是最重要的，但不要忘记"公关"，重要的是争取推荐人。要争取决策人，要让他们了解你，理解你，喜欢你，尤其要让他们感到少不了你！这样下来就会稳操胜券。

7. 通过职业介绍所中介机构求职

提供职业岗位的中介服务机构很多。按照其所有制的性质可分为公共职业介绍机构和个体、民办职业介绍机构。按照中介机构的主要服务对象可划分为综合性职业介绍服务机构和专门的职业介绍服务机构。职业介绍机构还有收费与不收费之分。毕业生如果把自己的简历放一份到这些部门中，不失为一种方法。

选择职业介绍中介机构有三点原则：一是首选公共就业服务机构；二是选择有资质、有信誉的中介机构；三是选择服务质量良好的中介机构。当然，到底去哪一家，最终还是要看这家中介机构是否为求职者办事。

8. 独特的求职道路

有一位年轻人毕业后来到美国西部，他想当一名新闻记者，但人生地不熟，一直没有找到合适的工作。于是，他想起了大作家马克·吐温。年轻人写了一封信给他，希望能得到他的帮助。马克·吐温接到信后，给年轻人回了信，信上说："如果你能按照我的办法去做，你肯定能得到一席之地。"马克·吐温还问年轻人，他希望到哪一家报社。年轻人看了十分高兴，马上回信告诉了马克·吐温。于是，马克·吐温告诉他："你可以先到这家报社，告诉他们你现在不需要薪水，只是想找到一份工作，打发无聊，你会在报社好好地干。一般情况下，报社不会拒绝一个不要薪水的求职人员。你获得工作以后，就努力去干。把采写的新闻给他们看，然后发表出来，你的名字和业绩就会慢慢被别人知道，如果你很出色，那么社会上就有人会聘用你。然后你可以到主管那儿，对他说，如果报社能够给我相同的报酬，那么我愿意留在这里。对于报社来说，他们不愿意放弃一个有经验且熟悉单位业务的工作人员。"年轻人听了，有些怀疑。但还是照着马克·吐温的办法做了。不出几个月，他就接到了别的报社聘任书。原来这家报社知道后，愿意出更高的薪水挽留他。

这个故事告诉我们这样一个道理：有"为"才有"位"。在竞争激烈的今天，这种办法值得一试。对于每一位求职者而言，机会永远是平等的。但是，通向成功的路却可能是不一样的。

【教案设计范例2】

拍卖你的生涯①

一、教学目的

（一）帮助正处于人生十字路口的刚刚进入高中的学生树立起科学的、正确的人生观和价值观。

（二）将传授性的教导与游戏等趣味性的东西融为一体，使正处于叛逆时期的学生更易接受，从而产生更好的教学效果。

（三）该活动让学生在选择中进行自我认知和对生命的积极思考，并通过交流和讨论来辨明科学的和伪科学的人生观和价值观。

（四）激发学生的学习热情，使其形成正确的学习动机，从而更加自觉努力地投入到学习中去。

---

① 本教案编写者：陈麒璇，华南师范大学心理系本科2011届毕业生，编入本书时有改动。

二、教学重点及难点

（一）重点：激发同学们的学习热情、帮助学生形成正确的人生观和价值观。

（二）难点：促使正处于叛逆青春期的学生积极思考，作出选择及自愿踊跃分享选择的理由。

三、教学方法

通过将讲授内容与趣味性结合起来，采用“拍卖你的生涯”这一具有丰富含义的活动形式，将世界美好事物摆在学生面前，让他们进行选择，在选择中让学生进行自我认识和对生命及未来的积极思考，通过交流讨论与分享选择理由，使学生辨明科学的与非科学的人生观与价值观。具体的方法有讲授法、讨论法等。

四、教学过程

（一）故事引入：没有人只靠从众而成功

通过讲述罗杰斯的故事，让学生从中领会到，作为一个成功的人，应该有正确的人生观和价值观，对自己将来所走的道路，有选择的权利，也有选择的责任。

（二）引入活动：“拍卖你的生涯”

一个人的生涯，是其人生的追求和事业发展的过程。它可以掌握在你稳步发展的过程中，它是一部专属于你自己的历史。每一个同学应该都想过自己以后想要做什么，也想过这个世界上最重要的东西是什么，什么才是你最值得珍视的。那么，今天就让我们一同来玩一个游戏“拍卖你的生涯”，希望大家通过这个游戏，可以比较清晰地看到自己的爱好，可以仔细地去思考：终其一生，你到底想要的是什么？处在人生的十字路口的你，究竟该如何选择？

（三）拍卖项目（写在黑板或者在PPT上呈现）

1. 成为哈佛大学的博士
2. 巨富
3. 一张取之不尽、用之不竭的信用卡
4. 美貌贤惠的妻子或英俊博学的丈夫
5. 一门精湛的技艺
6. 一个小岛
7. 一所宏大的图书馆
8. 和你的情人浪迹天涯

9. 一个勤劳忠诚的仆人
10. 三五个知心朋友
11. 一份价值50万美元的股票
12. 名垂青史
13. 一张免费环游世界的机票
14. 和家人共度周末
15. 直言不讳的勇敢和百折不挠的真诚

（四）讲述游戏规则

由教师来充当拍卖师，根据拍卖的一般原则喊价三次成交。在座的每一位同学都是竞价者，每个人拥有1 000元，每项从100元起价，1 000元买断。每次喊价的同学必须先举手，拍卖师指定众多举手的同学中的一个来开出价码（防止秩序的混乱）。成交完毕后将会产生15位幸运买主，这些幸运买主将会获得我们颁发的小礼物，另外还要请这些买主上来说一说他们买下这个项目的理由。

提示：一个同学只能拍卖获得一种商品，成功的买主不得再买第二件商品，而叫价不成功者可以继续购买另一种商品。所以，每个同学一定要在心目中选定你想要的东西，然后紧紧锁定它，不要让机会白白溜走。切不可毫无目的地叫价，更不可对自己不想要的东西叫价。

（五）拍卖过程

按照上述过程进行拍卖，并确定买主。

（六）分享交流过程

拍卖结束，请各位幸运买主分享其购买该商品的理由（无须按顺序）。而其他同学也可根据幸运买主的回答提出抗议，或是表示支持，或是作出补充，也可阐述自己选择这个商品的理由（虽然未能买到该商品）。

教师在这个过程中根据同学们的回答适当地作一些点评。

例如，通过“信用卡”“巨富”“股票”谈金钱观；通过“美妻俊夫”谈相貌；通过“精湛技艺”谈能力；通过“图书馆”谈以书为友；通过“情人浪迹天涯”谈爱情观；通过“勤劳忠实的仆人”谈奋斗努力；通过“三五个知心朋友”谈友情；通过“与家人度周末”谈亲情；通过“勇敢与真诚”谈性格和人际。

五、总结

拍卖会到此结束，不难发现，每一种商品其实代表的就是一种人生态度，希望大家通过今天的活动，可以反观自身，对自己有更深的了解，同时也对我们周围的人，对友情、亲情、爱情等有进一步的了解和思考。最想买下的东西，往往是自己所缺少的东西。知道了自己缺少了什么，追求着什么，那么就让我们去努力争取。当然，每个人都想选择自己珍爱的，但是在“僧多粥少”的今天，我们不仅要学会选择所爱，在无法选择所爱的情况下，我们还要学会爱我所选择。今天做的选择，在五年、一年后，也许会有所改变，但是无论怎样，我们都要牢记：选择你所爱，爱你所选择。高一，这个人生的分岔路口，我们更应该如此，积极向上地去努力，去争取，然后，选择我所爱，爱我所选择。

【教案设计范例3】

自我定位，规划人生①

一、活动目的

使学生通过对自己的分析，客观认识自己。充分发挥自己的优势，通过对人生的规划，认真过好职校生活，走出一条成功之路。

二、辅导重点

如何客观地认识自己并进行人生的规划。

三、辅导难点

使学生认识到自己的优势，开发自己的潜能，即使是只考上中职学校，也可以有美好未来。

四、活动时间

60分钟。

五、辅导年级

职业高中一年级新生。

六、辅导过程

（一）认识自己

职业高中的学生由于经历了中考，并且多数都是中考的失败者，这对他们的信心打击较大。让他们重新认识自己，克服自卑心理，是重拾自信的关键。在这个环节中，首先通过一个职高生的心里话，让学生讲述入职高的心理，通过对心理问题的分析使学生客观地认识自己。

请同学们看课件，谈谈自己走入中职学校的心情。

---

① 本教案摘编自：周志军，吴发科．心理健康教案集锦［M］．广州：广东语言音像电子出版社，2008．编入本书时有改动。

课件一：心灵聚焦

通过一个职高学生的心里话，引导学生说出自己走入职高的感受，请同学们进行思考，反思自己是否也有课件中讲的学生的种种心理，实话实说，展开讨论。

通过讨论，请3～5位同学谈谈自己走入职中的感受和想法，教师总结出中职生心理发展的主要问题。

课件二：中职生发展存在的主要问题

1. 混日子心理较重，缺乏学习动机。

2. 自卑心理较重，缺少自信心。

3. 情绪冲动，行事偏激，缺乏自控能力。

4. 心理闭锁与交往需求并存。

5. 困惑和迷茫，不知出路在何方。

课件三：提问

1. 进入高职之后，你的迷茫和困惑是什么？

2. 你可想过自己今后的路该怎么走？

提出问题引发探讨，请2～3个同学谈谈如何开始职校生活，怎样走好今后的路。

教师总结：要想获得成功的人生，必须对自己的人生有个规划，要规划自己的人生，必须正确认识自己。只有正确认识自己，才能有助于我们明己之长，确定符合实际的目标。不断提高自身素质，获得更大的自我发展空间。那么对于职业高中，我们的前途是什么呢？

（二）制定目标，规划人生

教师：十六七岁的年龄应该是尝试规划自己的人生，设计自己未来的时候，职业选择必须考虑若干因素以及自己职业选择的初步方向。自己的路要自己走。

课件四：目标决定人生

“有什么样的目标，就有什么样的人生。”

一个没有目标的人就像一艘没有舵的船，永远漂泊不定，只会到达失望、失败和沮丧的海滩。

不成功者常混淆了工作本身与工作成果的基本概念。他们以为大量的工作，尤其是艰苦的工作，就一定会带来成功。但是不知道任何活动本身都不能保证一定能成功。一项活动要有用，就一定要朝向一个明确的目标。也就是说，成功的标准不是做了多少工作，而是出了多少成果。

教师：我们要记住，有什么样的目标就有什么样的人生。目标对于我们的人生来说，就像撒在园中的种子，不留意时就会荒草丛生。今天的你是真正的你吗？你的潜能完全发挥出来了吗？相信你的未来会远胜于今天，现在是你下定决心给自己定出一个值得追求的目标的时候了。

课件五：规划人生

讲述故事："不服输的小天王"

心理定势：主动获取才会幸福

规划自己的人生

制定目标，努力拼搏

课件六：人生规划——事业成功的导航仪

没有线路图什么地方也去不了。

98%的人对心中的世界没有清晰的图画。

人生规划既是一个实现你终生目标的时间表，也是一个实现那些影响你日常生活无数更小目标的时间表。

人生规划的设计是要使你的注意力集中起来，在一个特定的时间范围里充分利用你的脑力和体力。

课件七：人生规划设计

步骤之一：明确人生目标

步骤之二：目标一级分解——在学校里要准备什么

1. 学业成绩不能差；
2. 能力锻炼不能少；
3. 人生经历尽量多；
4. 开阔眼界停不了；
5. 成功习惯要养成；
6. 专业技能要过关。

步骤之三：目标二级分解——具体方向

步骤之四：目标三级分解——年度安排

步骤之五：目标细化到每天，开始行动

步骤之六：不断评估，修正和更新目标

（三）教师小结

人生之舟的行驶要有明确目标，要迎难而上，才能像周杰伦那样不断接近目标。仅仅制定一个长远的规划还不实际，还要把其化为一个个操作性强的小目标。现在我们要做的事情是把握好三年的职高时光，掌握好一门技能，为做一个成功的职业人打好基础。走入职高不是无可奈何，不是失败，而是我们再次扬起生活风帆的起点。

【教案设计范例4】

画出我的生命线①

——关于逆境面对、人生之态度、原则与理想建立的交流

一、活动目的

通过氛围熏陶和引导性话语与学生做一次心灵交流，使学生打开心扉，回想自己走过的人生路，思考应该怎样面对挫折和逆境，学习和生活应该有怎样的态度和原则，激发学生建立自己的学习和人生阶段性目标，继而让他们清楚自己现在应有怎样的学习计划和状态。

二、教学重点

如何引导学生用正确的态度和方法面对逆境；如何激发学生建立自己的人生理想，进而思考建立自己的人生原则。

三、教学难点

务必在情境营造到位的状况下，让学生真正打开心扉；在交流过程中引导学生思考应该坚持什么样的学习态度和原则。

四、活动形式

作为铺垫，要通过氛围熏陶、心理暗示和话语引导的形式引发学生的思绪；画图表；展示演说交流。

五、活动时间

60分钟。

六、教学年级

高中学生。

七、教学内容与步骤

（一）课前准备

1. 采集资料，思考与寻找切入点，确定主题；
2. 设计方案与流程安排；
3. 准备好要用的音频材料及其他辅助工具；
4. 准备生命线表格，每位学生一张；
5. 调试设备，演练一遍。

① 本教案设计者：黄家贤，阳江市第一中学，编入本书时有改动。

（二）具体过程

第一步：引入主题

情境准备：必须使教室达到非常安静的状态，背景音乐开始播放，使学生进入情境。

条件准备：发下生命线表格，每位学生一份

故事讲述："走出人生的低谷。"引发学生思考今后的人生道路，对故事进行简单点评，使学生明白面对逆境时坚强的意志、在步入人生时关于前途的思考对一个人的重大意义。

然后，主持人在音乐声中开始用言语感染学生，与音乐相配合，使学生放下所有其他的思绪，为下面的操作准备一个良好的条件。例如："当我第一次望见你们，我就感觉你们像六七年前的我们，和我们一样，有着十六七岁的天空十六七岁的梦，有着初生牛犊不怕虎的干劲，也有着成长的烦恼、青春的迷惘。望见你们，我就很有冲动想告知你们，前面的路上有多少风雨、坎坷，你们应该怎样把握现在的时间，为获取美好将来需要准备些什么。"接着，引出班会课的主题，提示学生看生命线表格上的规则。

内容小结：这部分主要是准备阶段，务必让学生进入情境当中，如要求注意力集中，深呼吸等，之后的心理暗示才可能真正实施。

第二步：画出过去与现在的生命线

情境准备：让学生处于极为严肃的状态当中，在学生闭眼回忆期间，播放一遍情境曲《追梦人》（《Dreamcatcher》）。

"我的过去是怎样的呢？十六年了，我这一路是怎样走过来的呢？而现在，我在×中了，又处于哪一个层次了呢？"用引导性话语引发学生思绪，接着让他们带着问题端正坐好，闭上眼睛，开始回忆自己过去所走过的路程，思考应该怎样把走过的那段路在生命线表格上体现出来。

然后，让学生开始画好过去与现在的生命线，然后进行一个简单的投票表决：

1. 画的生命线全部在X轴以上的；
2. 生命线大起大落值超过3的；
3. 画的生命线全部在X轴以下的。

这样，方便数据统计，也有利于下阶段找到有利于引导学生谈到逆境面对和建立人生原则的问题。

内容小结：这部分主要是心理暗示法，使得学生在一种心无旁骛的状态下，回顾自己一直这样走过来的人生历程，然后画出过去与现在的生命线。

第三步：交流生命线

情境准备：在学生上台介绍自己的生命线时用“神秘园”的情调曲。

首先，鼓励学生上台介绍自己的生命线。最好能够在之前学生表决时挑选好一些有助于辅导目标实现的学生，让他与教师对坐，教师提问，也可由台下的学生提问，应注意引导把握主题。

关于人生态度，可以这样提及：“有些人总喜欢说，他们现在的境况是别人造成的，环境决定了他们的人生位置，这些人常说他们的境况无法改变。但是，我们的境况不是周围环境造成的。说到底，如何看待人生，由我们自己决定。我们的环境——心理的，感情的，精神的，完全由我们的态度来创造。”列举一些人生要建立的态度，如积极、坦然、自信、沉实、坚持等。

然后，在空当中主持老师介绍自己的生命线，尽量典型，表现逆境面对。

最后，让学生确定那一段生命线中的一个转折点作为本周的周记话题。

内容小结：这部分是这节心理辅导活动课的重心所在，也是难以把握的阶段，主要是交流自己过去走过的路程，要求主导者必须牢牢主控话题的走向，又需要学生所讲能引起大家的共鸣。

第四步：画出将来的生命线

情境准备：一开始就要播放歌曲，尽量找节奏较轻快的情调曲。

“对于过去，我们已经回溯总结了；对于现在，我们也给自己作了一个评定。那么，对于将来呢？想一想，将来自己的路在这个坐标轴上呈现的曲线是怎样的呢？为什么是那样的呢？”用引导性话语引发学生思考，再让学生用虚线把将来的生命线画出来，并写上自己的座右铭。

然后，让学生开始画好过去与现在的生命线，再进行一个简单的投票表决：

1. 图形是单调递增的曲线或直线；

2. 图形是曲折多起落的。

内容小结：这部分主要是要求学生用虚线画出将来的生命线，鼓励他们去设想。

第五步：交流生命线

鼓励学生上台介绍自己将来的生命线，引导他们思考要获得自己画的生命线那样的将来，应该怎么去做，重点是让他们在人生态度、原则与理想建立上得到启发。

纵观古今，可以说凡是有建树、有作为、有贡献的人，大都是在青少年时期就立下志向，发奋图强的人，其中不少人在青少年时期就取得了辉煌的成就。而树立理想后，要实现理想，就要有坚定的信念和坚强的毅力，而且要从我做起，从现在做起，从小事做起。

内容小结：同样是让学生上台来交流，要求他们建构理想，思考如何实现理想。

第六步：总结

"我们就是这样走着，走在自己人生路上，不管未来有多少风雨，只要我们的脚步够坚定，走的每一步都计划好，充实而不会让自己后悔，那样的话，我们自己的明天肯定会是更好的。"

总结性话语过后，让学生有感情地一起唱《明天会更好》，在高昂的激情感染当中结束这次班会课。

八、课后总结

心理辅导课已经实践数次，效果明显，主要是运用心理暗示法进行，感染力很强，可以促使学生在特殊的氛围中思考自己的人生。

四、本主题拓展资料

（一）提高我国大学生职业生涯规划水平的对策

职业生涯规划教育是社会发展对全面提高学生素质的客观要求，也是教育主动适应社会主义市场经济体制和人力资源合理配置的需要。生涯规划教育在我国相对处于起步阶段，在此介绍有关研究者提出的几个建议①。

1. 制定和完善符合我国国情的高校职业生涯规划教育政策

国家教育部颁布实施的相关文件或政策，尤其对职业生涯规划教育的地位、作用和性质等有明确的定位，对生涯规划教育的目标、任务、组织机构设置、人员配置、管理办法、考核评估措施等也要有一定的法规保障，并要求相关部门在给予支持与配合等方面进行明细的规定。总之，要促使高校职业生涯规划教育走上规范化、制度化的道路。

2. 建立全国性的职业生涯规划网络

政府应该建立一个全国性的职业生涯规划网络，以便更好地整合国内的资源，整合各部门的力量，充分发挥各自的职能，为职业生涯规划的实施提供强有力的支持。

---

① 摘编自：王帅．大学生职业生涯规划中存在的问题及对策研究［J］．企业导报，2011（16）．

3. 建立专业的职业生涯规划指导队伍

建立一支专业化、专家化、科学化的指导队伍是职业生涯规划工作的当务之急。这支具有较高专业知识、能力和素质的指导队伍，可以经常为学生开展职业指导、生涯咨询、岗位推荐等服务工作，成为大学生的职业导航师。

4. 学生应当尽快提升自我评估与定位的能力

自我评估是为了更好地认识自我、了解自我。只有清楚地对自己的兴趣、性格、能力等进行全面认识，才能对自己的职业方向作出一个正确的选择。因此，开展职业生涯规划，首先必须提升自我评估和定位的能力。

要做好职业生涯规划，对自身职业倾向的评估是基础的一环。后面的拓展资料可以供学生用来进行自身职业倾向的自我评估。

（二）求职中的心理误区①

俗话说，“磨刀不误砍柴工”，求职前的心态调整是非常重要的，首先要看看自己有没有存在心理上的误区。

1. 求职不顺利都是因为自己能力差

在求职过程中遇到挫折是很正常的，这个过程与我们在校园中的学习一样，在求职过程中，除了我们自身的能力和努力之外，还明显地受到很多其他因素的影响，如信息、机遇、人脉关系、人才需求状况，甚至整个社会整体的经济发展状况等。因此，我们应当更客观地看待求职中的不顺利。

2. 父母会帮助解决自己的所有问题

求职中发挥主动性是非常重要的，尤其要主动寻找身边可以帮忙的人脉关系。如果你能够主动地掌握很多用人单位的招聘信息，主动地向有能力帮助你的人表达你的需求，他们的帮助将会更加有效地促使你找到符合自己兴趣的理想职位。

3. “这山看着那山高”

挑选工作是一个重要的决策，大部分同学都会产生追求最好的想法，这是很正常的。但我们的期待与社会的需要求匹配吗？如果不匹配，就应当在求职过程中不断地调整。只有接纳社会的需求，调整自己的标准，才不会沉浸在失败的感受中，这样也许很快就能找到合适的岗位。

4. 薪水是最重要的

薪水是我们维持生活的重要基础，期待薪水高是可以理解的，但是要明

① 摘编自：中等职业教育课程改革国家规划新教材．心理健康［M］．北京：人民教育出版社，2009.

白赚钱并不是我们第一份工作最重要的目标。相反，学习知识和技能，积累经验和人脉才是我们更应该关注的。初入职的薪水不会维持终生，但到底谁能在今后的发展中薪水增长更快，一定是那些知识和经验增长得快的人。因此，应该用发展的眼光看待第一份工作，理性看待薪水问题。

（三）霍兰德职业倾向测验量表①

本测验量表将帮助您发现和确定自己的职业兴趣和能力特长，从而更好地作出求职择业的决策。如果您已经考虑好或选择好了自己的职业，本测验将使您的这种考虑或选择具有理论基础，或向您展示其他合适的职业；如果您至今尚未确定职业方向，本测验将帮助您根据自己的情况选择一个恰当的职业目标。本测验共有七个部分，每部分测验都没有时间限制但请您尽快按要求完成。

第一部分　您心目中的理想职业（专业）

对于未来的职业（或升学进修的专业），您得早有考虑，它可能很抽象、很朦胧，也可能很具体、很清晰。不论是哪种情况，现在都请您把自己最想干的3种工作或最想读的3种专业，按顺序写下来并说明理由。请在所填职业/专业的右侧按其在你心目中的清晰程度或具体程度，按从很朦胧/抽象到很清晰/具体分别用1、2、3、4、5来表示，如5分表示它在你心中的形象非常清晰。

一、职业/专业：________________清晰/具体程度：________________

理由：____

____

二、职业/专业：________________清晰/具体程度：________________

理由____

____

三、职业/专业：________________清晰/具体程度：________________

理由：____

____

① 资料来源：重庆工商大学就业信息网［CB/OL］，http：//jcb. ctbu. edu. cn/jy_news_show. aspx？nid = 447.

以下第二、三、四部分每个类别下的每个小项皆为是否选择题，请选出比较适合您的，与您的情况相符的项目，并按有一项适合的计 1 分的规则统计分值，将相应分值填写在第六部分的统计项目中。

第二部分　您所感兴趣的活动

下面列举了若干种活动，请就这些活动判断您的好恶。喜欢的，计 1 分，不喜欢的不计分。每完成一部分后计算出总得分。

R：**实际型活动**

装配修理电器或玩具
修理自行车
用木头做东西
开汽车或摩托车
用机器做东西
参加木工技术学习班
参加制图描图学习班
驾驶卡车或拖拉机
参加机械和电气学习班
装配修理机器

本部分的总得分是（　　）分

A：**艺术型活动**

素描/制图或绘画
参加话剧/戏剧
设计家具/布置室内
练习乐器/参加乐队
欣赏音乐或戏剧
看小说/读剧本
从事摄影创作
写诗或吟诗
进艺术（美术/音乐）培训班
练习书法

本部分的总得分是（　　）分

I：**调查型活动**

读科技图书或杂志
在实验室工作
改良水果品种，培育新的水果
调查了解土和金属等物质的成分
研究自己选择的特殊问题
解算术或数学游戏
物理课
化学课
几何课
生物课

S：**社会型活动**

参加单位组织的正式活动
参加某个社会团体或俱乐部活动
帮助别人解决困难
照顾儿童
出席晚会、联欢会、茶话会
和大家一起出去郊游
想获得关于心理方面的知识
参加讲座或辩论会
观看或参加体育比赛和运动会
结交新朋友

本部分的总得分是（　　）分

E：**事业型活动**
鼓动他人
卖东西
谈论政治
制定计划、参加会议
以自己的意志影响别人的行为
在社会团体中担任职务
检查与评价别人的工作
结交名流
指导有某种目标的团体
参与政治活动

本部分的总得分是（　　）分

本部分的总得分是（　　）分

C：**常规型（传统型）活动**
整理好桌面与房间
抄写文件和信件
为领导写报告或公务信函
检查个人收支情况
打字培训班
参加算盘、文秘等实务培训
参加商业会计培训班
参加情报处理培训班
整理信件、报告、记录等
写商业贸易信

本部分的总得分是（　　）分

第三部分　您所擅长的活动

下面列举若干种活动，请选择您能做或大概能做的事。请将答案直接写在答题纸上。能做或大概能做的计 1 分，否则不计分。每完成一部分后计算出总得分。

R：**实际型能力**
能使用电锯、电钻等木工工具
知道万用电表的使用方法
能够修理自行车或其他机械
能够使用电钻钉、磨床或缝纫机
能给家具和木制品刷漆
能看建筑设计图
能够修理简单的电气用品
能修理家具
能修理收录机
能简单地修理水管

本部分的总得分是（　　）分

A：**艺术型能力**
能演奏乐器
能参加二部或四部合唱
独唱或独奏
扮演剧中角色
能创作简单的乐曲
会跳舞
能绘画、素描或书法
能雕刻、剪纸或泥塑
能设计板报、服装或家具
能写一手好文章

本部分的总得分是（　　）分

I：调研型能力
懂得真空管或晶体管的作用
能够列举三种蛋白质多的食品
理解铀的裂变
会用计算尺、计算器、对数表
会使用显微镜
能找到三个星座
能独立进行调查研究
能解释简单的化学
能理解人造卫星为什么不落地
经常参加学术会议

本部分的总得分是（　　）分

S：社会型能力
有向各种人说明解释的能力
常参加社会福利活动
能和大家一起友好相处地工作
善于与年长者相处
会邀请人、招待人
能简单易懂地教育儿童
能安排会议等活动顺序
善于体察人心和帮助他人
帮助护理病人和伤员
安排社团组织的各种事务

本部分的总得分是（　　）分

E：事业型能力
担任过学生干部并且干得不错
工作上能指导和监督他人
做事充满活力和热情
有效利用自身的做法去调动他人
销售能力强
曾作为俱乐部或社团的负责人
向领导提出建议或反映意见
有开创事业的能力
知道怎样成为一个优秀的领导者
健谈善辩

本部分的总得分是（　　）分

C：常规型能力
会熟练地打印中文
会用外文打字机或复印机
能快速记笔记和抄写文章
善于整理保管文件和资料
善于从事事务性的工作
会用算盘
能在短时间内处理大量文件
能使用计算机
能搜集数据
善于为自己或集体做财务预算表

本部分的总得分是（　　）分

第四部分　您所喜欢的职业

下面列举了多种职业，请认真地看，请选择您有兴趣的工作，有一项计 1 分，不太喜欢或不关心的工作不选，也不计分。每完成一部分统计出总得分。

R：实际型职业
飞机机械师
野生动物专家
汽车维修工
木匠
测量工程师
无线电报务员
园艺师
长途公共汽车司机
电工
火车司机

本部分的总得分是（　　）分

S：社会型职业
街道、工会或妇联干部
小学、中学教师
精神病医生
婚姻介绍所工作人员
体育教练
福利机构负责人
心理咨询员
共青团干部
导游
国家机关工作人员

本部分的总得分是（　　）分

I：调研型职业
气象学或天文学者
生物学者
医学实验室的技术人员
人类学者
动物学者
化学者
教学者
科学杂志的编辑或作家
地质学者
物理学者

本部分的总得分是（　　）分

E：事业型职业
厂长
电视片编制人
公司经理
销售员
不动产推销员
广告部长
体育活动主办者
销售部长
个体工商业者
企业管理咨询人员

本部分的总得分是（　　）分

A：艺术型职业
乐队指挥
演奏家
作家
摄影家

C：常规型职业
会计师
银行出纳员
税收管理员
计算机操作员

记者
画家、书法家
歌唱家
作曲家
电影电视演员
电视节目主持人

本部分的总得分是（　　）分

簿记人员
成本核算员
文书档案管理员
打字员
法庭书记员
人员普查登记员

本部分的总得分是（　　）分

第五部分　您的能力类型简评

下面两张表是您在6个职业能力方面的自我评定表。您可以先与同龄者比较出自己在每一方面的能力，然后经斟酌后对自己的能力作评估。请在表中适当的数字上画圈。数字越大，表示您的能力越强。注意，请勿全部画同样的数字，因为人的每项能力不可能完全一样。

表A

R型	I型	A型	S型	E型	C型
机械操作能力	科学研究能力	艺术创作能力	解释表达能力	商业洽谈能力	事务执行能力
7	7	7	7	7	7
6	6	6	6	6	6
5	5	5	5	5	5
4	4	4	4	4	4
3	3	3	3	3	3
2	2	2	2	2	2
1	1	1	1	1	1

表B

R型	I型	A型	S型	E型	C型
体育技能	数学技能	音乐技能	交际技能	领导技能	办公技能
7	7	7	7	7	7

（续上表）

R型	I型	A型	S型	E型	C型
6	6	6	6	6	6
5	5	5	5	5	5
4	4	4	4	4	4
3	3	3	3	3	3
2	2	2	2	2	2
1	1	1	1	1	1

第六部分　统计和确定您的职业倾向

请将第二部分至第五部分的全部测验分数按前面已统计好的 6 种职业倾向（R 型、I 型、A 型、S 型、E 型和 C 型）得分填入下表，并做纵向累加。

测试	R型	I型	A型	S型	E型	C型
第二部分						
第三部分						
第四部分						
第五部分 A						
第五部分 B						
总分						

请将上表中的 6 种职业倾向总分按大小顺序依次从左到右排列：

（　）型、（　）型　（　）型、（　）型、（　）型、（　）型

最高分（　）　您的职业倾向性得分（　）　最低分（　）

第七部分　您所看重的东西——职业价值观

这一部分测验列出了人们在选择工作时通常会考虑的 9 种因素（见所附工作价值标准）。现在请您在其中选出最重要的两项因素，并将序号填入下边相应空格上。

最重要：（　）　次重要：（　）

最不重要：（　）　次不重要：（　）

附：工作价值标准

1. 工资高、福利好；
2. 工作环境（物质方面）舒适；
3. 人际关系良好；
4. 工作稳定有保障；
5. 能提供较好的受教育机会；
6. 有较高的社会地位；
7. 工作不太紧张、外部压力少；
8. 能充分发挥自己的能力特长；
9. 社会需要与社会贡献大。

以上全部测验完毕。

现在，将您测验得分居第一位的职业类型找出来，对照下表，判断一下自己适合的职业类型。

职业索引——职业兴趣代号与其相应的职业对照：

R（实际型）：

木匠、农民、操作X光的技师、工程师、飞机机械师、鱼类和野生动物专家、自动化技师、机械工（车工、钳工等）、电工、无线电报务员、火车司机、长途公共汽车司机、机械制图员、修理机器和电器师。

I（调查型）：

气象学者、生物学者、天文学家、药剂师、动物学者、化学家、科学报刊编辑、地质学者、植物学者、物理学者、数学家、实验员、科研人员、科技作者。

A（艺术型）：

室内装饰专家、图书管理专家、摄影师、音乐教师、作家、演员、记者、诗人、作曲家、编剧、雕刻家、漫画家。

S（社会型）：

社会学者、导游、福利机构工作者、咨询人员、社会工作者、社会科学教师、学校领导、精神病工作者、公共保健护士。

E（事业型）：

推销员、进货员、商品批发员、旅馆经理、饭店经理、广告宣传员、调度员、律师、政治家、零售商。

C（常规型）：

记账员、会计、银行出纳、法庭速记员、成本估算员、税务员、核算员、打字员、办公室职员、统计员、计算机操作员、秘书。

下面介绍与您3个代号的职业兴趣类型一致的职业表，对照的方法如下：

首先根据您的职业兴趣代号，在下表中找出相应的职业，如您的职业兴趣代号是RIA，那么牙科技术人员、陶工等是适合您兴趣的职业。然后寻找与您职业兴趣代号相近的职业，如您的职业兴趣代号是RIA，那么其他由这三个字母组合成的编号（入IRA、IAR、ARI等）对应的职业，也较适合您的兴趣。

RIA：

牙科技术员、陶工、建筑设计员、模型工、细木工、制作链条人员。

RIS：

厨师、林务员、跳水员、潜水员、染色员、电器修理工、眼镜制作师、电工、纺织机器装配工、服务员、装玻璃工人、发电厂工人、焊接工。

RIE：

建筑和桥梁工程人员、环境工程人员、航空工程人员、公路工程人员、电力工程人员、信号工程人员、电话工程人员、一般机械工程人员、自动工程人员、矿业工程人员、海洋工程人员、交通工程技术人员、制图员、家政经济人员、计量员、农民、农场工人、农业机械操作员、清洁工、无线电修理工、汽车修理工、手表修理工、管工、线路装配工、工具仓库管理员。

RIC：

船上工作人员、接待员、杂志保管员、牙医助手、制帽工、磨坊工、石匠、机器制造人员、机车（火车头）制造人员、农业机器装配人员、汽车装配工、缝纫机装配工、钟表装配和检验人员、电动器具装配人员、鞋匠、锁匠、货物检验员、电梯机修工、托儿所所长、钢琴调音员、装配工、印刷工、建筑钢铁工作人员、卡车司机。

RAI：

手工雕刻人员、玻璃雕刻人员、制作模型人员、家具木工、制作皮革品工、手工绣花工、手工钩针纺织工、排字工作人员、印刷工作人员、图画雕刻人员、装订工。

RSE：

消防员、交通巡警、警察、门卫、理发师、房间清洁工、屠夫、锻工、开凿工人、管道安装工、出租汽车驾驶员、货物搬运工、送报员、勘探员、娱乐场所服务员、起卸机操作工、灭害虫者、电梯操作工、厨房助手。

RSI：

纺织工、编织工、农业学校教师、某些职业课程教师（诸如艺术、商业、技术、工艺课程等）、雨衣上胶工。

REC：

抄水表员、保姆、实验室动物饲养员、动物管理员。

REI：

轮船船长、航海领航员、大副、试管实验员。

RES：

旅馆服务员、家畜饲养员、渔民、渔网修补工、水手、收割机操作工、搬运行李工人、公园服务员、救生员、登山导游、火车工程技术员、建筑工人、铺轨工人。

RCI：

测量员、勘测员、仪表操作者、农业工程技师、化学工程技师、民用工程技师、石油工程技师、资料室管理员、探矿工、煅烧工、烧窖工、矿工、保养工、磨床工、取样工、样品检验员、纺纱工、炮手、漂洗工、电焊工、锯木工、刨床工、制帽工、手工缝纫工、油漆工、染色工、按摩工、木匠、农民建筑工作人员、电影放映员、勘测员助手。

RCS：

公共汽车驾驶员、一等水手、游泳池服务员、裁缝、建筑工作人员、石匠、烟囱修建工、混凝土工、电话修理工、爆破手、邮递员、矿工、裱糊工人、纺纱工。

RCE：

打井工、吊车驾驶员、农场工人、邮件分类员、铲车司机、拖拉机司机。

IAS：

普通经济学家、农场经济学家、财政经济学家、国际贸易经济学家、实验心理学家、工程心理学家、心理学家、哲学家、内科医生、数学家。

IAR：

人类学家、天文学家、化学家、物理学家、医学病理学家、动物标本剥制者、化石修复者、艺术品管理者。

ISE：

营养学家、饮食顾问、火灾检查员、邮政服务检查员。

ISC：

侦察员、电视播音室修理员、电视修理服务员、验尸室人员、编目录者、医学实验室技师、调查研究者。

ISR：

水生生物学者、昆虫学者、微生物学家、配镜师、矫正视力者、细菌学家、牙科医生、骨科医生。

ISA：

实验心理学家、普通心理学家、发展心理学家、教育心理学家、社会心理学家、临床心理学家、目标学家、皮肤病学家、精神病学家、妇产科医师、眼科医生、五官科医生、医学实验室技术专家、民航医务人员、护士。

IES：

细菌学家、生理学家、化学专家、地质专家、地理物理学专家、纺织技术专家、医院药剂师、工业药剂师、药房营业员。

IEC：

档案保管员、保险统计员。

ICR：

质量检验技术员、地质学技师、工程师、法官、图书馆技术辅导员、计算机操作员、医院听诊员、家禽检查员。

IRA：

地理学家、地质学家、声学物理学家、矿物学家、古生物学家、石油学家、地震学家、声学物理学家、原子和分子物理学家、电学和磁学物理学家、气象学家、设计审核员、人口统计学家、数学统计学家、外科医生、城市规划师、气象员。

IRS：

流体物理学家、海洋物理学家、等离子体物理学家、农业科学家、动物学家、食品科学家、园艺学家、植物学家、细菌学家、解剖学家、动物病理学家、作物病理学家、药物学家、生物化学家、生物物理学家、细胞生物学家、临床化学家、遗传学家、分子生物学家、质量控制工程师、地理学家、兽医、放射性治疗技师。

IRE：

化验员、化学工程师、纺织工程师、食品技师、渔业技术专家、材料和测试工程师、电气工程师、土木工程师、航空工程师、行政官员、冶金专家、原子核工程师、陶瓷工程师、地质工程师、电力工程师、口腔科医生、牙科医生。

IRC：

飞机领航员、飞行员、物理实验室技师、文献检查员、农业技术专家、动植物技术专家、生物技师、油管检查员、工商业规划者、矿藏安全检查员、纺织品检验员、照相机修理员、工程技术员、程序员、工具设计者、仪器维修工。

CRI：

簿记员、会计、记时员、铸造机操作工、打字员、按键操作工、复印机操作工。

CRS：

仓库保管员、档案管理员、缝纫工、讲述员、收款人。

CRE：

标价员、实验室工作者、广告管理员、自动打字机操作员、电动机装配工、缝纫机操作工。

CIS：

记账员、顾客服务员、报刊发行员、土地测量员、保险公司职员、会计师、估价员、邮政检查员、外贸检查员。

CIE：

打字员、统计员、支票记录员、订货员、校对员、办公室工作人员。

CIR：

校对员、工程职员、海底电报员、检修计划员、发扳员。

CSE：

接待员、通讯员、电话接线员、售票员、旅馆服务员、私人职员、商学教师、旅游办事员。

CSR：

运货代理商、铁路职员、交通检查员、办公室通信员、簿记员、出纳员、银行财务职员。

CSA：

秘书、图书管理员、办公室办事员。

CER：

邮递员、数据处理员、办公室办事员。

CEI：

推销员、经济分析家。

CES：

银行会计、记账员、法人秘书、速记员、法院报告人。

ECI：

银行行长、审计员、信用管理员、地产管理员、商业管理员。

ECS：

信用办事员、保险人员、各类进货员、海关服务经理、售货员、采购买员、会计。

ERI：

建筑物管理员、工业工程师、农场管理员、护士长、农业经营管理人员。

ERS：

仓库管理员、房屋管理员、货栈监督管理员。

ERC：

邮政局长、渔船船长、机械操作领班、木工领班、瓦工领班、驾驶员领班。

EIR：

科学、技术和有关周期出版物的管理员。

EIC：

专利代理人、鉴定人、运输服务检查员、安全检查员、废品收购人员。

EIS：

警官、侦察员、交通检验员、安全咨询员、合同管理者、商人。

EAS：

法官、律师、公证人。

EAR：

展览室管理员、舞台管理员、播音员、驯兽员。

ESC：

理发师、裁判员、政府行政管理员、财政管理员、工程管理员、职业病防治人员、售货员、商业经理、办公室主任、人事负责人、调度员。

ESR：

家具售货员、书店售货员、公共汽车驾驶员、日用品售货员、护士长、自然科学和工程的行政领导。

ESI：

博物馆管理员、图书馆管理员、古迹管理员、饮食业经理、地区安全服务管理员、技术服务咨询员、超级市场管理员、零售商品店店员、批发商、出租汽车服务站调度员。

ESA：

博物馆馆长、报刊管理员、音乐器材售货员、广告商售画营业员、导游、（轮船或班机上的）事务长、飞机上的服务员、船员、法官、律师。

ASE：

戏剧导演、舞蹈教师、广告撰稿人、报刊、专栏作者、记者、演员、英语翻译。

ASI：

音乐教师、乐器教师、美术教师、管弦乐指挥员、合唱队指挥员、歌星、演奏家、哲学家、作家、广告经理、时装模特。

AER：

新闻摄影师、电视摄影师、艺术指导、录音指导、丑角演员、魔术师、木偶戏演员、骑士、跳水员。

AEI：

音乐指挥、舞台指导、电影导演。

AES：

流行歌手、舞蹈演员、电影导演、广播节目主持人、舞蹈教师、口技表演者、喜剧演员、模特。

AIS：

画家、剧作家、编辑、评论家、时装艺术大师、新闻摄影师、男演员、文学作者。

AIE：

花匠、皮衣设计师、工业产品设计师、剪影艺术家、复制雕刻品大师。

AIR：

建筑师、画家、摄影师、绘图员、环境美化工、雕刻家、包装设计师、陶器设计师、绣花工、漫画工。

SEC：

社会活动家、退伍军人服务官员、工商会事务代表、教育咨询者、宿舍管理员、旅馆经理、饮食服务管理员。

SER：

体育教练、游泳指导。

SEI：

大学校长、学院院长、医院行政管理人员、历史学家、家政经济学家、职业学校教师、资料员。

SEA：

娱乐活动管理员、国外服务办事员、社会服务助理、一般咨询者、宗教教育工作者。

SCE：

部长助理、福利机构职员、生产协调员、环境卫生管理人员、戏院经理、餐馆经理、售票员。

SRI：

外科医师助手、医院服务员。

SRE：

体育教师、职业病治疗者、体育教练、专业运动员、房管员、儿童家庭教师、警察、引座员、传达员、保姆。

SRC：

护理员、护理助理、医院勤杂工、理发师、学校儿童服务人员。

SIA：

社会学家、心理咨询者、学校心理学家、政治科学家、大学或学院的系主任、大学或学院的教育学教师、大学农业学教师、大学工程和建筑课程的教师、大学法律教师、大学数学教师、医学教师、物理教师、社会科学和生命科学教师、研究生助教、成人教育教师。

SIE：

营养学家、饮食学家、海关检查员、安全检查员、税务稽查员、校长。

SIC：

描图员、兽医助手、诊所助理、体检检查员、监督缓刑犯的工作者、娱乐指导者、咨询人员、社会科学教师。

SIR：

理疗员、救护队工作人员、手足病医生、职业病治疗助手。

参考文献

网页类：

1. 百度百科［EB/OL］，http：//baike. baidu. com.

2. 百度文库［EB/OL］，http：//wenku. baidu. com.

3. 百度知道［EB/OL］，http：//zhidao. baidu. com.

4. 重庆工商大学就业信息网［EB/OL］，http：//job. ctbu. edu. cn.

5. 豆瓣网［EB/OL］，http：/ /book. douban. com.

6. 个人简历网［EB/OL］，http：//www. gerenjianli. com.

7. 华夏心理网［EB/OL］，www. psychcn. com.

8. 我学网［EB/OL］，http：//www. 5xue. com.

9. 新浪博客［EB/OL］，http：//blog. sina. com. cn.

10. 中国教育和科研计算机网［EB/OL］，http：//www. eol. cn.

11. 中国青少年研究网［EB/OL］，http：//www. cycs. org.

12. 中国心理学家网［EB/OL］，http：//www. cnpsy. net.

13. 中国中学生联盟网［EB/OL］，http：//www. cando100. com.

著作类：

1. 毕淑敏．我的成长我做主［M］．桂林：漓江出版社，2005.

2. ［俄］别尔嘉耶夫．自我认识：思想自传［M］．雷永生译．桂林：广西师范大学出版社，2001.

3. 曹梅静，王玲．心理健康教育课程设计［M］．广州：广东高等教育出版社，2004.

4. 蔡芳梓．中职生身心健康教育［M］．广州：广东科技出版社，2007.

5. 迟毓凯．心理健康教育 A 证教程［M］．广州：广东语言音像电子出版社，2007.

6. 郭念锋．心理咨询师（基础知识）［M］．北京：民族出版社，2005.

7. 库恩．心理学导论：思想与行为的认识之路［M］．郑钢等译．北京：

中国轻工业出版社，2004.

8. 李津．生气不如争气［M］．北京：海潮出版社，2005.

9. 林崇德，董奇．中学生心理健康教育［M］．北京：中国轻工业出版社，2010.

10. 卢秀安．现代心理教育［M］．广州：广东高等教育出版社，2002.

11. 骆敏，刘锦东．健康从心开始［M］．上海：同济大学出版社，2006.

12. 莫雷．教育心理学［M］．广州：广东高等教育出版社，2005.

13. 唐红波．心理学［M］．广州：广东语言音像电子出版社，2009.

14. ［美］哈德克．意志力训练：用哈德克训练法则提升个人意志力［M］．北京：中国档案出版社，2002.

15. 扈中平等．现代教育学［M］．北京：高等教育出版社，2005.

16. 黄喜珊，王瑞明．灾后中小学生心理援助与活动课程设计［M］．广州：暨南大学出版社，2009.

17. 彭聃龄．普通心理学［M］．北京：北京师范大学出版社，2004.

18. 司继伟．青少年心理学［M］．北京：中国轻工业出版社，2010.

19. 金保华，张国强．开启心锁——中小学生心理辅导［M］．北京：中国少年儿童出版社，2001.

20. 金盛华．社会心理学［M］．北京：高等教育出版社，2005.

21. 王甦，汪安圣．认知心理学［M］．北京：北京大学出版社，1992.

22. 谢炳清，伍自强，秦秀清．大学生心理健康教程［M］．武汉：华中科技大学出版社，2004.

23. 吴增强，蒋薇美．心理健康教育课程设计［M］．北京：中国轻工业出版社，2007.

24. 吴发科．心理健康教案集锦［M］．广州：广东语言音像电子出版社，2008.

25. ［英］亚当·斯密．道德情操论［M］．樊冰译．太原：山西经济出版社，2010.

26. 吴增强．学习心理辅导［M］．上海：上海教育出版社，2000.

27. 谢炳清，伍自强，秦秀清．大学生心理健康教程．武汉：华中科技大学出版社，2004 年.

28. 赵一，梁素娟．世界上最经典的心理学故事全集［M］．北京：石油工业出版社，2009.

29. 中等职业教育课程改革国家规划新教材．心理健康［M］．北京：人民教育出版社，2009.

期刊类：

1. 毕有余，赵晓杰．学习策略的培养：从自发掌握到自觉教学［J］．东北师范大学学报（哲学社会科学版），2008（6）.

2. 陈芬．论人际交往诚信及其意义［J］．广州大学学报（社会科学版），2005（12）.

3. 陈骏．转行切忌盲目［J］．成才与就业，2011（19）.

4. 程利，袁加锦，何媛媛，李红．情绪调节策略：认知重评优于表达抑制［J］．心理科学进展，2009（17）.

5. 丁乃姝，姚金玉．艾利斯 ABC 情绪理论对生活的启示［J］．科技信息（学术版），2008（29）.

6. 方水镇．试论情绪、情感的自我调控［J］．现代企业教育，2006（21）.

7. 冯丽敏．高职院校学生自我同一性形成影响因素的探索与培养［J］．中国科教创新导刊，2010（2）.

8. 付先全，倪海珍．情绪调控的方法与策略［J］．泸州职业技术学院，2008（3）.

9. 高雅莉．人际关系中嫉妒心理的产生及矫正［J］．科技致富向导，2011（30）.

10. 郝宁．我国学习策略研究进展及发展趋势［J］．宁波大学学报（教育科学版），2006（3）.

11. 韩静，张雯．学业拖延研究综述［J］．科教文汇，2011（1）.

12. 黄敏儿，郭德俊．情绪调节的实质［J］．心理科学，2000（1）.

13. 黄旭．学习策略的性质、结构与特点［J］．华南师范大学学报（教育科学版），1990（4）.

14. 姜秀群，魏军．做情绪的主人［J］．班主任之友，2007（7）.

15. 李雪．简述动作技能自动化与训练［J］．沈阳工程学院学报（社会科学版），2011（7）.

16. 廖红，陈会昌．中学生对同伴群体和家庭影响力的判断［J］．心理发展与教育，2000（4）.

17. 刘电芝．信息选择学习策略［J］．论文学科教育，1997（3）.

18. 刘电芝．记忆学习策略［J］．论文学科教育，1997（4）.

19. 刘电芝．组织学习策略［J］．论文学科教育，1997（5）．

20. 刘电芝．启发式解题学习策略［J］．论文学科教育，1997（8）．

21. 刘电芝．创造性思维学习策略［J］．论文学科教育，1997（10）．

22. 刘电芝．影响学习策略掌握和运用的因素［J］．论文学科教育，1997（11）．

23. 刘启刚，周立秋．情绪调节的理论模型［J］．辽宁师范大学学报（社会科学版），2011（34）．

24. 刘燕敏．你与之交往的人就是你的未来［J］．青年博览，2007（24）．

25. 马伟娜，姚雨佳等．认知重评和表达抑制两种情绪调节策略及其神经基础［J］．华东师范大学学报（教育科学版），2010（28）．

26. 马勇．小学教学中如何培养学生的积极情感［J］．学周刊，2011（8）．

27. 孟昭兰．当代情绪理论的发展［J］．心理学报，1985（2）．

28. 全莉娟，郗强，姚本先．中学生人际交往研究述评［J］．中国电力教育，2008（9）．

29. 苏钰琰，张积家．对学习策略的认识［J］．社会心理科学，2005（3）．

30. 孙宏碧．中学生人际关系的特点及交往能力的培养［J］．教育科学研究，2002（12）．

31. 于国庆．大学生自我控制研究［J］．心理科学，2005（6）．

32. 原蓉霞．批评的艺术．心理与健康，2011（8）．

33. 曾兴华．Gross 情绪调节同感过程模型理论对学校心理健康教育的启示［J］．黑龙江教育学院学报，2007（9）．

34. 郑国庆．认知调节情绪的策略［J］．大连教育学院学报，2003（3）．

后 记

对于广大教育工作者或者家长们来说，他们常常能体会到的一个共同点就是，通过故事讲道理更能够打动孩子们的心。本书选择了心理健康教育中常用的六大主题：生命教育、情绪调节、人际交往、学习策略、自我意识、职业规划。在每一个主题下面，安排编写了主题介绍、故事赏析、教案设计范例、本主题拓展资料四个部分的内容。希望这些内容能为广大心理健康教育教师提供有用的参考。

本书由黄喜珊和张霞负责策划及定稿工作。各个主题的编写者分别为：生命教育——陈玉霞；情绪调节——曾燕；人际交往——李丽珍；学习策略——黄俊腾、李翠；自我意识——王梅莎、王若薇；职业规划——何音。

在编撰本书的过程中，我们参阅了国内外大量的相关文献，在此谨向各章节后面所附参考文献的原作者们致以诚挚的谢意。由于时间仓促，加之能力与水平有限，书中难免存在疏漏之处，敬请广大读者批评指正！

编　者

2012 年 3 月